向内生长
对外开花
——育人随笔（三）

胡平 著

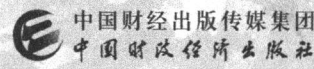

图书在版编目（CIP）数据

向内生长　对外开花：育人随笔. 三 / 胡平著. --北京：中国财政经济出版社，2023.5
ISBN 978-7-5223-2111-0

Ⅰ. ①向… Ⅱ. ①胡… Ⅲ. ①教育—文集 Ⅳ. ①G4-53

中国国家版本馆CIP数据核字（2023）第062330号

责任编辑：陈　冰　　　　　　责任校对：徐艳丽
责任印制：张　健　　　　　　封面设计：卜建辰

向内生长　对外开花
——育人随笔（三）
XIANGNEI SHENGZHANG DUIWAI KAIHUA
——YUREN SUIBI（SAN）
中国财政经济出版社 出版
URL：http：//www.cfeph.cn
E-mail：cfeph@cfemg.cn
（版权所有　翻印必究）
社址：北京市海淀区阜成路甲28号　邮政编码：100142
营销中心电话：010-88191522
天猫网店：中国财政经济出版社旗舰店
网址：https：//zgczjjcbs.tmall.com
北京财经印刷厂印刷　各地新华书店经销
成品尺寸：170mm×240mm　16开　20.5印张　273 000字
2023年10月第1版　2023年10月北京第1次印刷
定价：89.00元
ISBN 978-7-5223-2111-0
（图书出现印装问题，本社负责调换，电话：010-88190548）
本社质量投诉电话：010-88190744
打击盗版举报热线：010-88191661　QQ：2242791300

前 言

"向内生长,对外开花"是我微信的个性签名,以此警示我自己要苦练内功、强化内涵、夯实基础;同时,要笑迎人生、拥抱生活、服务社会。我以个性签名作为本部育人随笔的书名,是在进一步提醒我,也送给年轻的学子们,希望他们在沐浴文明、追求效率的时候,脚踏实地、勤勉刻苦;在追求个性、挥洒自由的时候,乐观向上、奉献社会。

写过两部育人随笔后,我对教育的认知与实践更进了一步。更加清晰地认识当代大学生的发展特征,更加体会到教师对学生的意义,更加全面深入地走进学生心中,更加深刻地认识家庭教育对孩子的影响,也更加激发了我对教育的全面思考。所以,在这部育人随笔中,增加了家庭教育的篇幅,增加了我对教育的思考。

我的一些朋友认为我是一位好老师,因为他们看到我常在微信朋友圈中发一些与学生互动的信息、教育感悟,看到了我写的《育人随笔》。其实,我只是喜欢写,在育人、教学、科研、管理中比我做得好的老师实在太多了。老师们都勤勤恳恳、认真负责、热爱学生、奋发向上,他们默默无闻地耕耘在教育一线,呕心沥血地奉献在"三全育人"中。所以,在这部《育人随笔》中,我采访了我们学校的一些领导和老师。他们有许多先进的管理思想、科学的教育理念、切实可行的教育方法,值得借鉴与推广；他们的仁爱思想、敬业精神、诲人不倦的品质、与时俱进的学习热情，值得学习与宣传。

我们职院的一些学生，存在一定程度的自卑心理，觉得自己学历低，学识不如本科生、技能不如打工人，为此，我采访了两位企业人士。他们起点学历都不高，但是却成功地创办了企业。他们艰苦奋斗的精神、顽强不屈的意志、勤奋好学的信念、共享多赢的品质、奉献社会的美德，是我的楷模，也是学生的榜样。

为了全面了解学生，也为了引导学生对学校、对人生、对社会的思考，我发动学生和我一起写随笔，向学生发放调查问卷，学生们把所做所见所闻所思所感很真诚很坦诚地告诉我，使我获得了非常宝贵的一手资料，我将部分调查资料整理后，收录进这部《育人随笔》里。

《育人随笔》的出版，得到了我校和中国财政经济出版社的大力支持。感谢接受我采访的领导、老师和企业家！感谢积极配合我调查、和我一起写随笔的同学们！感谢中国财政经济出版社的张军主任及他的团队！感谢我的先生，在我出版《育人随笔》期间，给予我极大的支持！感谢我的儿子让我反思教育；感谢我的学生们，让我与他们一起成长进步；更感谢国家和社会对我的培养，让我成为一名教师；感谢这个伟大的时代，让我可以接受来自各方面的全面教育。

借助出版《育人随笔》，全面复盘我的育人过程，使我再次深刻反省教育理念与教育方法，也希望获得更多育人专家的指导。

胡 平

2023年6月25日于宁波

目 录

第一篇 爱在细微处

爱在细微处 / 003

走进学生 / 007

感恩学生 / 010

永不言弃 / 014

学生的可爱 / 017

自卑不可怕 / 020

最后一分钟 / 024

你做得到吗 / 027

聪明不是能力 / 030

当代职院学生 / 033

为什么记不住 / 036

克服赖床习惯 / 039

你会卖苹果吗 / 042

向浙江同学学习 / 044

论人性弱点之强大 / 047

教育是永恒的主题 / 051

第二篇 智慧地活着

智慧地活着 / 057

处处皆可学 / 060

简历的形式 / 063

终身学习 / 065

学校食堂 / 069

我要崩溃了 / 073

我是不是很差 / 077

多问多看多思考 / 080

把心放在学习上 / 083

这就是大学的教学 / 086

伟大就在我们身边 / 089

感谢这个伟大的时代 / 092

学生为什么屡教不改 / 096

人人都是我们的老师 / 099

老师要成为学生的榜样 / 103

第三篇 我想对老师说

潜心钻研 课程育人
——丁春文教授 / 107

凝心聚力　创造佳绩
　　——徐健民院长 / 112

踔厉奋发　铸就名师
　　——邢伟教授 / 116

学无止境　育人不倦
　　——叶建波教授 / 120

听觉世界　乐评名家
　　——贺秋帆老师 / 124

淡泊名利　大器晚成
　　——张兆英老师 / 129

后起之秀　未来可期
　　——王双苗老师 / 134

不忘初心　学工明星
　　——余璐璐老师 / 138

锲而不舍　激情逐梦
　　——杜恒峰董事长 / 142

草根逆袭　创业达人
　　——袁中定总经理 / 147

我想对老师说 / 150

为什么上大学 / 155

"996"我怎么看 / 159

我的课后 / 163

我的家乡 / 167

学生的迷茫 / 172

对我影响最大的人 / 175

"光盘行动"我怎么做 / 182

你会扶起倒地的老人吗 / 186

第四篇　吃饭能学什么

吃饭能学什么 / 193

就业的重要性 / 196

要有平台思维 / 199

我不想有压力 / 202

我准备创业 / 205
频繁换工作 / 208
不是安慰你 / 211
您能帮我吗 / 214
借钱 / 218
带学生调研企业 / 221
我在谈一场恋爱 / 224
高铁上的大学生 / 227
天涯海角都不远 / 231
我要不要换工作 / 236
真喜欢还是逃避 / 239
你到底想做什么 / 242
学长分享营销经验 / 245
年轻人的核心竞争力 / 249
入职大企业还是小企业 / 252
把爷爷的事业传承下去 / 255

第五篇　不要和别人比

不要和别人比 / 261
要有教育自信 / 264
无处不教育 / 267

有爱还不够 / 270
智慧的妈妈 / 274
路有千万条 / 278
任性的父母 / 281
一般不找您 / 285
教育是系统工程 / 288
让孩子自己处理 / 291
再忙也要陪孩子 / 294
孩子为什么脾气大 / 298
也许我们不了解孩子 / 302
我不能代替孩子试错 / 305
为什么孩子不听你的 / 308
为什么不能总对孩子说教 / 311
摔出的人生——《摔跤吧，爸爸》
　观后感 / 314
用"心"来"看"教育
　——《教育的情调》读后感 / 317

第一篇

爱在细微处

爱在细微处

今天下午我校学生处副处长董艳老师与我进行了一个简短的谈话，了解名班主任工作室工作开展情况，她说我班主任工作做得好。

其实学校很多老师比我做得更好，我们专业几位年轻的老师，班主任工作都很认真负责。

班主任是直面学生所有一切的教育工作者，对学生有着全面的了解，对育人有着深刻的认知。班主任对学生的态度既是班主任人格魅力的体现，也代表了学校的育人水平与质量，还深远地影响学生的人生观、价值观和世界观。

"热爱学生"从来都不是一句口号，"关心学生"从来都不是一句标语，而是在细微处在无声中把爱送到学生心田中。学生很聪明，老师是不是真的爱他们，他们心里亮着呢。

现在的学生智商很高，信息来源很广，获取信息的能力很强，表面上他们懂得很多，但是相当多的学生浮躁、一知半解、不求甚解、没有恒心、没有意志力；一些学生生活习惯和作息习惯不好，引起寝室矛盾；很多学生缺乏规则、规矩和规范意识，缺乏对知识的敬畏，他们不再依赖教师，不再把教师当作权威。

我尤其注重对学生规则、规矩、规范意识的培养，因为无论在生活中，还是在工作和学习中，所有的事，都是建立在规则之上，都必须恪守规矩，尊重规范。我们只有认清规则并且尊重规则，才能遵循事物发展的规律；只有恪守规矩，我们才能懂得怎么做人；只有遵守规范，我们才能把心沉下去，认真做事踏实做人，并且以此提高整个组织和团队的工作效率。

所以，我首先在学生中做好榜样。我不让学生做的，我自己绝对不做；我要学生做的，我自己先做好。学生的信息、学生的申请，我力争秒回，我要用实际行动告诉学生，及时清理当下事，执行力很重要；我说明天晚上8：00给学生打电话，不会早1分钟，也不会晚1分钟，8：00我准时拨过去；我说什么时候去办公室等他们，我就什么时候在那里等着。说话算数，兑现承诺，我相信很多学生都佩服我这一点。我想告诉学生，说到就要做到，这是诚信，是尊重，也是遵守规则。有的学生给我发信息，不称呼老师，信息直接发来了，我却每次都会先称呼他的姓名；我平时说话很随性，想什么说什么，但是在和学生谈心时，在处理学生的事情时，说话的时机、方式，我都很注意。有好多学生说我是一位很温柔的老师，其实我在家可任性着呢。

曾经我写了一篇文章《教书不累育人累》，就是因为学生做人做事的细节要管、规矩要管，并且很难管好。这次你指出来了，学生改了，下次他又再犯。因为他之前的习惯、规则没有做好，帮他培养好习惯、建立规则、规矩和规范意识，很难很累，真比我养儿子辛苦多了。但是这就是教育，学生什么都好了，要老师做什么呢？这就是当老师的意义和价值所在，让学生变好变优秀。有的学生，你现在讲，他听不进去，但我相信他走向社会后，总有一天总有一件事，会让他突然想起老师曾经警示过他、教导过他，这也值了，这也是教育的意义。

董老师问我为什么知道学生那么多的事。

我说，主要通过和学生谈心，让学生写随笔，在学生中间做调查。我总共发动学生写了1000多份随笔，仅去年下半年，就收回调查问卷1000多份。这学期也做过调查。

她问:"你都看了吗?"

"当然看了,有时,我让他们写随笔时,我也跟着写,我的一些随笔就是看了学生随笔之后写的。"

她又问:"学生为什么什么都和你说?"

"因为我对学生完全敞开心扉,我把学生当作朋友,在与学生交流时,我从来没有认为自己是老师、是长辈、是权威,我把自己的人生经验与感悟完完全全地拿出来,与学生分享探讨。我也从来没有把学生当成学生,从来没有把学生当成什么都不懂的孩子,而是充分尊重他们内心的感受,他们对学习、对社会的认识与看法。从学生身上,我也学到了许多,了解人的成长规律,懂了年轻人的内心世界。"

她说:"你一定很有成就感,一定有学生记着你。"

"是的,就在前几天,一位毕业了很多年的学生,谈恋爱遇到了苦恼,写了很长的一段话给我,让我给他建议呢。我第一届学生还经常和我联系,他们对我谈他们的工作、生活和家庭,有快乐与我分享,有苦恼也会向我诉说,还有的向我求助。我们之间很亲密。"

细微处的爱如春风化雨,无声,却最真切、最感人、最有感染力,能浸润学生的心田。我当了20多年的班主任,没有一位学生和家长,让我觉得难以相处、无能为力。有一位学生进校第一天,给同寝室的同学发避孕套、啤酒和烟,我比较轻松地应对了。不是我有多大本领,而是我懂他的内心世界、懂他的另类,我知道如何在生活中关心他、在学习上鼓励他、在具体事情中激励他。

完成学校的考核指标、规定动作,不会很累的,累的是怎么用心育人。你得很有爱心,你得懂很多,你得很有耐心,你得很有韧性,你还得有一些智慧。对学生无微不至的关爱,润物细无声的关心,是考核不出来的。没有一项指标能考核老师的细微之爱,唯有学生的真实感受、学生的进步、学生的成长,唯有教师从中获得的成就感、价值感和幸福感。

我就是这么和学生一起成长的。累的时候，学生在校园的路上叫一声"老师"，疲惫就会一扫而空。

　　真的，我就是这么坚持下来的。

2023年3月13日

走进学生

曾经我写过一篇"看见学生",意犹未尽。学校开学了,我和学生深层次的互动几乎天天都有发生。

昨天,我让我班同学谈他们的理想时,每一位同学在台上都尽情地绽放自我,女生们娓娓道来,男生们激情满怀,无论小时候的理想多么天真,无论现在的理想多么现实,他们都大大方方、坦坦荡荡和盘托出。说者真诚,听者认真,掌声不断。

我听着他们讲时,无比激动、无比兴奋、无比欣慰、无比自豪、无比温暖、无比感恩,因为他们让我走进了他们的内心世界,并且让每一位同学走进了他们的内心世界。同学们把各自的世界打开,让大家进来看看、参观参观、学习学习,从而相互之间获得信任信赖和精神支撑。

我感觉每一位学生,都是一个无比鲜活充满灵性的独立个体,他们无比的真诚、无比的坦荡、无比的纯真、无比的可爱,也无比地激励我。越发地让我想再次谈这个话题:走进学生。

如果我们只是在课堂上和学生进行接触,我们看到学生的情况其实是很少的。我们只知道学生的学习态度好不好,是否认真听课;这个男生很帅,那个女生很漂亮;这位学生高,那位学生矮;这位学生瘦,那位学生胖;这位学生眼睛很有神发亮,那位学生没精打采。学生为什么不认真听课,为什么没精打采,这些行为和现象背后的原因是什么,他们的心理与行为之间的逻辑思维是什么,我们并不知道。

在课堂上,学生多,并且每一个班每一门课的学时都不多,我们很难与学生深入融合,很难了解学生的内心世界、现实生活、对未来的期待等。我们看到更多的是学生的一个点、一个面。浮光掠影地看学生,学生就只是一个简简单单的平面,大多平淡无奇,没有什么特殊之处。于是,我们可能会粗暴地把学生分为三类:积极向上、热爱学习的学生;吊儿郎当、不思进取的学生;平平稳稳、不紧不慢的学生。

可是,当我们走进学生的内心,学生呈现给我们的世界无比丰富丰盈,我们都会惊叹,平时看起来漫不经心的孩子,他的内心世界却藏着那么多有趣的故事、藏着那么多忧伤的回忆、藏着那么多的无奈与苦涩、藏着那么多美好的愿景,还藏着那么多的良善。

著名的教育家苏霍姆林斯基说:"每个瞬间,你看孩子,就看到了自己。教育孩子,也是在教育自己,并检验自己的人格。"

在学校当老师,如果不当班主任,是很遗憾的事情。尽管当班主任很累,压力很大,工作很细碎,但是就是在与学生深入交流中,在没完没了地处理学生各种琐碎事务中,走进了学生的世界,看到了学生的思想、学生的情感、学生的期待、学生的愿望、学生的无助、学生的孤独、学生的可爱、学生的丰富多彩,从而令我们的世界也丰富起来、丰盈起来、精彩起来。

随着多元化社会的到来,单亲家庭的学生越来越多,原生家庭有问题的学生越来越多。不走进学生内心世界,我们不会知道他们在童年时、少年时,经历了什么,因为他们看起来,那么的明媚、那么的青春、那么的活泼、那么的友爱。我的一位课代表,当时有好几个同学想当课代表,最后还是她抢到了。她总是一路带着风小跑,总是远远地笑,总是很亲热地走到我跟前。可是,她却不想回家过春节。因为,她不想面对家人,不想回到那个没有给她温暖的家。

每届都有几位家长,加我的微信,我在微信里反映他们孩子的情况。

他们往往和我说不了几句，有的只回复几个字。他们不理解他们的孩子，怎么能和我一讲就讲上两三个小时，而孩子和他们却没有话说。学生的思维、视野、语言表达，甚至待人接物，都已经超越他们的父母。这让我感动，这是时代的进步、是环境的浸染、是教育的力量、是孩子自身的努力。

那么如何走进学生内心呢？其实很简单，只需要我们向学生敞开心扉，真诚坦荡地对待他们。如果我们把学生仅仅当作学生，如果我们向学生施以权威，学生不可能向我们袒露真实的他们。唯有以心换心、以情交情、以爱育爱，尊重、理解、接纳、包容、珍惜学生所有的一切，平和地看待学生所有的好与坏、长与短、优与劣、强与弱，学生才会把他们的内心世界打开，让我们进去探究真实情况。

走进学生，是育人工作的第一步，是做好教育的基础。唯有走进学生，才能懂学生、爱学习、帮学生。

2023 年 4 月 12 日

感恩学生

一位学生从台州到学校来看我,我发了一条信息到朋友圈。郑海龙同学在我的这条信息后面评论说:"您也是我最喜欢的老师,我一直都记着您,您的生活态度和思想给了我很大的启发。每每看您的朋友圈,我都能够从中感受到生活的美好、世界的美好。我感觉您有一双发现世间美好的眼睛,因为您有一个无比强大的内心和无比充实的精神世界。这些都是我不曾拥有,也渴望拥有的。这些年因为工作和生活的原因,疏忽了联系。但是,我一直在向您学习,从小到大的老师只教过我知识,您一直在教我生活的真谛和为人的道理。谢谢您,胡老师!"

薛甜甜同学在郑海龙的评论后面说:"他说的没毛病。胡老师是我朋友圈的一股暖流。"

他俩毕业了好几年,当时都是上了大学后,去参军,再回到学校。我教过他们的专业课。

吴诚超说:"胡老师,还有我、还有我,一直超级喜欢您。"她是我在宁波第一年教过的学生。现在在证券公司工作。曾经她说:"老师,我真想回来对这帮学弟学妹们说,在大学一定要好好学习,把证券从业资格证考出来,参加工作后,真的没有时间和精力去考证。"她还说,很喜欢证券行业,越做越喜欢,只要客户鼠标动一下,她的收入就上来了,当然客户要服务好维护好。当我把她说的这两句话告诉她时,她不记得了。我记得牢,是因为她的这两句话,被我在课堂上、班会中、和学生交流时引用多次。

这些年，不断地有学生向我表示感谢，感谢我帮助了他、鼓励了她。

其实，应该说感谢的是我。

老师帮助学生、鼓励学生，是老师的职责与义务，是老师作为人类灵魂的工程师必须做的一份基本工作、基础工作。学生对老师怀着感恩之心，是学生懂得做人的道理，也是教育的成功之处。

对我来说，我从心底里感谢学生。是学生的成长经历激励了我，是学生的进步向上助推了我，是学生的青春活力感染了我，是学生的未来前途鞭策了我，是学生的感恩之心温暖了我。生活中总有不开心的时候，可是每每想到学生，就觉得应该拥抱生活；工作中总有不顺心的事情，每每听到学生一声"胡老师"，就觉得再苦再累也值得。

晚上安安静静地看书时，认认真真在电脑前工作时，刚刚朦朦胧胧睡着时，手机"叮咚"一声响起，学生的信息来了。如果换作别人，我会有被打扰的感觉，但是对学生，却丝毫没有这种想法。秒回信息是最基本的，很多时候打长长的电话，全面深入了解情况，帮助学生解决问题。表面上我被打扰了，我在付出，其实我真的很感谢学生能让我做到这一点。我尽管快要退休了，但我仍是父母的大公主，仍是小家庭的小霸王。平时我是那么地追求简单生活、高效工作，我是那么地怕复杂、怕麻烦、怕管人，是学生让我不再任性、不再自我，学生促进了我的成长与进步。

哈佛大学校长劳伦斯·巴科在2023年毕业典礼演讲时引用了《智慧之书》上的一句话："我从老师那里学到很多知识，从同事那里学到的更多，而我的知识最多的是从学生那里学来的。"的确，学生教会了我很多。有的学生从小就失去了父母，有的学生家庭经济困难，有的学生长期生病，有的学生带有残疾，有的女生生长在重男轻女的家庭……他们小时候就体验了生活中的很多艰辛，但是，他们却是那么的坚强、那么的努力、那么的阳光、那么的热爱班级和同学、那么的助人为乐。这类同学给了我特别大的精神鼓舞，每每我累、想要抱怨时，我就想起他们。想起他们，我就觉得自己特别幸运，也觉得自己有责任帮助他们。

学生们处于青春期，有着各种困惑与迷茫，他们总是那样真诚地坦荡地把心中所有的一切都告诉我，让我走进他们丰富的内心世界，也让我受到感染，使有点多愁善感气质的我，变得越来越开朗、阳光、坦荡与豁达。

浙江经济较为发达，一些同学家庭条件很好，但是他们却不愿意要家里的生活费，选择利用课余时间去兼职。只要能挣到钱，他们不怕羞不怕苦不怕累。他们这种独立自主、艰苦奋斗、创造财富的精神常常令我叹服。我来自大别山上的一个偏远小山村，那时经济落后，但是至今，我都没有学生们那种吃苦精神和顽强拼搏挣钱的意识。这也让我感叹，浙江经济发达的一个原因是浙江每一个人都有财富观念和理财意识，浙江有创业创新氛围。

学生们兴趣广泛，他们不满足于学习成绩好，还要生活好，很喜欢运动、喜欢音乐、喜欢美食，喜欢和同学在一起，经常和朋友们在周末去周边旅游，这让我感觉他们很懂得生活，不像我们这辈，普遍不重视生活质量。

相当多的学生在学校表现非常出色，上课、考证、考级、专升本、各种活动、参加竞赛、部门的各种工作，还要兼职，他们每天安排得满满的。我在他们这个年龄，完全是萌萌状态。别看我总是对他们说教，其实我心里很佩服他们，觉得他们比我强很多倍。

他们对新事物很敏感，接受新事物能力强，这让我很喜欢，也很有紧迫感，怕被时代淘汰，怕追不上他们的脚步。

我班有一位学生，家庭条件优越，他有不能根治的眼疾，却选择去大凉山支教。在春节期间，学校停水停电停网，他一个人在学校过春节。除夕那天，还为自己烧几个菜。他对孩子们的爱心、对生活的热爱，让我尤其感动，很感恩命运让我们成为师生。

  学生还有很多很多值得我学习、反省、检讨的地方，感恩学生，我将继续从学生眼中汲取光，从学生手中传递温暖。

2023年5月26日

永不言弃

一位女生要和我一起跑步，约了好几次，都没能凑在一起。今天下午5：00终于实现了我们双方的愿望。

她说："老师，你说跑几圈？"

我说："10圈，怎么样？"

她说："怎么样都行。"

我本来想说："就跑6圈吧。"因为平时，她最多跑4圈，从来没有跑过10圈。但是，转念一想，如果只跑4圈或6圈，这次跑步的意义不大。要跑，就要让她挑战自己。于是，我很坚定地说："我们跑10圈。"

她没有反对，也没有赞成，算是默认吧。

开跑了。才跑了半圈，我就气喘如牛，而她气定神闲，轻松自若，她始终领跑，我要很吃力才能跟上她。

后来，她也开始喘气了，但是在4圈前，总体上，她比较轻松，而我继续气喘如牛。第5圈，她仍在前面领跑。到了第6圈，她速度降下来了。从她的神情看，她有想放弃。

我马上跑上去，和她并排着跑。告诉她："你跑得很快，我跑不过你。你看我跑了不到两分钟，就喘气，而你一点事都没有。拼速度，我是永远拼不过你的。"

她说："你们成人，拼的是韧性。"

我说："对的，你也可以做到。"

她气馁地说:"我不行了。"

我说:"不会的,你都没有试着坚持一下,就说不行了。"

于是,我和她并排着跑。

到第9圈的时候,她不跑了,边走边说:"老师,我真的不行了!"

我拍着她的肩说:"不要一累就想着不行,要想着我一定要坚持下去,不达目标不罢休。把速度降下来,慢跑,也要跑下来。"

她又开始跑,速度降了许多,但是,一直紧跟在我后面。后面两圈,我开始领跑了。

终于,她坚持下来了。我向她表示祝贺:"很了不起,挑战了自己。"

我们边慢走边聊。我说:"你跑得很快,体力也很好。依你这种状态,还可以再跑6圈到10圈。你不是跑不动,而是跑完习惯性的4圈,就以为到了极限,就不想再挑战自己。一累,就觉得自己不行,而不是想怎么跨越这道坎。我跑2分钟,就喘气,跑着跑着,喘着喘着,就挺过来了。前两圈,对我来说,最难挺过。后面习惯了喘气,习惯了这种边喘边跑的状态,就可以一直跑下去,直到倒下。我们成年人不是天生韧性强,我们的韧性是被生活磨砺出来的。6年前,我决定早上6点起床,我坚持下来了。但是到现在每天早上,我依然要挣扎一番。特别到冬天早上,我依然要与自己做激烈斗争。6点半开车行驶在路上,天还没有大亮,我都觉得很委屈:'别人都躺在床上,我干吗对自己这么狠啊。'想是这样想,但是车停下来,周围到处是空停车位,整层楼就我最先到办公室。这时,我心中就升起一股胜利感、自豪感,我又一次打败了自己的惰性、战胜了自己,我又赢了。6年多来,我赢了2000多次,就是在这个过程中,我开始肯定自己,自信心强起来了。"

"战胜自己为什么这么难呢?因为人性的弱点实在太强大了。你看,6年了,尽管我战胜了它,但是它仍然时时刻刻在等着我沦陷,向它投降。只要我3天早上不在6点起床,赖床的坏习惯就又养成了。恐惧、焦虑、怯懦、贪婪、贪图舒服与享受，这些人性的弱点每一个人都有，就看我们怎么控制自己，战胜人性的弱点。当困难来时，我从不放弃……"

讲到这里，我用牙齿紧咬下唇，向她展示当困难来袭时，我是什么样的表情。接着我说："我咬紧下唇，对自己说'一定要坚持下去，永不放弃！'就这样，我跨过了一道道坎，挺过了一道道难关。挺过了，上了一个台阶，真有海阔凭鱼跃、天高任鸟飞的感觉，这种感觉太美了。觉得之前受的孤寂、苦痛、委屈和煎熬都很值。我身边有很多这样的人，特别是那些创业者，哪一个不是经历了九九八十一难，熬到了现在。不要只看到别人光鲜的一面、轻松愉快的一面，他们背后的付出是我们难以想象的。"

我们学生的智商不低，但是，普遍缺乏吃苦的精神、坚忍的意志，教师要善于抓住时机，历练他们、教育他们、帮助他们。

2021年10月12日

学生的可爱

周末，我班一位女生发朋友圈说："别人有的，你们也得有。"同时，艾特她们寝室的"506的仙女们"。配图是一大包妙脆角，分成五等份。

她们寝室的每一位仙女，也马上跟进："506的宝贝从不羡慕别人。""收到了寝室长对我们的爱。""感谢寝室长大人。""谢谢美美的寝室长宝贝。""愉快的周末下午开始了，可爱的小黄寝室长配番茄味的妙脆角，好绝！和室友的茶话会正在进行中……"

今天降温了，昨天晚上，我在班级群里说："孩子们，明天要多穿一点。"

同学们回复了几十个："谢谢胡妈妈！"

我称呼他们"孩子们"，是我最初最自然的心理。在班级群里，我很自然地写下这几个字后，在信息发出之前，犹豫了一下，心想，要不要换成"同学们"，最后，还是保留我内心真实的情感。我相信真实的力量、真诚的力量、心念的力量。的确，一句发自我内心的简单话语，换来的是那么多热烈的令人湿目的呼应！

一位已经毕业的学生说：三年，他没有什么作为，但是，寝室的卫生全是他一个人做的。

一位女生对我说："有一天，我的室友突然生病了，这位室友经济条件不好，因为她担心父母为她担心，没有把生病的事告诉父母，向我借钱。我的经济条件也不好，平时省吃俭用，靠兼职来补贴生活费。但是，她一开口借钱，我就把所有的钱全都给她了。室友病好后，告诉了她爸妈，她爸妈给我打了很长时间的电话，不停地感谢我，这让我很感动。"

一位大三的学生对我说："军训期间，我特别努力，用力过猛，导致缺钾，人一下子瘫软无力。是两位同学扶着我，送我去医院。这两位同学，至今仍是我的好朋友。"上课时，他们一直坐在一起。

我给学生开班会，班会一结束，班长俞杰就把我讲的内容进行总结：一、二、三、四……发到班级群里。新生上课前一天晚上，班长和学习委员，把学校考勤的时间表、注意事项发到班级群里，提醒同学们不要迟到，不要错过了时间点。还说："如果有人迟到和旷课，就要扣班级分，相当于班主任和全班同学跟着吃药。"

我班一位学生，有心理疾病。父亲陪他住在校外。班长俞杰说："老师，让他回到学校来住吧。毕竟是我班的同学，在一起更好。我们能照顾好他。"有一次，这位学生睡过了头，电话叫不醒，班长和同学们去找他，陪他去医院，陪他吃饭。

学生来自五湖四海、天南海北，来自不同区域、不同家庭，但是，他们有共同的特性：纯真质朴、团结友爱、互助共享、积极向上。

一位学生，从部队退役回来，继续上学。她长得非常漂亮，很阳光大气，总是老远就对着我们笑，还很热心帮助别人。有一天，她对我说："老师，我爸妈只顾工作，从来不管我，是我奶奶把我带大的，我就不像是他们的孩子。我家里经济条件不差，但我不想用爸妈的钱，我所有的生活费都是自己挣的。"她叫甜甜，她的笑也总是很甜很甜。

还有好多位同学，家庭经济条件不好，也缺乏家庭的温暖，却很阳光灿烂，很热爱学校，关心同学，乐于助人。曾经我写的随笔《孩子，加油》里的那位女生，她没有学费上学，没有电脑，来学校没买一件衣服。她却积极奋进，在学习部工作，总是设身处地地为别人着想；她立志多为社会做贡献，长期坚持献血。有一次，她感冒了，她说，这次就不去献血,不能传染给别人。

更不用说,每个班的班干团干,在学校分院各部门工作的同学,为班上的同学、为学校的发展作出了很多的贡献。

可以说,每一次处理学生的棘手问题,既有学校领导和老师的支持,也有很多学生的协助。

学生是受教育者。在这么多年的教育工作中,我深深地体会到,学生的推动、学生的感染,是老师获得正能量的一个很重要的渠道。毕竟,老师再努力再有能力,能量是有限的,而每一位学生都是一颗星星,很多学生汇聚在一起,就是一条银河。每一位学生的蓬勃向上、每一位学生的真诚善良、每一位学生的敏而好学,有力地助推老师不断奋进,催促老师必须跑得更快,方能引领他们的思想,方能成为他们的导师,方能成为真正的教育者。

2021 年 12 月 10 日

自卑不可怕

通过多年的育人经验,通过向学生发放调查问卷,我发现一个现象:迷茫的学生缺的不是人生理想和学习目标,他们普遍缺乏自信。

过去的学生迷茫,可能是没有明确的学习目标与清晰的人生规划。现在的学生生长在开放时代、信息化时代,他们对自己想要什么、想成为什么样的人,有着比较清晰的认知。他们都希望积极向上,能获得好成绩,能考上专升本,能成为自己喜欢的那个人,能为社会做贡献。

现在他们迷茫的是,他们已经很努力了,却没有获得相应的成绩与回报。这种理想与现实中的矛盾,让他们对自己再次产生怀疑:我是不是真的不行。迷茫了一阵,冲撞了一阵,冲出去的学生从此海阔天空,真正地找到了发展方向与发展路径。没有冲出去的很多同学,向现实投降了,放弃了。这类学生表现得很消极,上课迟到,甚至旷课;课堂上无精打采,"身在曹营心在汉";在网海里沉浮,或者在梦游中;课后作业不做,更不用说自学。他自我放逐、自我放弃了。

一些老师对这类学生也表现得有些无奈,以为这些学生没有人生方向、没有学习目标、没有生活理想,破罐子破摔。

其实,我们的学生只是暂时被现实打败了,自信心没有建立起来。

职院的学生在基础教育阶段学习成绩普遍不理想,学习能力较弱,在"别人家的孩子"的比照下,他们内心普遍存在一定的自卑。刚进入大学,他们也有一番理想与抱负,希望换一个环境,换一种态度,取得好成绩。

可惜，好景不长，优秀的同学还是那么多，很快又把自己比下去了。好不容易树立的信心，又沉下去了。

其实，这类学生只是犯了一个认知方面的错误，以为只要努力就能马上见效。现在的学生普遍浮躁，尤其有这种心理。付出了就要马上能看到成绩，否则就会气馁，就会放弃。归根到底，还是自卑心作祟，只要稍稍努力，没有看到成效，就以为自己不如别人，很轻易地被现实打败。

不认真学习的学生，表面上都像是没有理想与目标，表现得浑浑噩噩，其实是他不想表现得有理想与目标，他怕实现不了，遭人嘲笑。所以，故意表现出对学习一副无所谓的态度，对成绩好的同学一副不屑一顾的神情，对老师的教导一副漫不经心的神态。他的行为和神态是想告诉大家：他对学习无所谓，好成绩不是他想要的。其实，他是在掩盖自己的自卑和无助。

积极向上是所有生物的天性，追求上进更是人的本能。没有一个人不想变好、学好、做好；没有一个人不想得到社会群体认可；没有一个人不想证明自己学得好、做得好。只是当他努力后，没有实现愿望，他就用冷漠或抗拒代替退缩和自卑。

一位学生在他的随笔中说，他不喜欢英语，也不喜欢英语老师，他的英语成绩很不好。上高二后，换了英语老师，他很喜欢这位英语老师，下决心要把英语学好。第一次测试，他的成绩不见好；第二次测试，他的成绩依然不行；三次后，他彻底放弃了。理想与现实之间的差距，让他比之前更进一步确信自己不是学英语的料，也进一步强化了他的自卑心理。

越是自卑的人，越想快速获得成功，越想快速获得认可。可惜事与愿违，欲速则不达。

其实，自卑不可怕。可怕的是企图快速获得成功的心理，可怕的是再次失败后，以消极态度掩盖自卑的心理。

许多人都有一定程度的自卑，都有在某一方面或某些方面的自卑。奥地利著名的心理学家阿德勒认为:"所有儿童都会有一种与生俱来的自卑感",生来有器官缺陷、从小受到严厉教育或在溺爱中成长的儿童都会产生自卑感。他还坚持认为:自卑"会激发儿童的想象力,并试图通过改善自己的环境来消除自卑感。个人处境的改善会减弱自卑感。心理学上把这一现象称为心理补偿。""对于这些丧失信心的儿童来说,最具吸引力的就是最快捷地满足心理上对成功的渴望。"

好成绩不是一天、三天、一个月、三个月努力就能实现,而是一年、三年、五年、十年坚持不懈的努力。我们很多学生不是没有想学好的愿景,而是太想学好,太想表现自己,急功近利,以致失败,并且承受不了挫败。

承认自己有自卑心理,比以消极态度掩盖自卑心理要有利于自己的发展。承认它,就能正视它、挑战它、战胜它。自卑之心不是一天一年形成的,要战胜它也不是一天一年就能实现的,而是要做好打持久战的准备,要有屡挫屡战的信念,这样必定能成功。

很多成功人士都曾经有过强烈的自卑心理。新东方创始人俞敏洪说,他在大学时期很自卑;日本著名影星高仓健也说,他一生都想赢得母亲的表扬。自卑心理用得好,就成了战胜自己、超越自己的动力。俞敏洪说,他就是有一股死磕的精神,他写了一部书《在绝望中寻找希望:俞敏洪写给迷茫不安的年轻人》。

治愈自卑心理的最好良药莫过沉下来学一门功课、做一件事,学到极致、做到极致,迟早会尝到成功的喜悦。一旦一门功课学好了,一件事做好了,就会确信自己是聪明的,是可以学好的、做好的、变好的。尝到了成功的喜悦后,就有了自信;一门功课学好后,每一门功课都能学好;一件事做成功后,许多事都能成功。成功之事千千万万,但是道路却只有一个,那就是努力、努力再努力,坚忍、坚忍再坚忍。

老师不要武断地认为不爱学习、表现拖拉、行动敷衍的学生,就没有上进心、没有奋斗目标。如果评价学生是"扶不起的阿斗",不但不会激发学生,还会引起学生反感,甚至会厌恶学习。作为老师,要永远相信,每一位学生都有一颗进取之心,这是教育的意义。我们要肯定学生有向上之意愿,探究学生颓废背后的原因,鼓励学生树立自信,引导学生从自卑之根中开出灿烂的花朵,这是教育的目的,也是教师的价值所在。

2022年11月20日

最后一分钟

本周一，我请一家人力资源公司的创始人来学校给我们专业的学生讲就业指导课。下课铃响了，课还没有讲完，后面两排的同学已经躁动不安，准备离席而起，前面也有一些同学在收拾书本，准备下课。

这位企业负责人讲完，我上讲台向她致谢后，把学生留下来。我说："吃饭时间到了，是吧？一分钟都不能耽误，是吗？刚才你们学的是什么课？好好回顾一下。不就是教我们怎么好好地做一位职业人？你以为做一位职业人，到点就下班，这么简单吗？有多少人没有晚上、没有周末，都在加班加点。都说'996'辛苦，你见过'077'吗？我身边就有许多这样的人，每天早上7点上班，晚上12点下班，每周工作7天。想想你们高中的班主任，是不是每天早上6点多就陪着你们。你以为学校就是学校，社会就是社会，学校和社会是割裂的？学校规则就是社会规则、学习态度就是工作态度，都是相通的，道和理都是一样的。

我有一位大学同学，云南人，成绩一般，他有一点令我非常佩服：从来不旷课，从来不迟到早退。那时，大学没有现在管理这么严格，旷课时有发生，有时，全班只有他1位男生和我们5位女生在上课，他从来没有落下。别看这一点，很多人都做不到，寝室里只要有人旷课，可能就会有其他同学跟着一起逃课；班上男同学都不来上课，想来上课的男同学就不来了。而他始终如一地早早到教室。我佩服他的这种认真态度、执着精神、坚忍意志，时常以此激励自己。

我们在高考时，已经落后很多同学了，现在不是顺其自然、顺流而下，而是要奋发图强、迎难而上，追上先进者。那么每一分钟，对我们都很宝贵；每一项纪律，对我们都很重要。学校那么大，学生这么多，不要什么都让老师盯着，要自我约束、自我管理。学习时，既要有时间的概念，抓紧一分一秒；又要忘记时间，全身心地投入到学习中去。有的学生总是盯着时间，等着下课，这样来到学校，有什么意义呢？浪费父母的钱、浪费自己的青春、浪费国家的资源。"

这位企业负责人的课讲得很好，激情飞扬，信息量大，又贴近市场，她在宁波大学、宁波工程学院和浙江万里学院等高校都讲过课。晚上，我请她及两位HR朋友吃晚饭，席中，我们聊企业人力资源问题，谈话焦点集中到大学生就业现状。一位人力资源测评师对我说："你们职院学生脑容量和本科生差不多，但是，精神能量和思维能量要差一些。"

简单一点说，我们学生的智商不比本科生差，只是学习态度、精神面貌及思维能力比本科生差一些。

现在的学生智商都很高，差别就在他们的学习态度、学习习惯、工作品质上。在平时的教学中，每天最后一节课的最后几分钟，总有一些学生完全放弃学习，就等着下课。只要隔壁有桌椅移动声，就会有同学跃跃欲起，眼睛看着门外。

我在每一个班第一次上课时，都对学生说："最后一节课，不管我是不是在讲课，不允许站起来准备离开教室。必须在下课铃响，我说下课后，才可以离开。不要以为最后几分钟不重要，无论从内容还是从形式来说，都特别地重要。最后几分钟，如果老师仍在讲课，要好好地听课；如果老师让你训练，要沉浸式地去做；如果老师让你复习几分钟，要好好地回顾。科学证明，即时复习，会增强记忆。最后几分钟，是学习态度的体现。不要因为提前一分钟下课，趁楼梯人少时，跑下楼跑向食堂，减少了排队吃饭的时间，就以为这一分钟提前下课值得去做，应该去做。如果这样，就违反了课堂纪律，扰乱了教学秩序；如果全校每一位同学都这样，就乱套了，就会有同学想再提前两分钟。所以，每次课的最后的一分钟，是态度、是礼貌、是涵养、是纪律、是秩序、是坚持、是原则、是底线，突破它，就会突破规则，突破人生很多很重要的东西。"

大多数人的智商都差不多，差的是工作品质、生活智慧。坚持到最后的人，就是成功者、胜利者、奇迹的创造者。有始无终、虎头蛇尾，都会导致平庸。

2018年11月21日

你做得到吗

上周我布置了一项作业：新形势下宁波房地产市场的走势分析。尽管布置作业时，我反复强调，要用图表、关键词和关键语句等表现出来，不要用大篇幅的文字，要对材料进行归纳总结，最后提出自己的思想。学生交上来的PPT作品，还是满屏的文字，资料的堆砌。

我把2009级徐寻卿同学的作品拿出来，让大家学习。

我在他班"证券投资分析"课程教学中，布置了一次作业，要求学生分析索罗斯的投资理念与策略，建议学生把他对英镑与港元的两次投机事件进行比较分析。徐寻卿这个组做的PPT堪称完美。他们把作品名称定为"索罗斯——金融大鳄"，PPT总共10页。第1页作品名称、组长、组员，再加一幅张着大嘴的鳄鱼图片，最后1页致谢。正文8页，分别从索罗斯的人生经历、投机理念和经典作品三个方面进行介绍和分析。一张表分9行描述他从1930年出生到1997年掀起亚洲金融风暴的主要轨迹；用一张图分析他的投机理念，以狙击英镑为例分析他的套利方法和获利模式。整幅作品遵循总分总的结构，在个人发展史和具体案例上又以时间为轴，利用图表展示逻辑关系和递进关系。除了那张表以外，很少有文字描述，只有关键词句。

展示这幅作品后，我问学生："你们做得到吗？"

学生说："做不到。"

"不要看学长们做的PPT只有10页，看似简单，其实很不容易。他们必须从海量的信息中大浪淘沙，找出有用的信息；通过阅读大量的资料后，梳理出一个主题，然后以这个主题为中心梳理出一条主线，再将相关的精品内容都串到这条主线上，就成为了一幅完美的作品。

"我们不是做不到，而是没有认真去做。你们可能想象不到，他们这个班，第一次做PPT作品时，全班4个组同学的作品，全部被我退回去了。我在课堂上指出他们的问题，把他们的作品说得一无是处。那时，我比现在脾气急，一点都没有给他们留面子。他们那个班氛围特别好，班长带头鼓励同学们，说我们班同学还是可以的，下次一定会做得很好。果然，他们这个班进步特别快，做出来的作品一次比一次好。徐寻卿同学在期末上交的个人作品PPT，有20多页，分析内容从国内外宏观形势，到行业，再到个股，思路非常清晰，分析有理有据。你看，不是他们一开始就做得很好。刚开始，他们也做不好，是后来通过学习才做好的。只要你们有他们那种学习态度，那种想做好的决心，一样能做好，甚至比他们做得更好。能不能做好，完全取决于你想不想做好。你的态度上来了，事情就做好了。"

接着，我开始讲怎么做好。我选取其中的一幅作品，对他们说："比如你的材料显示，今年2月，二手房成交量海曙同比增长11%，镇海同比增长22%，你就认真分析为什么这两个区的二手房成交量同比增长远超其他区，是哪些楼盘的成交量比较高，成交量增长快的房源，单价、总价、面积分别是多少？通过这些，可以分析出是哪类群体在购房？他们购房的目的是什么？是刚需、改善、投资，还是学区？成交量高的楼盘周边有哪些学区？是因为学区房导致成交量同比增长的吗？还有，成交价同比、环比有哪些变化？为什么有这样的变化？这些成交量高的楼盘周边配套怎样？等等，我们可以多问一些为什么，在向自己提这些问题时，就会带着问题去寻找答案，这就是研究的过程，也是训练思维的过程。要透过数据从多角度研究它们背后的规律，要透过现象从多维度分析它们的本质。这样，我们就能看懂新闻、看懂经济数据、看懂经济政策。久而久之，我们就掌握了事物和社会发展的规律。

这些作品，你们做起来很快，可能一两个下午就完成了。可是，如果要达到上面这幅作品这样的水平，需要花好几倍的时间。不是他们水平高，而是他们能沉下心来，花大量的时间和精力对资料信息进行梳理消化，找出其中的脉络，研究出其中的逻辑关系和规律，并探究与此相关的知识，这样，他们就把与这个主题相关的所有知识弄透了，也把学习力、思维力训练出来了。

昨天见到一位我们学校的校友，是一位函授生，现在是一家企业的老板。他高中没毕业，到富士康做操作工两年，然后直接跳到华为工作了5年。从华为出来后就创业，一创业就成功。他说，除了每周一次的运动，从进入运动场换上运动服的那时候起，到运动结束这段时间，他头脑不再思考怎么做企业外，他的思想一直在企业经营中。一位高中生，能进华为，很了不起。不是他有过人之处，而是他在富士康从事五金件紧固工作时，善于思考，以致有了入职华为的资本。他说造就他今天的成绩是因为他的格局和思维。

我们学生没有一个是笨人，但是我们很多同学的思维是点状分布，没有形成线和面，更没有形成网状系统，也就是说，没有把你大脑中接收到的信息进行深加工，而只是信息的堆砌，没有找到事物之间的联系，因而就找不到事物发展的规律，我们也就没有培养出逻辑思维和系统思维。

我们不需要做很多次作业，只需要把一幅作品像我刚才说的那样，做深入做完美做极致，就够了。因为具备了这样的学习态度，具备了这种思维能力，做其他事的方法就掌握了。"

一知半解、不求甚解、浮躁不实，在学生的作品中比较普遍。有学生自身的原因，他们从小没有养成好的学习习惯，没有掌握科学的学习方法，思维没有得到充分的系统训练。信息化社会、高效社会，对学生影响很大，他们的心沉下去得不够深。

2023年3月29日

聪明不是能力

一位学生很聪明,不管学什么,很快就学会了。他也为此颇得意,还看不起那些很务实很踏实的同学,认为他们是因为笨,所以做事才这么谨慎小心。

我对他说:"不要轻视那些脚踏实地的人,他们每天进步一点点,两年来,取得了很不错的成绩。你大学读了两年,之所以没有什么成绩,就是因为聪明害了你。到现在为止,你的聪明一点也没有帮上你,相反,对你是百害而无一利。什么时候你忘记了自己是聪明人,把自己看作是一个很笨的人,你就是真正的聪明人。"

为什么聪明人把自己看作一个很笨的人,才是真正的聪明人呢?

因为只有认为自己笨,才会"笨鸟先飞",才会认认真真地学习、勤勤勉勉地工作、踏踏实实地做人。

很多聪明人认为自己聪明,就认为他不需要特别学习,不需要特别努力,就可以把一件事做成;不需要特别认真对待生活与工作,就可以过得很幸福快乐。以为自己有天然的优势,不需要很费力就可以把一件事学会,把一件事做好。一项新技能,聪明人学起来,可能的确快一些;一件事,聪明人做起来,可能的确快得多。可是要把技能学精学透,靠的不是聪明,而是踏实务实;一件事,要做得完美,凭的也不是聪明,而是坚忍与智慧;整个人生的经营,靠的更不是聪明,而是勤奋与自律。

聪明是禀赋,只有与优秀品质结合起来,才能成为能力。单纯的聪明，不会成为能力。相反，很可能"聪明反被聪明误。"很多人很聪明，智商很高，却没有做成什么大事，主要原因就是他把聪明当作能力。"这个没什么""那个简单""分分秒秒搞定"，结果一做事，漏洞百出，虎头蛇尾，并且很快泄气，终无一事所成。相反，一些看起来呆呆的、笨笨的、傻傻的人却获得了巨大的成功。

逆袭智商中曾国藩是典型人物。几乎所有人都评价他不聪明，左宗棠说他"才略太欠"，梁启超说他"最钝拙"，连小偷都笑他太笨，他读了一晚上的书，没背出来，在窗外偷听的小偷竟然行云流水般地背了出来。可是，曾国藩并不因自己笨而气馁，相反，知道自己拙笨后，更加发奋图强，"余性鲁钝"，便更相信"惟天下之至诚，能胜天下之至伪；惟天下之至拙，能胜天下之至巧。"因为"鲁钝"，一生"尚朴实，耐劳苦"，成就了他伟大光辉的一生，令许多聪明人士望尘莫及。"滴水穿石""不积跬步，无以至千里，不积小流，无以成江海"，许多聪明人没有积跬步成江海的耐心，没有滴水穿石的恒心，所以成不了事，更成不了大事。

我们总是表扬学生"聪明"，无论学生把事情做得多么糟糕，我们也不说"你真笨"，原因在于激励学生、鼓励学生。因为很少有人愿意接受"自己笨"这样的现实，特别是年轻的学生，更有一份自负之心捍卫自尊。实验与事实都证明，表扬一位资质平平的学生，说他聪明，会使他变得真正的聪明。

美国心理学家罗森塔尔设计了一项实验。他将没有任何区别的大白鼠分成两组，一组标签为"十分聪明"，一组标签为"特别笨"。请大学生让这两组大白鼠学习走迷宫，看看哪一组学得快。结果他们发现，"聪明"的那一组大白鼠比"笨"的那一组学得快。因为大学生对"聪明"的那组大白鼠比较有耐心，而对"笨"的那组大白鼠比较粗暴。罗森塔尔的实验验证了四点：第一，人们倾向于善待聪明人，对愚笨之人会比较怠慢；第二，智商和能力是可以通过外力"激活"的；第三，信任和期望是"激活"人们智商和能力的基本要素；第四，人才资源重在开发。

　　但是对有些聪明的学生，如果总是以聪明来激励他，效果不一定明显。因为他很可能以聪明自诩，把聪明当作能力，从而不愿意吃苦，从而做事投机取巧。对于这类学生，我们更应该提醒他，聪明是一种禀赋，也是一种非常宝贵的资源，我们要好好珍爱它，而不能滥用它、浪费它。聪明，就像大自然里的泥土一样，必须通过人类的汗水，打磨成土坯、烧制成砖，才能为建设人类社会添砖加瓦。哪怕是特别适合用来做砖的泥土，不经过人类精心的打磨，不经过精准的淬火，它就做不了一块好砖。聪明只是一种禀赋，只有与其他的人生品质结合起来，才能成为一种能力。我们必须通过勤奋、务实、坚忍自律、积极向上，来用好我们的聪明。

　　我们还要提醒学生，天赋的聪明不值得炫耀，不应该骄傲，后天的努力、习得的智慧才有骄傲的资本。

　　感染新冠第10天，还没有完全好。这篇文章纯粹是摸黑写的，大脑和手在工作，但是眼睛发黑，看不清电脑屏幕。

2023年1月10日

当代职院学生

当代大学生生在和平、富裕、文明的年代，长在思想开放、信息公开的时代，他们沐浴在我国教育事业蓬勃发展的春天，凝聚了整个家族全部的心血与养育智慧，是优生优育的一代。

他们很早就有理想，他们在小学时期，就知道自己喜欢什么、不喜欢什么，想做什么、不想做什么，希望成为什么样的人、不想成为什么样的人。有的学生在小学时就开始思考人生、思考生与死。他们不像我们60后、70后，在青少年时期，基本处于封闭生长状态。他们通过网络、通过影视、通过学校教育、通过朋友，对社会对人生有着广泛的了解和认知。

他们普遍智商高，很聪明。也许职院的学生学习成绩一般，对于书本知识的学习不是很感兴趣。但是，他们学习社会知识时思维很活跃，学习实践技能时上手很快。他们在玩时，反应灵活；他们生活时，也很有技巧与智慧。

他们视野开阔，内心丰富。我常和学生深入交流，让他们和我一起写随笔，发放了一些调查问卷，了解学生内心世界，了解学生对学校、对老师、对社会、对人生的看法，发现他们都很有思想，能从多维度多视角多层面看问题，绝对化思维的同学少。走进学生的内心世界，我每每都会惊叹，学生的内心世界丰富丰盈，充满灵性。哪怕是一些上课眼睛无光的同学，和他们谈心时，他们的内心世界也不是一片荒漠，而是一片生机盎然，有着一团火。

他们很坦诚很直接也很实际。当代大学生有什么说什么，不会拐弯抹角，不会藏着掖着，他们敢于发表内心的看法，也愿意向人倾诉他们内心的想法。当他们有困惑有苦恼时，会主动向老师和朋友求助。他们觉得把什么都放在心里会憋屈，他们说话做事很直接，目标明确，路径简单，普遍怕复杂。所以，他们也是很实际的一代。他们不喜欢听"高大上"的理论，不喜欢做看不到希望的事。他们期待能很快有成绩有回报。

他们兴趣广泛，爱好多元化。他们不是"两耳不闻窗外事，一心只读圣贤书"，他们学习之余，广泛获取社会新闻、热点事件，追求生活丰富多样。许多大学生都有自己的兴趣爱好，有的喜欢摄影、有的喜欢运动、有的喜欢做甜点、有的喜欢画画、有的喜欢电竞、有的喜欢唱歌、有的喜欢诗词、有的喜欢服装设计、有的喜欢小猫小狗……00后的学生比90后的学生爱好与兴趣更加多元化，课后他们不再只是呆在寝室里学习或玩游戏，他们尤其喜欢运动场、喜欢和朋友在一起、喜欢出去旅游、享受美食。

他们不再把家长和老师当作权威。他们获取知识、技能与信息的渠道不再只来自父母和老师，他们想认识哪位世界名人，只需要在手机上输进去这个人的姓名，这个人的生平就会呈现在他的眼前。很多学生在小学时就有了崇拜的偶像，他们的偶像可能是身边的大哥大姐、叔叔阿姨，也可能是明星、作家、诗人，还可能是政治家、企业家和各种玩家。所以，养育他们、教育他们，让老师更费力、让家长更伤神。

他们行动力强，想到马上做到，不拖泥带水，普遍较洒脱，执行力强。同时，他们的心理较敏感，承受挫折的能力普遍较弱。尽管他们懂得多，毕竟社会阅历不足，当他们遇到困难时，很容易产生挫败感。

他们也有很多问题与不足。一些学生学习习惯不好，生活没有规律，晚上不好好睡觉，早上不按时起床；他们不好好吃饭，喜欢点外卖。

有相当一部分学生的规则、规矩、规范意识没有培养出来。做事一味求快，缺乏工匠精神；不注重规则，也不讲究细节；不够务实，比较浮躁。

有很大一部分学生的底层逻辑和思维力没有培养出来。他们不喜欢潜心钻研，不善于探究事物发展的规律，对于事物的本质及联系，他们没有兴趣研究。这是他们学习成绩不好的重要原因，也是因为习惯接收网络上碎片化信息造成的。貌似懂得很多，却一知半解，不求甚解。

还有相当多的学生怕苦怕累。学校的阳光长跑，总觉得是很苦很累的事；一有感冒发热肚子痛，就要请假；遇到困难，不是想着怎么解决问题，而是逃避退缩。他们普遍缺乏恒心和韧性，没有毅力。这是因为他们从小没有吃苦造成的。

面对当代大学生的这些特点，学校和老师要与时俱进，改变我们对学生的传统看法，不要把学生仅仅当作学生，而更应该当作朋友；不要像以前一样，以为大学老师只是学生的人生导师，引导学生树立正确的人生观、价值观和世界观就行了，学生可以管好自己的事。现在很多学生，因为上述种种原因，管不好自己的事，我们要培养他们的规则意识、规范行为；要培养他们善于思考、善于学习的能力；要培养他们吃苦精神、承受挫折的能力；要培养他们坚忍的意志、务实的品质。而这些真的比教授知识要难得多、累得多，需要老师真正懂学生、懂教育、懂社会，还要老师真正成为一位"立德树人"的教育工作者。

2022年9月21日

为什么记不住

今天上课讲金融市场。课前先做一个小小的实验,让同学们观看一个百度百科40多秒的小视频"金融市场"。看完后,请他们回忆视频中讲到的术语或词语。"货币市场""资本市场""个人财富",大部分同学只能记住一两个专业术语或词语,能记住3个以上的同学较少。

我再放一遍,让他们用心看用心记,看时不要写。看完后再写出来,这次有的同学记住了10个词:货币市场、资本市场、股票、债券、基金、直接金融、间接金融、个人财富、企业经营……,有的同学记住了8个、7个,也有的同学还是只记住了5个、3个,甚至只有一两个。

在讲课前先请同学们看这个小视频,是因为金融专业术语比较多,短短40多秒,就有10多个专业术语,让大家对这些专业术语有一个初步的感性认识。

我问那些记不住这些词的同学,为什么记不住。有的同学说:"这些词都很陌生,以前没有听说过,不好记";一位女同学说:"我的脑子有问题,真的记不住东西。"

我问她:"为什么说自己的脑子有问题?"

这位同学说:"我感觉自己很笨,想学,却学不好;想记,却记不住。总觉得大脑短路,不接受外界的信息。明明每天学的东西很多,接收的信息很多,但是放下手机,离开教室后就什么都记不起来了。晚上睡觉前,回忆一天的事情,发现大脑一片空白或是一片混沌,很少有新知识清晰地呈现在我的大脑中。更让我觉得困惑和苦恼的是，不只是新知识记不住，连平常的人和事情也记不牢，总感觉有一个人或一件事，具体到什么人什么事，却不能很快地清晰呈现。"

我说："看你说话那语速，看你眼神那么有光，你怎么会是笨脑子呢？脑子怎么会不好使？现在记不住东西，最主要是因为受了智能手机的毒害。我们每天不停地刷新闻刷各种信息，仿佛知道很多，学到很多，但是这些信息我们并没有消化和吸收，它们占据了我们的脑容量和脑通路，以致我们真正想要学习的知识、想记的事情，学不好记不住，它们被大量碎片化的信息淹没了。

网络上大量的碎片化信息，即使我们记住了一些，这些信息在我们大脑中也是呈现点状分布，它们之间没有被大脑真正吸收、接纳、加工、整合、融汇，我们大脑还没有来得及为它们梳理出一个清晰的脉络、规律和结构图，形成知识体系，又被源源不断的新信息覆盖了。你手指一刻不停地在手机上刷新信息，大脑被动地接收这些新信息，然后就像扔垃圾一样，把它们扔在一旁，大脑对于像流沙一样源源不断供给给它的碎片化信息毫无还手之力，哪有空间和精力去粗取精、去筛选、去编码、去组织、去串联、去记忆、去思考、去求证。大脑也是有容量的，不能什么都装；大脑也是有能量的，不能被过度消耗。我们要尽量少用手机刷各种信息，把宝贵的大脑资源用在学真知识上。这样我们的记忆就会好起来，思路就清晰了，学的东西就记得牢了。"

记忆力呈现衰退的现象在现在的大学生中间比较普遍。我讲课时，习惯把学生学过的知识串起来讲，让学生回忆以前学过的知识点，很多学生像没有学过一样；我给学生读新闻，一些重要的经济数据，下次上课问他们，他们几乎全忘了；学生考从业资格证时，经常考50多分，就差那么一点。这一点很多时候不是学习态度的问题，而是学习方法没有掌握。他们考证时很认真学习，但通常死记硬背知识点，不懂得寻找知识点之间的内在联系。他们的知识就像一盘散沙，没有用线串联起来，变成珍珠项链。所以，他们看起来很努力，其实在做无用功。时间久了，积极性被挫败，学习的兴趣也没有了。

今天我在讲"金融市场"这个概念时，我就告诉他们，一定要把"市场"这个词的概念弄得透透的，弄透了之后，不管什么市场，前面加定语就行了。也一定要把"金融"这个词弄透，弄透了，就懂了金融的性质和特点，这就为后面学习金融机构、金融产品、金融市场奠定基础，所有的知识都是从概念中延伸出来的；并且相关的知识也因为同一个概念而发生着联系，这就是它们的内在规律。找到了规律，学起来就轻松了，知识也就记住了。我们现在学习这么吃力，不是学习能力不行，不是学习态度不好，而是我们的学习方法没有培养出来。说到底是思维力、学习力没有培养起来。

要想记得牢，首先要用心。心若两用多用，肯定记不牢。学什么，把心放在什么上面，就一定会记得住；其次，要少用手机刷碎片化的信息，让大脑宝贵的空间留着学真知识新技能；再次，要开动脑筋，反复思考日常事务之间的联系，思考知识点之间的逻辑关系，要彻底理解所学的知识，多问几个"为什么"。"为什么这样""如果不这样，会怎么样"之类的问题。每一次课、每一天，都不要贪多，学一点就学实学透学精，日积月累，知识就丰富了，知识体系就建立了，知识结构就全面了；最后，每天复习当天学习的新知识，增强记忆力。新学的知识如果不常复习巩固，很快就会遗忘，德国心理学家艾宾浩斯发现了遗忘曲线，告诉我们遗忘先快后慢。如果不抓紧时间复习，一天后，学习的东西只能记住25%。所以，下课后，要把老师当天讲的知识好好地复习一遍，配合做题，效果会更好。

2022年11月24日

克服赖床习惯

今天气温骤降10多度,天气一冷,又是大学生上课、年轻人上班迟到最多的时候。

昨晚睡觉前,我把手机放在离床头稍远的地方,确保它闹时我必须抬起上半身,用眼睛搜寻它,才能找到。前段时间,我把手机放在手边,它一闹,我眼睛都不用睁开,随手就把它摁掉了,很多时候我都不知道它闹过我摁掉过。但是,没过一会儿,我就醒过来了。有时,在它闹之前,我就开始处于朦胧的状态,头脑里搜寻昨天晚上的梦。闹钟闹过之后,我就开始挣扎。

我已经养成6:00—6:10之间起床的习惯。因为高架堵车,7年前,我对自己说:从明天起早起,力争把车停在学校固定位置或路边免费停车位上。从第二天起,我做到了,坚持了7年。现在早上6:00左右,我就开始处于半睡半醒状态。但是,我依然定3个闹钟,以防上课迟到;早上没有课时,也防止自己赖床睡过头。

闹钟一响就一骨碌或一个鲤鱼打挺地爬起来,对身体不好,不利于血液循环。赖床几分钟,让自己的意识处于半梦半醒间,在梦幻与现实之间,这种感觉很美。但是,赖床超过5分钟,也就不想起来了,越赖越不想起来,也就越起不来,不知不觉成为起床困难户。赖床时间久了,心理感觉也不好,有愧疚感与负罪感,一旦这种愧疚感与负罪感达到一定程度,就会对自己失望,觉得这么小的事情自己都做不好,早上的第一件事情就被自己弄砸了,很打击自信心。乃至绝望后,整个人就会变得消极颓废。所以,别看早上起床这件小事,它体现了一个人的意志力,决定了一个人的精神状态,反映了一个人的人生态度。

克服赖床习惯,我很有经验。因为,我曾经就是资深的赖床大王,起床特困户。没有课的时候,我经常上午不起床,直到中午起来吃午餐。吃完午餐继续午睡到下午。有时,儿子放学回家,我还在床上。然后,晚上不睡觉,深夜不睡。那时作息习惯真不好,所以,身体也不好,人的精神状态也不好。

我总觉得我爱睡懒觉喜欢赖床,是因为有没有睡够的童年创伤。我6岁开始做家务。每天早上妈妈一起床,就把我从床上拖起来。我说,让我多睡一会儿,我自己会起来的。妈妈说,我走后,你就更起不来了。所以,她总是早早地把我拖起来。有时,我坐在灶洞前边往灶洞里塞柴边打瞌睡。有时,饭做熟了,天还没有亮。有一次,我把饭做熟后,去村边的竹林里扯猪草,等妈妈回来吃早餐。竹林是那天妈妈回来的必经之路。箩筐里的猪草满了,妈妈还没有回来。

也许是因为小时候没有睡够,以致后来我瞌睡很大,睡着了很难弄醒。我11岁多的时候,妈妈让我去小姨妈家带我的小表妹。早上小姨妈怎么也叫不醒我,后来,她找到了一种方法,挠我的小脚板。我怕痒,就醒了。到现在为止,晚上雷声、窗外的吵架、狗吠猫叫都不能吵醒我,闹钟很多时候也不能叫醒我。

自从决定6:00到6:10间起床,每天早上还没有睁开眼睛,我的本能就开始与我的理性进行激烈的斗争。本能是如此强大,以致到现在为止,每天早上的这场鏖战依然异常激烈与精彩。起床穿衣时,我仍然睡眼迷离;在开车的路上,面对雾气弥漫的早上,特别是冬天早上的6点多一点,天还没有大亮,路上车辆稀少,独自坐在车里,心里偶尔也会有一些委屈感:又没有人规定我必须7:00到工作单位,何必这样为难自己呢?

但是，也仅仅只是一瞬间，我的这种委屈就随雾气而去，美好的心情如晨阳冉冉升起。直到在高架上，随着车速的增加，美好的感觉也达到巅峰。今天的第一个行动，我又是胜者、赢家。每天如此，每天的自信心增强了一点点。长此以往，我的自信培养起来了，我的精神状态非常好。就是因为每天早上克服了睡懒觉赖床的毛病，战胜了原以为不可战胜的人性弱点。

现在，无论我决定做什么，马上就能执行，并且坚持下去。我说要去跑步，没有一点犹豫，没有一点内心的障碍，马上开跑。到现在为止，我坚持了一年多。

因为要早起，晚上就要早睡。坚持晚上11:00睡觉，睡眠质量好了很多。生活有规律，睡眠质量有保证，身体也跟着好起来了。这几年，我感觉自己像一只生龙活虎的豹子，这么高强度的工作压力，这么快的工作节奏，我没有一点疲惫感，相反，总是精神抖擞，生气勃勃。

我的工作效率也因为早起提高了许多。别人还没有上班，我就已经安安静静地看了一个多小时的书，安安静静地工作了一个多小时，安安静静地整理了一天的工作思路，以致接下来的这一整天我精神饱满、工作有节奏感。

早起，真是好百好。

没有什么比战胜自己更难；没有什么比克服自己的缺点更能让人自豪；没有什么比战胜自己的弱点更能让人自信。

我的学生们，没有一个人战胜自己是一件容易的事，关键在于意志，在于对自己说话算数，在于每一天每一件事的坚持与坚守。每一件事的自律，就是自律的人生；每一件事的坚持，就是完美的人生。

美好的一天，从早起开启；美好的人生，从每一天的早起做起。相信你一定可以！

2022年11月30日

你会卖苹果吗

在"经济学基础"课程中,我向学生提了一个问题:"如果你的室友卖苹果,赚了很多钱,你会跟着去卖苹果吗?"

同学们异口同声地说:"不卖!""不卖!"

"不跟风,是吧?"

"是的!"他们很坚定,就是不跟风去卖苹果。

"义乌小商品市场是怎么做起来的?浙江省那么多的民营企业是怎么发展起来的?为什么一家做打火机,导致一个村做打火机、一个镇做打火机?浙江的同学想一想,你们家或亲戚有一家做棉纱,是不是带动一些亲友做棉纱,然后带动几条街的人做棉纱?"

有的同学点头表示认可。

"你的室友卖苹果赚了很多钱,你为什么不跟着卖?因为'跟风'是贬义词,是吧?会被人嘲笑,是吗?他卖苹果,你一定要卖橘子,可是橘子的市场没有打开,人们不接受橘子,你怎么办?最实际的是,他卖苹果赚了很多钱,你马上也去卖苹果。因为这个时候,卖苹果没有市场风险,肯定能挣到钱。能挣到钱的事,为什么不做?做生意最重要的一点就是控制风险,入市前得先控制风险,不要想着标新立异,想着去创新。特别是刚学做生意,更要如此。现在我们看华为是一家伟大的高科技公司,但是,任正非也不是一开始就做高大上的产品,而是从卖火灾报警器、交换机开始的,他甚至还卖过减肥药呢。刚开始创业,不要总想与众不同,而是考虑怎么赚第一桶金,从身边熟悉的东西做起。因为我们需要钱，并且抗风险能力弱。如果身边有人做一件事，赚了很多钱，要马上跟着去学习。这就是浙江经济发展起来的一个重要原因。一个家庭带动一个家族，一个家族带动一个村，一个村带动一个镇，一个镇带动一个县市，最后形成以血缘、地缘、业缘关系为纽带的商业经济网络。所以，浙江无论做什么，只要有一个领头羊，最后都做成了产业。

不要坐在教室里，想当然地回答：'不会。'你只是基于不跟风的想法作出回答，没有从经济的角度、没有从做企业的视野考虑这个问题的答案。

我们学校每一年都召开商品展销会，有的同学看到上届商品展销会有同学卖打底裤赚了几千元，下届马上也去卖。这样的跟风不一定成功。我们家乡的农民到现在为止，都没有学会科学种药材。今年的天麻价格高，产量高，第二年大家都去种，结果第二年价格就很低。

但是，在当季，如果有人卖打底裤赚了很多钱，你可以马上跟进，注意一定要马上跟进。如果没有做到马上跟进，就不要做了。室友卖苹果赚了很多钱，如果还没有蔓延到整层楼、整栋楼、整个学校，你就可以卖。但是一旦蔓延开来，你就不要卖苹果了。可以卖与苹果相关的袋子、篮子和纸箱。就像当初美国西部的淘金热，所有人都蜂拥而至，有一篇文章说：'铁匠扔下了手里的锤子，木匠扔下了刨子，面包师扔下了面粉，理发师扔下了剪刀。'结果很多人都破产了。有一些人发现了淘金以外的其他商机，比如有人卖铲子发财了，有人卖牛仔裤发财了。

相比你卖不卖苹果这个答案，我更在乎的是你的经济思维、你的独立思考的意识，不只是做事不要跟风，思想更不要跟风，要有自己的思考与判断。不受传统思想的禁锢，不受世俗偏见的影响，不为了与众不同而刻意标新立异，把学到的东西与实际结合起来，指导我们的社会实践，这才是真正的学习与学习目的。"

2022 年 10 月 18 日

向浙江同学学习

今天第一次给财管2222班上"经济学基础"课,这个班一共有50位同学,来自10多个省市。我又开讲了:"同学们来自全国10多个省市,这是非常好的事情。在国外一些大学,为了让全世界的学生融合在一起,在宿舍里故意安排不同国家的学生住在一起。这样做的目的是让学生接触不同的文化、不同的思想、不同的生活习惯,从而思想更加开放、胸怀更加包容、视野更加开阔。

"据我的观察,浙江同学至少有以下几个优点值得我们外省同学学习:第一,他们颇具财富观念,力争经济独立。哪怕家里有10套房,他们仍然利用课余时间兼职,他们不在乎做什么工作,只要能挣到钱,他们就做。在他们眼中,工作没有贵贱,钱是宝贵的,其他的做什么,都没有关系。他们也不是一定要挣大钱,钱多钱少,没关系,只要在挣钱就行。我家乡在湖北大别山上,家乡的经济不好,但家乡人普遍看不起小钱。浙江人没有这种思想。不久前媒体报道说,义乌的圣诞帽100个卖5元钱。大家想想,一顶圣诞帽才5分钱,能赚多少钱呢?利润低到了什么程度?我的老乡在宁波做豆浆机的垫圈,他说每一个垫圈的报价在小数点后面的4位数字。这种挣钱模式,在我的家乡人们不屑一顾,在浙江却普遍存在。他们有财富意识,该挣的钱绝对要去挣,不该花的钱绝对不花。在浙江,有人发财了,他的身边马上聚集很多人向他学习,他们不会把面子放在第一位;为了挣钱,他们也很能吃苦,全世界最富的地方有浙江商人,最穷的地方也有浙江商人。浙江人还很会理财,他们懂得积少成多、钱能生钱的基本道理。

第二,浙江同学很有规则规矩意识。他们集合时很少迟到,说几点到就几点到。有一年我在西南旅游,导游说3点集合,4点了,她还不清点人数。我问她'为什么不直接说4点集合'。她说,那样集不起来的。她这样做,显然没有时间概念,没有规则意识,大家就不会遵守纪律了。浙江人不会这样,浙江同学也不会这样。我说,明天早上要交10000字的报告给我,他们会叫'老师,这不可能,才一晚上啊,今晚我不睡,通宵也做不出来。'第二天早上,他必定交给我10000字的报告,报告的内容可能不怎么样,但是,一定会交,字数一定不会少。守规则规矩,就会有效率,并且是诚信的基础。

第三,浙江同学很务实很诚信。尽管他们家庭条件普遍较内地好,但是,他们不骄傲不浮躁,很务实。一件事布置下去,他们会想办法尽力做到最好。同时,他们也很诚信,说到做到,不打折扣,不欺蒙不开空头支票。

第四,浙江同学具有共赢多赢的精神。他们很乐于帮助同学,帮助别人,也很有爱心。每届的班助,大家都抢着去申请。

第五,浙江同学不怕老师。他们有什么事,直接找老师反映,我们内地有些学生,三年下来不敢或不愿意找老师。浙江人普遍不怕政府的工作人员,他们理直气壮地认为,政府就是为企业服务、为人民服务。有什么事,电话直接打过去了。当然,这主要是因为政府部门的服务意识强、服务能力强。

第六,浙江同学人际关系简单,普遍实际AA制。以前,我有一位学生是湖北人,他说他请室友吃饭,他们从不回请,一点人情味都没有。我说,他们让你请了吗?是你要请的,以后不请就是了。这里的人,没事不会请你吃饭,他们的时间很宝贵。浙江是重商主义的省份,人情没有内地那么复杂，这个要接受要适应。

　　浙江同学的这些优秀品质来自浙商精神，是浙商精神的传承。浙江在自然资源禀赋不占优势的情况下，经济能发展得这么好，取决于沿海地区的开放思维，取决于他们勤奋、诚信、务实、共赢等品质。他们还有很多优点值得我们学习，我没有时间一一讲出来。大家自己去用心观察用心学习。要多与浙江同学做朋友，融入浙江文化。

　　浙江同学也要向外地同学学习。每一个地方都有每一个地方的优势和特色，海纳百川，有容乃大。学习所有人的优点，向所有有优点的人学习，我们就会很开放很向上很强大。"

　　这些话，曾经也在我自己班里讲过。我来自湖北，深感浙江人许多品质值得我学习，并且越深入他们中间，越有这种感觉。我希望外省学生背井离乡，能多学习浙江人的优秀品质，并且把自己家乡的优秀品质带到浙江来，大家共同发展，共同进步。

2022 年 10 月 8 日

论人性弱点之强大

今天早上，我在学校操场跑了15圈，以此来纪念跑步1周年。去年的今天，我说要开始跑步，第二天，我就执行了。到今天，坚持了1年，每周2~3次，每次半小时。

我跑步不是为了减肥，也不是为了运动，主要是为了挑战自己。曾经我说："如果我克服了爱睡懒觉的习惯，我战胜了不爱运动的惰性，我将会所向无敌。"

这并不是说，我做到了以上两点就真的所向无敌了，而是说，人性的弱点无比强大，很难战胜。如果你战胜了，你就非常强大。2015年底，我说从明天起，每天早上6：00起床。从第二天起，我坚持到现在，快7年了，每天早上我仍然不舍地从梦中醒来。特别是冬天，几乎每一天早上，都要与自己的惰性作一场不小较量。为了鼓励自己，最初，我到了工作单位后，微信打卡。

一些学生早上赖床不起，老师讲了一遍又一遍，他就是改不了。不是他不想改，而是他没有恒心战胜他的懒散；一些学生说，从明天早上起，坚持跑步，坚持锻炼身体，可是跑了两三次，就不再跑了。一位女生，几乎天天踩着上课铃声上课。一旦有什么事耽搁了，就会迟到。迟到的时间并不长，也就三五分钟内。我想尽了各种办法，让她早到教室几分钟。她说，其实已经起床了，就是喜欢在寝室里磨蹭，总要挨到那个时候再出寝室的门。我让她从心理上、思想上找原因，好好分析自己的行为与习惯背后的逻辑思维，找到病根，然后对症下药。她说："如果谁能帮我改掉这个坏习惯，我将会无比地感激他。"

没有一个人能帮助别人克服他的人性弱点。别人只能引领、引导，克服人性的弱点只能靠自己。

人性的弱点叫弱点，只是针对人性的优点而言，弱点本身不但一点也不弱，可以说，强大无比，许多人都拿它没有办法，战胜它们需要有坚忍的毅力和不屈的恒心。

我经常和朋友聊教育，也经常有朋友说："你懂教育，一定不会在你儿子面前犯错吧？"

我说："不，我还是经常犯错。每每事情来了，第一瞬间，我还是很冲动，想制止他、想干预他、想把自己的想法强加给他，有时，心中陡然升起一团火，马上要燃烧出来；有时，狠话还没有说出来，被我压下去了；有时，狠话说出来了，马上就后悔了。我妈妈比较强势，我有强势的基因。事情出现时，出于本能，我会在第一时间表现得强势，最少心理是这样。我看了那么多教育学和心理学的书，只有一点进步，那就是，当我说出第一句不该说出的话后，我马上就意识到是我错了，不是儿子错了。所以，我现在能做的就是当我准备发表自己的看法，想干预儿子的想法时，我稍做停顿再说话，让自己冷静一下。但是有时，还是控制不住说出来，让儿子不高兴。不过，他有一个非常好的优点，如果他觉得我在干预他的思想、限制他的行为、阻碍他的成长，他会马上提出强烈的反对意见。人性的弱点很强大，控制着我们的本能，使我们不知不觉地犯错。"

一些学生总是赖床，不是他不想起来，而是他克服不了自己的弱点。第一次赖床，他很纠结，很痛苦，想起来与起不来进行无休止的斗争。如果他的理性赢了，那么，第二天他不赖床的概率就会很大；如果他没有战胜弱点，第二天，他继续赖床就会成为首选。

一败再战，再败而衰，三败而逃。第一次面临失败时，我们可能会竭尽全力去挽救自己于失败之中，使自己站起来；一旦没有从第一次失败中爬起来，再战，就不会有勇气在第二次失败面前像一个斗士；第三次面临失败，基本上就是"破罐子破摔"。

有些学生上课经常迟到，老师要他改正，他答应一定改，结果还是改不了。一些老师就认为，这位学生态度不好，说话不算数。而我却相信，学生当初想改好的承诺是真诚的，不是敷衍老师的，只不过，他下不了决心去改，没有恒心与毅力去改。他心里一定是想改好的。相信学生一定想改变自己，想做好，非常重要，这是我们教育学生的前提。如果认为学生不想变好，只是应付我们，我们就会对他失去信心，就会放弃他。

想学好是学生的天性，想做好是人的天性。没有一位学生不想做好学生，只是想做好与做好之间还有很长的路要走。因为人性的弱点很强大，养成一个好习惯，要坚持好几个月，要让身体形成记忆。而破坏一个好习惯，只需要一次。

贪婪、惰性、恐惧、嫉妒、偏见等都是人性的弱点，既然是人性的弱点，就不分男女老幼，尊卑贵贱，在每一个人的基因里都有一些。认识到人性有弱点，就可以告诉我们，不只是我们普通人生来有人性的弱点，伟人生来也有这些，只不过，很多弱点被他们克服了。美国伟人富兰克林制订计划，用13周的时间克服了他的13个缺点，从而成就了他伟大的一生。只要我们愿意像伟人一样去分析自己、剖析自己，找出自己的缺点，承认它、接受它，然后像伟人一样去克服自己的弱点，我们也会成为伟人，最少可以成为我们想要成为的人。

认识人性弱点之强大，不是要我们在弱点中沉溺，不是要我们自我放逐放弃，而是要我们认清我们的缺点与不足为什么不能马上改正。因为弱点太强大，我们如果只用一般般的手段去对付它们，无法撼动其固有的地位。要想彻底改变它们，我们必须用非常之决心、非常之自律、非常之坚忍、非常之方法，真正用刮骨疗毒的意志。

我们常说要战胜自己，是指战胜自己的弱点。一旦某一方面的弱点被我们战胜了，那种快乐感无法形容；一旦某一方面的弱点被我们战胜了，其他方面的弱点很快也会被我们打败，因为我们找到了战胜弱点的法宝，那就是自律与坚忍。

发挥长处，能让人优秀。但是，若能克服人性的弱点，就会使人卓越。弱点太强了，不容易克服；一旦被我们克服，就没有什么困难不能被我们战胜。一旦战胜了人性的弱点，我们就真正地战胜了自己，就会特别地有成就感。尽管每天早上，我依然还是不想起床，起床的时候，很艰难很痛苦，但是起来后，我就感觉自己很了不起，又赢了一次。走在路上，感觉自信心在一点点地增长。

成功的道路千万条，成功的密码就只有那么几个：勤奋、自知、自律、坚忍、专注。

2022年10月31日

教育是永恒的主题

可以说，只要我和社会人士聊天，聊了半小时以后，基本上都进入了教育这个话题。因为谈社会和工作，就会谈到人；谈到人，就会谈教育；还因为我是教师，职业使然；更因为教育是每一个家庭、每一位父母最为关心的话题。

一位中小学生，他的行为背后是家庭教育、学校教育和社会教育的综合体现；一位大学生，他的发展状况是家庭教育、学校教育、社会教育和个人自我教育的结果。

也许因为我是老师，也许因为我是母亲，也许还因为我懂一点心理学、懂一点教育学，喜欢和我聊教育的人很多，各行各业的人都有。从他们身上，我享受了一顿顿教育美餐，吸收了许多教育营养。每每和这些热爱教育的人士谈教育时，我感觉自己像个吸血鬼一样，贪婪地吸取他们宝贵的教育经验和科学的教育思想，不断地深化我对教育的思考，升华我对教育的理解。

我不是很擅长人多的时候聊天，只要有三个人在一起闲聊，我总是被挂起的那一个。但是只要聊孩子，只要聊教育，我就会神采奕奕、激情飞扬、思维活跃、侃侃而谈。因为没有什么比孩子更能引起我的关注，没有什么比孩子更能引起我的关心，没有什么话题比教育更有趣更有意义，没有什么比教育更引人沉思。

教育是永恒的主题，不是教育本身是永远的主题，而是孩子是我们永远的最爱，是我们永远的未来，是我们永远的希望。教育因孩子而成为国之重计，家之重点，民之焦点。

教育是永恒的主题，因为教育改变了人类的历史，真正使人类摆脱野蛮与愚昧，获得解放，得到全面发展，成为有灵性的社会人。

教育孩子是一个重大的课题，有许多方面需要我们去探讨、去研究、去学习。在陪伴孩子过程中，我们发现了许多乐趣，获得幸福感和价值感，我们需要与朋友分享这些喜悦；在教育孩子的过程中，我们有许多苦恼、困惑和迷茫，我们需要与朋友交流与探讨。从孩子身上，我们发现了人的成长规律，惊叹生命不可思议的力量与美妙；从孩子身上，我们更发现了自己的不足与问题，引发我们反省、提高与完善。

人的行为背后，无不折射出教育。所有人成长过程中，都具有相同的生理表现和心理特征，为什么有的人欢欣快乐，有的人郁郁寡欢；为什么有的人能成功，有的人总是失败？细细探究，我们发现，教育在起决定作用。如果父母懂得教育，孩子就会比较轻松地找到幸福的钥匙、成功的密码；如果父母不懂得教育，孩子一生都可能在寻找幸福与快乐的路上苦苦挣扎。

科技进步的实质，是教育水平的体现。各国的人才大战，各地的人才争夺，说明了人才的重要性；人才是教育培养出来的，人才竞争归根结底是教育实力的竞争。所以，各国各地不遗余力地支持教育事业，把教育事业作为头等大事，促使其发展。

社会发展的现状，是教育的结果。凡是高度重视教育的国家，社会就文明，经济就发达；凡是社会文明、经济发达的国家，也是教育大国。反之，凡是不重视教育的国家，社会文明程度就低，经济就落后；贫穷的国家，文明程度低的国家，也是教育弱国。可以说，没有教育，就没有人类的文明，没有经济的高度发达。是教育使社会日新月异，繁荣昌盛。

教师被赋予为人类灵魂的工程师，不是因为教师本身高尚伟大，而是因为教育是人类永恒的主题。我很荣幸成为人民教师，也很乐意把教育作为永恒的话题，与朋友们一起学习与成长，与年轻的爸爸妈妈们一起探讨，如何让孩子们开心快乐，幸福向上；与热爱教育的人士一起为我国的教育事业献上绵薄之力。

2022 年 4 月 15 日

第二篇

智慧地活着

智慧地活着

阳光长跑、早自习、体测，特别是最近比赛多、活动多，一些学生有怨言，觉得学校要求多、规矩多，不是想象中的大学，没有多少自由，没有很多可以自己支配的时间和空间。稍不上心，可能因为阳光长跑次数不够，没有资格参加体育考试；因为活动不积极参加，志愿学时不够，不能毕业。

我在办公室的窗台上养了一株虎眼万年青，今年突然开花了。我拍了一张它的照片，今天我向我班同学展示这张照片，让他们好好观察它。

然后，我指着照片说："如果你们在看我的朋友圈，就会发现，昨天我发了一条信息：你不仅很美，更有智慧。在如此狭小的空间、天花板如此低的地方，你宁可弯腰驼背低头，也不触顶天花板，不直抵墙壁。也许正是因为你如此智慧地绽放，所以更美。都说人是万物之灵，最少我在你面前很惭愧。

就是这张照片。这是一株虎眼万年青，我都忘了什么时候养了它，也忘了最初的种苗是从哪里来的，只记得养了几年。它在窗台边一个小小的花盆里，平时我很少关注它，仅仅每周例行公事地给它浇一次水。不久前，我突然发现它长出了花茎和花苞，长长的花茎和花苞先是直直地生长。因为窗台上面有一个挡板，花苞离顶部还有3厘米左右，花茎就开始弯曲；随着花头不断地向上生长，花茎不断地弯曲，越来越像弯弓。更奇妙的是花茎弯到一定程度，紧挨着花头的花茎部位和花头不再向上生长，而是横向生长，还不是水平地生长，而是波浪式地生长；随着花头继续生长，有十多厘米长时，花茎弧度更大，头部的波纹也更起伏。其目的就是既不触顶上面的挡板，也不触碰右边的墙壁。而花茎的中部，也即弯弓的弓顶，紧贴着窗玻璃。你们看，这是何等的生存智慧，不碰壁不撞南墙不捅天花板，但是，当该借助外力的时候还是会借助外力。我常说，人人是我们学习的榜样，人人都可以成为我们的老师，植物也可以，大自然中太多生物的生存法则都能给我们启示。这就是我为什么喜欢去田野的原因之一。

我年轻的时候很任性，不喜欢的事就不愿意去做。有一段时间，我非常喜欢用'喜欢'这个词，喜欢做这个，不喜欢做那个；喜欢这个人，不喜欢那个人。因为年轻，没有什么阅历，无论什么事，我都用自己的喜好、用感情来评判。后来，阅历丰富了一些，我不再那么任性了，但是在一些事情上我还是不愿意低头弯腰。可是，昨天当我仔细观看这株虎眼万年青时，它给我近乎一种震撼，让我深深地反省。以致昨天晚上，我打出去了一个电话。要是以前，这个电话我肯定不会打。打完这个电话后，我感觉非常愉快，觉得自己又成长了一点点，进步了一点点。当我低头时，我感觉不是向别人让步，而是我向前进了一步；不是打赢了别人，而是我战胜了自己狭窄的心理和任性的个性。

由于我们的身份和阅历，我们不能全面深刻地理解一项政策、一个制度、一件事对社会的作用、对全局的意义、对未来的影响，我们习惯以自己的好恶来评价一些事，并不清楚这件事对我们教育的意义。比如，好多学生和我说，不喜欢早上阳光长跑；还有好多学生说，都是大学了，还要求上早自习，要提前半小时到教室。可是，如果早上不让你们阳光长跑，你能起床吗？如果不要求提前半小时到教室，你会保证上课不迟到吗？从我的感觉看，自从要求你们提前半小时到教室后，几乎没有学生迟到了。

有时，我们老师也有烦的时候，特别是最近，事情很多，除了教学、班主任工作、指导你们参加比赛、申报项目外，还要指导学生毕业设计，这个特别头痛。好几位学生，毕业设计指导了10稿，从第一稿到最后，格式还是没有改过来。平台上指导效果不好，面批、打电话、用QQ，把截图发给他们，指出哪个地方的问题应该怎么改，但他就是不改。每年这个时候，我们老师都是以极大的耐心做这件工作。

我多次和你们讲过，对于必须要做的事，不要讲条件，不要抱怨，因为无论怎样，都必须做，并且要做好。不为别的，只为你躲不开，逃不掉。曾经有一位学生和我说一件事，他说他认为这件事不应该做。我告诉他，你得把事情分为三类：第一类，对于上面要求必须做的事，不要和我讨论和诉苦，为了节省时间和精力，你尽快去做；第二类，可做可不做的事，你凭兴趣做，有选择地做；第三类，对于你亲人的事、朋友的事、社会上的事，如果你很在乎，你还是得做。做了就不要抱怨，要么你就干脆不做，想清楚就好。所以，以后当你质疑什么事时，先以这个分类为标准。

必须做的事，你若抱怨，除了浪费时间和精力，破坏团队，制造负面情绪外，什么作用都不起。以我们现在的身份、阅历和认知水平，不能完全判断一件事的深远意义，我们可能看到的是眼前、看到的只是自己、看到的只是局部，而不是很远的未来、不是集体、不是全局。培养韧性、耐心，也是学习，是一种更重要的学习，这是人生智慧、生活智慧。"

有好几位同学听得眼睛发亮，曾静不停地点头，还有同学露出同情我们老师的表情。学习无处不在，不想做的事情时时有，但是，如果我们能把不想做的事做好，就没有什么事做不好了。特别在优生优育、生活无忧中长大的学生，学习这株虎眼万年青的坚韧、智慧更有必要。

2023年5月6日

处处皆可学

一些年轻人常感叹:"不会的东西太多了,不知道从何学起。""想学的东西太多了,不知道从哪里入手。"

有的学生说,我很想学习,只是没有时间。早上起来要阳光长跑,白天上课,还有班干工作、部门工作、社团活动,连作业都要抓紧时间做。

在教室里听老师讲授、在图书馆里捧起一本书、在报告厅听专家传道、在书桌前摊开一本作业、在电脑前浏览知网,这些是系统学习知识很好的地点与方式。我们学生时代的学习,大部分时光在这些地方度过,采用这样的学习方式。

然而,学习不止在教室、在图书馆、在电脑和书桌前,不止向老师学习、向同学学习、向书本学习、向网络学习、向专家学习。学习无处不在,工作中的任何一个场合、任何一个环节,生活中的任何一个场景、任何一件事都是学习的地方。

有一天早上7:00,在一个很大的商业园区,我看到一位60岁左右的老人用刚砍下来的竹枝扫落叶。他一手拿一竹枝,两手同时向前推进,扫得很快,并且扫得很干净。我走过去问他,为什么不用扫帚。他说扫帚扫落叶不行,扫不快,扫不干净。而新鲜的竹叶会很轻松地带走落叶;并且竹枝比扫帚长,一次性扫的面积大,两手同步推,扫的面积更大。

一次在火车站,我看到两位老人提着装满鸡蛋的色拉油油瓶。鸡蛋是怎么放进油瓶里去的呢?他们先把瓶口切开,装满鸡蛋后再用透明胶层层粘住切口。

生活中、工作中的小窍门、小发现、小发明，就是这样产生的，正所谓智慧在民间，民间是我们学习的好地方。美国著名的哲学家、教育家、社会学家杜威认为"教育即生活。"我国著名的教育家陶行知提倡"生活即教育"。他们都认为教育来自生活，又到生活中去。

有一天，我叫了一辆网约车，在路边边等网约车边听视频。上网约车时，来不及关掉视频。司机马上关掉所有车窗，打开空调。我问他"天气不热，为什么要开空调？"他说"车窗开着，太吵了，影响你听音频"。这件事过去了很久，我一直记着这位司机的体贴、用心与修养。

10多年前我刚来宁波时，有一天，在斑马线上，一位老太太要过马路，她却等我先走，我打着手势让她先走。她很瘦，背有些弯了，但是非常素净优雅。看着她穿过马路，我心想，以后我老了，要像她一样。

曾经我教一位学生排版，后来写了一篇文章"你会排版吗？"不要小看一些简单的工作，里面都有许多东西可以学习，有专业知识要学习、有组织沟通要学习、有协调管理要学习、有为人处世之道要学习。为什么一件事有的人做起来很轻松很高效，而有的人做起来却很费劲很低效，就是因为前者善于学习，后者不善于学习。

前苏联教育家马卡连柯、苏霍姆林斯基，前苏联作家高尔基，都十分强调在劳动中获得知识与技能，高尔基说："我们在我们的劳动过程中学习思考，劳动的结果，我们认识了世界的奥妙，于是我们就真正来改变生活了。"通过参与劳动、观察、体验生命的成长过程，并且感受劳动的喜悦与成就，从而更加热爱大自然、热爱生活和世界。

大自然是我们最好的老师，也是我们学习的最好场所。苏霍姆林斯基经常带领学生走进大自然，寻找大自然的语言，发现大自然的美，探索生命的成长规律，追求真理，丰富学生的精神生活。同时，他还带领学生种花种树。种一株树，从刨土、下种、浇水、施肥、除虫、摘叶、采果，从观察种子发芽、长叶、长枝、开花、结果，到落叶纷纷，这所有的过程，无不包含着生存法则和生命哲学，都有我们可以学习的地方，从而激发学生内在的生命动力、点燃学生的生命之光，使学生善于发现、探索与思考。

不久前的国庆节，我在班级群里给学生列了宁波的一些景点：走马塘、东钱湖、福泉山、新后屠桥村、保国寺、奉化海上长城、宁波博物馆等。其中新后屠桥村那里有大片的田野，我经常去那里获得大自然的力量、生命的感悟。

博物馆、文化馆、纪念馆、科技馆、美术馆等都是学习的好场所。同学之间、朋友之间、同事之间都有许多可以相互学习的地方。从每一位室友那里学一个优点，你将来就非常了不起。

智能手机的普及，导致学习变得更加容易，打开手机就可以学习。只要你想学，就一定能在网上找到相关的内容，并且会发现，有很多人曾经讨论过或正在探索这个问题。还很容易在网上找到志同道合、热爱学习的网友。每一天圈友发的朋友圈信息，有一些很有学习价值。几乎每一天，我都通过手机看一两篇有深度的文章，看一两条富有哲理、励志的信息。今天早上看到一位博士在朋友圈发了一条信息："请你务必一而再、再而三、三而不竭，千次、万次毫不犹豫地救自己于人间水火。"看到原来的一位同事发了一个视频：人民教育家、特级教师于漪说"教育要合作、不要竞争，过度的竞争、无序的竞争，会导致孩子焦虑。"

只要愿意学习，就可以在学校学到文化知识，在工作中学到专业技能，在生活中学到智慧，在动物世界学到生命的艰辛与坚忍，在植物世界学到生命成长的规律，在天地间学到人生之道。

2022年9月6日

简历的形式

今天，去一家公司见一位高管。我到他们公司时，他正在与一位硕士研究生谈话。那位硕士研究生是来宁波找工作的。朋友说："你是老师，她是学生，正好一起聊聊。"

他们俩聊，我听。

研究生说，她要找专业对口的工作。

朋友说："这个主要看你自己的意愿，是想做螺丝钉，还是想做万花油。做螺丝钉一直深耕下去，挺好，但是要选好研究方向，不然，很容易被淘汰；如果做万花油呢，将来发展空间大一些，选择的机会就多一些。"

我随手看这位研究生的简历。发现排版很不美观，用了两页纸，正文中行间距不一样，字体不一致，字体颜色深浅不一致。他们聊完后，我说："不看内容，仅看这样的格式，很难吸引HR。最少排版要美观漂亮，尽量用一页纸。"

她说"这是网上拉出来的。"说着，她从包里拿出一份简历。这份简历只有一页纸，字体和行间距都一致，但是字体太大，行间距太小，挤挤紧紧的一张纸，也不美观。

不久前，一位老乡让我给他女儿介绍工作。我说，这只是你的想法，你姑娘不一定要我帮她找呢。

他发过来的简历，表格和字重叠了，看不清楚简历中的字。我向他指出这一点，他把手机截屏给我看，说通过他的手机看，没有问题。可是，我的手机打开，表格和字就是重叠的。

我说："可能你姑娘写简历，用的是网上的模板，那些模板里面带有固定格式，不同的手机看，效果不一样。你不知道HR是在电脑上看，还是在手机上看，你也不知道他用的是什么系统的手机。最安全的方法是你让她参考网上的简历格式，不要直接套用网上的模板，自己制作一份Word文档，适用所有电脑和手机。"

今天，我也对这位研究生说："如果套用网上的格式，在不同的手机上看，可能会呈现不同的页面。最好是自己制作一份完整的简历。正文字体不要用黑体，黑体显得很沉重，用宋体很干净，用华文新魏很美观。"

我的一位学生，他发给我的简历，用我的手机打开看，上面有两张同一位美女的二寸照片。他当时还不相信，因为他的手机打开这份文档，没有这两张美女照片。他写简历时，用的就是网上的模板。

俗话说："三分长相，七分打扮。"人不打扮自己，不一定影响形象，因为有气氛和气场在；但是写出去的材料、做出来的产品，却必须注重形式。几乎可以下结论：世界上所有的优质产品，都有不俗的外表形象。苹果、松下如此，奔驰、宝马亦如是。简历的内容要干净，要反复修改校对，直到多一字少一字都不可以。

我以前写过一篇有关简历的文章，在这里不再讲简历的内容，就重点谈谈简历的形式。现在一些年轻人很浮躁，企业越来越看重员工的务实踏实工作作风、越来越需要员工有工匠精神，呈现给HR一份完美的简历就是一张通向理想求职企业的门票。

2021年5月23日

终身学习

因为我是大学老师的缘故,经常有企业人士对我说,他没有读多少书,没有文凭,只有真诚与努力。每次他们这样说的时候,都是那么地诚恳、那么地谦卑、那么地感恩,这让我很感动。

通过我长期观察,我发现,令我这位老师很惭愧的是很多企业人士比我更加热爱学习,更加主动学习。在很多老板的办公室里,都有一个书柜或书架,办公桌上都放着几本书。晚上和周末,有很多企业老板学习经营管理和中国传统文化。

俞敏洪说,他工作再忙,每年也要坚持读60多本书。除了出版系列英语专业书外,他还出版了《永不言败》《生命如一泓清水》《挺立在孤独、失败与屈辱的废墟上》《大河奔流的精神》《在痛苦的世界中尽力而为》《愿你的青春不负梦想》《行走的人生》《从容一生》《在绝望中寻找希望》等励志书籍。王石在60岁的时候直接跑到哈佛去学习,他说:"在哈佛学习期间犹如'炼狱',比攀登珠峰还难。"冯仑的办公室里满是线装书,他也出版了《理想丰满》《伟大是熬出来的》《野蛮生长》《决胜未来的力量——东方名家》《企业领导常犯的十大错误》等书,还有"风马牛"公众号在运营。

我还发现,不仅企业家是所在行业的专家,是年轻人的创业导师和精神导师,很多中小企业的老板关于经营管理方面的理论知识,一点也不比我这位经管专业的大学老师少。他们懂得非常多,不仅懂市场、懂本行业和经营管理，还很懂宏观经济和政策，对国际形势、行业趋势、市场现状非常敏感和敏锐。在我国提出"一带一路"倡议时，我有几位企业界的朋友马上根据这个战略布局调整经营，取得了非常可观的市场业绩。

昨天我给学生上"财政与金融"课，上课前我讲经济评论的一篇文章，后排的女生头低下去了。我又把以前和学生讲的话再讲了一遍："别看男生在学校成绩不好，但是，男生走向社会后，发展普遍比女生好，主要原因是男生不只关心学习成绩，还关心社会、关心经济、关心时事。很多女生大学一毕业，就不再学习了，不停地把视线往内收缩，越来越注重小家和孩子。而男生却在外面不断地学习，接受新事物，所以他们的格局越来越大、思维越来越活跃、信息越来越广泛、朋友越来越多，从而各种机会越来越多，也就发展得越来越好。"

我国著名的经济学家于光远说："一个人的知识如果只限于学校学习到的那一些，这个人的知识必然是十分贫乏的。"

在学校学到的知识更多的是"硬知识"，我国著名的经济学家张维迎说："硬知识是指能用诸如语言、文字、数字、图表、公式等方式表达和传播的知识。"走出学校后，我们不但要继续学习硬知识，还要习得大量的软知识，即"没有办法用语言、数字、文字、图表、公式等方式表达和传递的知识。"

为什么那么多高才生、名牌学校的学生走向社会后，发展得一般般呢？尽管原因多种多样，从学习来看，可能有两点：第一，他们的学习生涯随着学业的结束而结束了，他们长叹一口气"坐了20年的冷板凳，终于熬出来了，不用再挑灯夜读了"。很多上学时学得很苦的学生，走向社会后就不想再看书学习了。第二，他们善于学习书本知识，善于考试。他们的创新能力、冒险精神、领导才能等没有培养出来。

美国管理大师德鲁克说："历史书不会记载那些在学校时成绩优秀，但走入社会却一事无成的人。"社会是一个比学校大得多的舞台，更需要我们去努力学习、终身学习。在学校，一道数学题解题方法可能有一种、两种、五种，但不会有很多种；在社会，一个问题有无限多个解决方案，不同的人会采取不同的解决办法，哪种方案最优呢？只有知识结构最全面、专业知识最深广的人才能给出最优的答案。所以，在社会上，学习的内容博大广阔，学习理论知识、学习专业技能、学习沟通、学习交往、学习工作方法、学习生活智慧，只有有丰富的知识，完善的知识结构，才能在实际工作中灵活变通。

古希腊哲学家苏格拉底说："我唯一知道的就是我自己的无知。"认为自己无知，才会不断地求索，才会不断地进步。坚持每天学习，初看起来，没有什么成绩，但是日积月累，涓涓细流汇成大海，十年几十年后，你必成才。

这几年，我几乎每天都在学习新的知识。从书本上、从工作中、从生活中，我像吸血鬼一样，从大自然和社会中吸取精神营养。几乎所有人都说我精神状态非常好，越活越年轻，就是因为每天都有新鲜的精神元素注入到我的大脑和心田，使我思维很活跃，充满激情与活力。

现在我经常想，如果我从上学的第一天开始，就认真学习；从工作的第一天起，就努力学习，现在的人生该是多么的不同啊。遗憾的是，我虚度了近30年。幸而，我后来意识到了，马上追击。我很庆幸此时我正走在学习的路上。

在学校，主要向书本、老师和同学学习；在社会上，能够成为我们老师、导师的人太多太多了。只要你愿意，你会发现，几乎每一个方面，都有很多比我们强得多的人。所以，在社会要向书本学习、向网络学习、向同事学习、向朋友学习、向所有的优秀者学习，还要向大自然学习，观察自然规律，探索社会规律。

所有的事物都遵循同一个自然规律，就是四季轮回，兴衰交替。所有的人，都有高峰与低谷，都要经历衰老与死亡。人衰老的一个重要现象就是放弃学习，放弃对自我知识的更新。只有学习，永无止境，才能让人永远年轻；只有知识，越积越多越厚，让人越来越智慧。对个人而言，所有的东西最终都会因生命的逝去而消失，唯有知识与精神长存，源远流长到人类的璀璨星河中，构成整个人类的精神文明。

2021 年 8 月 29 日

学校食堂

今天早上在学校食堂吃早餐时,我突然想,写了那么多的文章,也该写写我们学校食堂了,"民以食为天"嘛。

去年的一次大会上,学校领导说:"你退休以后,会想起学校的点点滴滴",那一瞬间,我想到的就是学校食堂,我想,如果我退休了,肯定会很怀念学校食堂。

学校食堂不仅是我填饱肚子的地方,还是我日常里吃得最好的地方。因为绝大多数时候,都是我一个人在家,我是不愿意做饭给自己吃的。一两个小时弄一顿饭,吃不了多少,我觉得不划算。还不如馒头、鸡蛋汤来得快捷实惠。我先生对生活的要求比我还简单,他在家,我们也吃得很随性,常吃几道家常菜。只有儿子在家,我才会适当注意饮食。

学校教职工食堂的饭菜比我家丰富许多,特别是早餐,有馒头、包子、各种饼、蛋糕、汤圆、炒粉、炒年糕、油条、鸡蛋、米糕、红薯、南瓜等,还有好几种咸菜、花生米、咸鸭蛋、粥和豆浆,每天不同的品种组合供应给教职工们。红薯、南瓜我百吃不厌,只要有,必吃。

我来学校16年多了,大概吃了一两次油条。我来自大别山,山里人好重油食物,我又特别喜欢吃油条,而油条吃多了,对身体不好。我就干脆不吃,一次都不吃,就不会惦记着它。原来我特别喜欢喝学校的粥,稀稀稠稠的,一股稻米的清香,走进食堂就能闻到。3年前,我问一位同事:"学校的粥这么好喝,你为什么不喝?"他说,他的血糖有一点点高,喝粥不易控糖。从那一天起，我也不喝粥了。尽管我没有"三高"，但是我喜欢甜食，所以得控制糖分。只有一次破例，那天早上，我在学校运动场跑了12圈，这是我第一次突破10圈。我喝了一碗粥奖励自己。写到这里，我决定，退休前一个月，我天天早上喝学校的粥。

周志春校长早上到学校很早，7:00左右他就吃完了早餐。他说，学校有老师到慈溪去上课，他们都要在7:00左右吃早餐，他来陪大家一起吃。我原以为他有早起的习惯呢。

我比周校长晚一些时候到食堂，一般在7:00左右到学校。如果不早起，我还以为大家都像我以前一样，踩着点进学校、进食堂、进办公室和教室呢。

许多老师吃饭的时候，都有固定的伙伴来回食堂路上，他们坐在一起吃饭。我很少和同事们来来去去、很少和同事坐在一起。早上，我很早；上午上完课，我习惯在教室里坐一会儿再离开。我也一直不善于和几个人一起说说笑笑。如果有3个人在一起闲聊，要不了3分钟，必定是我落单。所以在来去食堂的路上，在食堂吃饭时，我基本上都是一个人。安静地吃饭、安静地想事情、安静地听别人讲。

同事们吃饭的时候多是谈论工作，特别是男老师，基本上都是谈论工作。女老师话题则很广泛，家务老公、老人小孩、购物美容、买菜做饭都会讲。这些都是学习的好案例，生活的好素材，可惜我不太合群。很多时候也因为沉浸在自己的世界里，没有听他们在讲什么。

来回食堂的路上，风景很好。几株玉兰开得很灿烂，每年它们开花时，我都要围着它们看很久，给它们拍照，还写过几首小诗；1号教学楼后面的两株杜鹃离路有一点距离，因为开得很红火，总是很吸睛；茶花凋谢的时候，落花围成"心"形，也是我常去观察和拍照的地方；还有很奇妙的红叶石楠，初春时叶梢是红色的，盛夏后变成绿色，每年都让我惊叹不已。特别是初春和秋天的时候，各种颜色的树叶落到草地上，与上面的绿草绿叶构成了一幅幅大片。还时时有小鸟在草丛中走来走去，有时我会去追踪它们。

不久前，去食堂的路上，遇上两位老师，她们正在谈论课堂教学。年轻的老师说，学生学习信息技术的能力太强了，压力很大；年龄大的老师讲一个调动学生学习积极性的案例。这两个主题我都很感兴趣，马上加入她们中间。然后，我们坐在一起吃饭，继续探讨这两个问题。

我原是很不会吃饭的，受妈妈挑食的影响，极其挑食，吃饭又很慢。有两个人改变了我吃饭的习惯。一个是我的好朋友，她的个性极强，但是，有一点非常值得我学习，那就是无论吃什么，她都吃得非常认真、非常起劲，每顿饭，她都像在品尝美食一般。此后，一旦我不想吃饭，我就想起她。到现在为止，我依然经常在吃饭的时候想起她吃饭的情形，我就大口大口地吃；另一位是我的同事，她刚进校时，看到我考了证券从业资格证，她马上也考了；后来，看到我考了心理咨询师，她又考了。她吃饭习惯非常好，不说话，埋头吃。先吃完一种菜，再吃另一种。吃完后，盘子像舔过的一样干净。有时，我也学着她那样，先吃完一种菜，再吃另一种，最后再吃米饭；有时，我就随便吃。我还没有学会像她那样把盘子里的东西吃得像舔过一样干净，这恰恰是我最应该学习的。

在食堂里，有一个人的声音，值得我铭记，我也一辈子都不会忘记，那就是和我一个办公室，坐在我对面的同事王教授。她的声音很有穿透力，只要她讲话，你一定会知道她坐在哪里吃饭。听到她的声音，我觉得亲切温暖，她喜欢笑，活得很真实自然，也有些洒脱，还有她是我的免费顾问。我很笨，还有些呆，学校的许多事都是她提醒我、帮助我。

供应这么多人吃饭，食堂的工作人员辛苦是肯定的。我问一位阿姨几点起床，她说5：30，比外面早餐店要好一些。但是，比我们辛苦，他们做早餐时，我们还在被窝里呢。"锄禾日当午，汗滴禾下土，谁知盘中餐，粒粒皆辛苦。"不只是种粮人辛苦，做饭人也辛苦，做卫生的人也辛苦。

有一位中年男人，他第一天上班时，我和他聊了几句。现在每次去食堂，看到他时，就觉得心里踏实、亲切。

学生食堂，在晚上加班的时候，我偶尔会去吃。一般就点两个固定的菜：土豆丝和梅干菜烧肉，汤免费，10元以内搞定一顿饭。现在，学生食堂实行智能化售菜，一顿饭可以选很多种菜，而总价又不高。在节日的时候，学生食堂对学生减免餐费。

6年前，我妈妈在宁波的一家小型酒店洗菜洗盘子。我问她："盘子那么大，那么重，是不是很难洗？"

她说："盘子好洗，越小的东西越不好洗。汤匙和碗没有盘子好洗。"从那一天起，我没有用过一次学校的汤匙，也没有用过一只碗装米饭，只有早上喝豆浆时才用碗。我喜欢喝豆浆，每天早上喝一碗不加糖的豆浆。以前，我喜欢把每道菜和米饭分开，使自己的碟盘清清爽爽，从此，我不再考虑这个，菜放在一起，菜和米饭放在一起。现在我越来越觉得这样更好，更贴近生活。

2020年初，张文宏大夫说，多吃鸡蛋可以增加免疫力，从听到他说这句话的第二天起，每天早上我吃两个水煮蛋。感谢学校食堂每天早上供应水煮蛋，才让我坚持到现在。

正如领导所说，食堂真有许多让我回想的点点滴滴，有许多令我感恩的点点滴滴。

2022年11月17日

我要崩溃了

刚才一位同学给我发信息,说想和我聊聊。她患有疾病,长期吃药。

我马上给她打电话。她说:"今天突然感觉情绪很崩溃,想哭,也不知道是什么原因。"

我说:"这很正常啊,要是我,也会这样的。你长期吃药,不像同学们那样,想怎么做,只要不影响学习,不违反学校制度,就去做;而你这不能吃,那不能做。别人心情不好,大吃一顿火锅,到运动场上去跑几圈,就好了,而这些你都不能做。这会让你有压抑感,你的情绪没有发泄出来。"

她有什么情况,都会和我说。有几次我问她状态怎样,心情怎样,她都说好。我也不能总是直接问她,怕给她暗示:生病就应该心情不好。我悄悄地观察她,发现她和同学说说笑笑,很开心的样子。昨天课间,我走到她身边,问她身体好一些没有,她说挺好的。"五一"之前,她病情加重,请了10天假回家休养。在这之前,她也请假回家了。我想这样频繁地被迫休养,心情也不会好的,更何况长期服药,还因为药的副作用大,得服用一些保健药。

她说:"以前我没有感觉。心情不好的时候,总是突然又变好了,接受了。这次不知道什么原因,控制不住,很崩溃。"

我说:"不好的情绪只是隐藏起来了,你没有发泄出来,没有完全给它平复下去,它就不会自然消失,它还在,只是被你藏起来。这跟火山是一样的，平时它在运动，只是人们感受不到，直到它的能量积蓄到一定程度，就会喷发出来。你曾经和我说过，你父母感情不好，总是吵架，你是不是从小就想做一个乖乖女，讨他们喜欢，让他们少吵点架。"

去年她来到我办公室，和我讲了她家的情况。她父母感情不好，如果不是因为他们都很爱她，他们早就离婚了。

她说："我妈妈脾气不好，情绪不稳定，他们总是吵架。但是，他们都非常爱我，我从小也不敢在他们面前表现出不高兴的样子，怕他们担心，也怕他们因为我吵架。在别人面前，我觉得没有必要表现出自己的不开心和不快乐，这会影响别人。"

不幸福的家庭，孩子都有这样的心理与表现。

我说："你心里不高兴，应该表现出来。"

她说："我不知道该怎么表现。今天我给我爸妈打电话，告诉他们，我情绪不好，他们觉得我不对，我不应该情绪不好。我告诉他们，他们不懂我，他们还不相信。"

我说："你可以找人倾诉，亲人、老师、同学和朋友都行；你也可以去外面走走，大自然能治愈人的心理创伤；你还可以写日记，这也是很好的宣泄方式；你还可以吃一顿喜欢吃的食物，买一件曾经想买却舍不得买的东西，当然不要成为暴食暴饮者，不要成为购物狂，偶尔宣泄一下，挺好的。大多数家长都不懂孩子，包括我自己，也不完全懂我的儿子，曾经在他无助时，我们给他造成了伤害。父母也是与孩子一起成长的，这点你也要理解。"

突然她哭了，哭着说："我有一点小小的洁癖，不喜欢桌子上有东西，一滴水也不行；我的手上也不能有一点脏东西。我爸妈就说我如果在外面这样做，别人会怎么看我。去年，我和我妈妈吵架，我用梳子打我妈妈。我妈妈把梳子抢过去，狠狠地打我的头。接着，我爸爸也打了我，下手很重，我身上好几处都乌青，还出血了。他们认为我动手打父母，是天大的不孝。"

她爸妈很爱她，也管得很多很细。医生说，她只要不吃辛辣的食物就可以了。她妈却说这不能吃那不能吃。

我说："这样吧，明天下午4：00，你去我办公室，我们先聊聊，然后我请你吃晚餐。把我的电话号码给你父母，你觉得他们之间谁适合和我通电话，就把我的电话号码给谁。"

之前，她和我说药的副作用大，为了增强她的抵抗力，她一直在吃增强抵抗力的保健品，我家有一些，便送了她两盒。

我和她挂完电话，她爸就给我打来了电话。

她爸和我讲了一些她的情况，包括她谈恋爱的情况，及上次打她的事情。他说："她的恋爱对象我们是不认可的，因为伤害过她。她妈明确反对，我没有说出来。她说，从此以后，她都不会和我们谈这个男孩子的名字。上次打她，没过几分钟，我就觉得自己错了，后来也向她认错道歉，但是，她始终放在心里，没有真正原谅我们。现在我对她管得少了，鼓励她做自己觉得正确的事。她妈妈管得很多。我和她妈妈意见总是不一致，也给她带来困扰。"

我说："你看看我们周围，有哪对夫妻是完全幸福的，彼此没有伤害过的？爱情和婚姻里哪有没有受过伤害的？只要她愿意，你们就不要管了，再说现在的孩子，你们想管也管不了。你一管，她就什么都不告诉你，你怎么管？她不喜欢桌面上乱放东西，不喜欢手上有一点脏东西，有什么不可以呢？许多有洁癖的孩子，追求完美的孩子，就是因为父母要求苛刻，或者家里氛围不太好。当然这些话我没有和她讲。但是，你们自己要有意识，孩子很多行为背后都有家庭环境的因素。如果你们不反思自己，总把这些小事情小问题归因于孩子，进一步干涉她，她的洁癖行为只会更加严重。孩子大了，我们能做的，主要是祝福、挂念、少管具体事。她会处理好的。"

她爸听说明晚我们约了在一起吃晚饭，也要来。我说："你不用来，孩子在我这里，你放心吧，她什么都愿意告诉我，你就不用担心。只是以后要注意一下，不要总是上纲上线，不要给孩子戴帽子、贴标签，说她不孝，说她不会被人喜爱，不要让孩子那么在乎别人的看法，让她活出自己来。"

她爸其实很不错，大部分时间很尊重她，只是有时也会因为生活有郁闷、有情绪发泄的时候。他说："那我该怎么做？"

我说："我们通完电话后，你发一条短信她，不要讲得太多，以免让她有压力，这事就过去了，以后你和她妈妈对她少点要求，少点说教，就好了。"

之前我一直担心，长期生病吃药，并且父母关系不好，她心里会有很大的负担，果然如此。所以，我对她说，我希望她把情绪发泄出来，不要强装欢笑，活出真实的自己。这再次提醒我，对于家庭不幸福的学生、长期生病的学生，我们不能只看学生行为的表象，要时时关注他们的内心世界，也许他们并不是展现给大家看的那样，他们内心可能千疮百孔，需要我们为他们送爱心送温暖。

我是不是很差

今天是母亲节,再次反省了我的长辈们对我的教育,我对儿子的教育。

一位同学和我联系,说她的情绪崩溃了。她父亲也从外地赶过来了。我和她从下午断断续续地沟通到现在,中间我给她及她父亲打了很长时间的电话。她问我:"老师,我是不是很差啊?"

她说,她不愿意和父母交流,因为他们不懂她,不管她说什么,他们都不相信她,总是让她叫别人评判一下,而当她说出别人对她的评价时,他又不相信。当她说,寝室同学都认为她脾气好,男朋友夸她性格好时,她爸却总是说:"你那么相信别人的话,怎么知道别人不是骗你的呢?"

我对她爸说:"你为什么不相信你女儿的话呢?为什么一定要让别人来评判她呢?别人的评判你为什么又不相信呢?你到底要你的女儿怎么做?她情绪不好,哭一场,有什么关系?为什么一定要考虑别人怎么想怎么看。她心情本来就郁闷,你不让她发泄,那她该怎么做?她没有伤害别人,做她自己就好了。"

他说:"我担心她上当受骗,别人说的好话,她都当真。"

我说:"她不是小孩子,是大学生,她有自己的判断。谁好谁不好,谁说的是真话,谁在骗她,她心里很清楚明白,不需要你时时警示,你也没有办法一直在她身边,帮她甄别谁好谁坏,谁是好人谁是骗子,最终还是要她自己做出判断与选择。她不吃点亏,上些当,怎么会成长呢?

她说在别人面前是好的，你一定要拿相反的事例来证明她不好。和寝室同学有一些小矛盾，也都是她不对，这对她公平吗？你连自己的女儿都不相信，还会相信谁？我相信你女儿一定和你讲过我，是不是我和她说的话，你也不相信呢？你问问自己，你相信社会吗，相信身边的人吗？不要把自己对人生、对社会的看法强加给孩子。每一个问题孩子背后，都有一个问题家庭，不要总是质疑孩子，想想自己有哪些方面做得不够。

当然，孩子是敏感的，在父母面前也有一些任性。她说的有些话，你们也不要太当真。本来她可能只是在你们面前撒娇、耍要小脾气，结果被你们弄得从下午到现在，一直在闹别扭。你们都冷静下来，不要再纠结哪一个词哪一句话说得不对，生气的时候，说话都有些不注意，不要再继续纠缠了。你讲得越多，孩子情绪越不稳定；你以为是保护她，她认为你不信任她；你越不放心她，她认为你心里认为她很差，不能处理自己的事情。"

我对学生也讲了很多，让她不要太计较父亲的话。

在我和学生及她父亲沟通的时候，好朋友也找我聊天来了。

她又是抱怨儿子不主动不积极不爱学习。她的儿子在我认为很优秀，她却认为他很懒散、不上进，爱睡懒觉。放假的时候，中午12：00多才起床。起来后，什么都不愿意做，只想玩手机、逗猫逗狗玩。

我说："你太焦虑了，也太唠叨了，要相信你的孩子，他能处理好自己的事。你越逼他，他越往后退；你不催不逼，他自己就知道着急了。这么好的孩子，硬是被你说得一无是处，怎么对得起他啊？"

我相信她的孩子在心里也一定想："我妈妈是不是认为我很差啊，所以，才告诉我要这样做，不要那样做。"

父母的角色是天赋的，但是做父母的能力是后天学习的。我们总是以爱孩子为理、为孩子着想为由，干扰孩子、控制孩子、质疑孩子、强迫孩子，其实质是我们焦虑、没有安全感的表现，也是自私的表现，还是不相信孩子和社会的表现，这对孩子是极大的伤害，他会自卑、会没有安全感、会紧张焦虑。

　　社会竞争越激烈，我们越应该让孩子相信社会和他人，而不是远离、逃避和质疑，因为逃不掉，躲不开，只能面对。你的孩子以什么样的态度对待社会，社会就会以什么样的姿态欢迎他；我们体验人生越不容易，就越应该让孩子有一个宽松愉悦的家庭环境，强大的家庭支持系统是他抵抗社会压力最强大的精神保障；孩子越有自己的想法，我们应该越开心自豪，我们要有足够的自信，相信他远远优越于我们。

多问多看多思考

今天上"房地产经纪实务"课前,给学生们讲昨天晚上我去德佑房产中介的情况。

首先我问大家:"你们不喜欢坐在教室里听课,是吧?不喜欢看书,对不对?"

有好几位同学点头。

我说:"有一种很好的学习方式,那就是不断地和各行各业的人深入交流。昨天是周日,我在电脑前工作了一整天,很累。就到小区附近走走,看见门口新开了一家德佑房产中介机构,就走了进去。

门店负责人张经理很热情地接待了我。

我不断地向他提问:我们小区目前有多少套房挂出去?挂牌的房子主要是一期的还是二期的?哪个户型的房子挂牌最多?价格是多少?从您的经验判断,我们小区二手房价格区间多少比较合适?您为什么觉得我们小区房子是这个价格段?为什么贝壳找房网上,我们小区挂出去的房子才3套?你们挂牌的规则是什么?宁波市有多少楼盘和我们这个小区有竞争性?今年2月份,二手房销售量怎样?3月呢?价格回升了吗?今年第二季度二手房的市场表现会怎样?宁波目前一手房市场有哪些楼盘?

每一个问题他都很真诚坦诚地给了我具体答案。我也很真诚地告诉他:我在学校教授'房地产经纪实务'这门课程。在上课时,我用一节课的时间,教学生使用贝壳找房网,以获取房产信息。学习使用贝壳找房网后，用1分钟的时间，在秒读百科中让同学们看左晖的个人简介。我们用他创建的平台，要感恩他；他的创业经历、伟大的人格魅力，我们要学习。

我讲到这点，张经理说'左晖非常伟大，很有人格魅力'。我们之间的距离又拉近了。"

一位女同学问："老师，他为什么什么都告诉你？"

"其实，这是有方法的。当有人对你讲专业知识时，你不要装作自己是一个专家，而是要努力地成为学生。别人讲时，我非常认真、专注地听，并且会适当地给予眼神、语气、语言的回应，让别人感觉他在我这里得到了重视和认可，他和我讲话有价值、有意义。人们都希望得到别人的尊重、认可，都希望把自己的知识和经验分享给别人，都有当老师的意愿，所以，只要你谦虚、好问、善学，他们基本上都会知无不言、言无不尽。

上上周，我去田野调研。稻谷、小麦、蔺草的种植成本、亩产、售价、政府补贴我都弄得清清楚楚。田租、农机农具投入、育种、化肥、飞防、保险、人工、机耕、收割、电费、农机农具的补贴、保险的补贴、种植农作物的补贴、仓储收购补贴、售价等，几十个数据到现在，我还完全记得。要是让我看书，看一遍，我肯定记不住。'纸上得来终觉浅，绝知此事要躬行'，对此，我有所体会。

无论在哪个城市，包括在宁波，我坐出租车时，一上车就和出租车司机聊开来。他们每天的收入、油费、工作时间、平台的规则、抽成，我都很清楚。我还经常问他们的家乡、家庭成员、孩子读书就业情况、住房、工作经历、对所在城市的看法等等。他们对我也是无话不说。"

又有学生问："老师，你是怎么做到的？"

"上车首先没话找话。前两句话很重要，如果是上下班高峰期，我就说：'这会儿，生意好，可惜总是堵车，也是心烦哈。'如果下雨，我就会说：'雨天，生意应该好些吧？因为很多人不骑车。'如果夏天和冬天，出租车开着空调，我就会说：'这么小的空间，整天开空调，在里面坐十几个小时，真是不容易啊，很辛苦！'基本上，都是从出租车师傅的角度出发，开启谈话。你换位思考，他当然什么都愿意说。当然，我也不是讨好他们，我真心觉得他们工作不容易。每天十几个小时，都在路上，注意力高度集中；在这么狭窄的车厢里，吃饭时间没有保障。我对他们是有共情的，所以，他们才能对我这么信任。甚至有好几位出租车师傅对我说：'如果每个乘客像你这样，我们就会很开心。'因为，他们认为有人尊重他们、接纳他们、愿意理解他们。每一个行业都是这样，你要看到别人的付出、别人的艰辛，别人才会对你敞开心扉。无论我在哪里，也无论我谈话的对象年龄比我小多少，一旦进入话题，他们基本上把我当作学生看。

　　了解这些的目的，不是八卦，而是学习知识。我天天看房产新闻和信息，但是，肯定是来自房产中介机构的信息最真实、最有价值；对租田户调研，是为了了解振兴乡村、共同富裕，农民怎么看怎么想怎么做；和出租车师傅聊，主要想了解他们这类群体的生活状况、平台的运作模式等。所以，要把调查的数据和信息进行分析，然后反复思考，判断一个行业的发展趋势，判断社会经济状况，判断社会运行规律。"

　　学生们不停地点头。

　　学习无处不在，广阔天地、万事万物、芸芸众生，都是我们学习的对象，而调查研究的方法最有成效。这种学习方式方法对每一个人来说，都不难，随时随地都可以进行，只要你有心去看去问去思考。

2023 年 4 月 10 日

把心放在学习上

今天下午,我上"财政与金融"课程,就财政政策自动稳定器的功能向5位同学提问,没有一位同学给予了完整答案。有一位同学声音很低,我站在他旁边都听不见。我反复强调:"声音大点再大点。"他的声音还是很低很低。

提问后,我了解了是哪位老师给他们上"经济学基础"这门课程。财政政策自动稳定器的功能在"经济学基础"这门课程中必讲。

我说:"这位老师很认真,课讲得很好。"

有一位女生说:"她的课是讲得好,但是,我们记不住,都忘记了。"

接着我就开讲了:"你们以为上大学就是为了通过考试获得成绩,然后拿毕业证,是吗?想想你为什么记不住去年学过的知识?仅仅是因为忘记了吗?如果是因为忘记,为什么那么容易忘记?是没有理解,还是根本就没有认真学习,没有对知识进行消化吸收?或者仅仅为了应付考试?这个问题一点也不难,可是,却没有一个人给出了完整的答案。我真不知道你们这种状态,将来到社会上怎么立足?不要以为我在吓唬你们,以为工作是一件很容易的事。上半年的数据显示,16~24岁年轻人的失业率为19.9%,这是什么概念?5个年轻人就有1个人没有就业。不要说你没事,你会找到工作。万一没有找到工作,家里条件好,啃老也没有问题。你们班大部分学生都是女生,即便是女生,啃老也不可以!树木、花草都那么努力地生长,我们有什么理由不努力向上、奋力拼搏,这是我们自己的人生，我们要活出精彩的自己来。作为社会人，也要对社会负责。

会计专业的学生以前一直很努力，很爱学习，但是，我发现你们越来越浮躁，越来越学不进去。以前，你们专业大部分学生上课做笔记；现在，做笔记的是少数同学；以前，会计专业考试，学生做完了试卷，反复检查，有的同学还用手指一行行一个字一个字地校对确认答案，直到考试结束，1分钟都不提前交卷。现在，会计专业同学考试，一做完试卷就交；没有做完的，做不出来，也交了，基本不检查。现在期末考试，你们会就会，不会就不会，只要一看题目，会，马上做；不会，就空着，编都懒得编答案。还有一些学生，考试的时候，踩着点走进教室。

过去学的东西为什么那么容易忘记？因为你学习不是为了学习，而是为了考试；因为你学习不是为自己学习，而是为了应付老师和父母；因为你学习不是用心学习用脑学习，而是用眼睛学习；过去学的东西为什么记不牢？因为你没有真正用脑去思考过它们，没有把它们放在心上时时回顾复习，你大脑里充满着碎片化的网络信息和大量的网络语言，没有系统的知识体系。你没有把学习当成你在大学里至高无上的目的，你没有把学习当作通向社会的桥梁，你没有把学习当成修身养性的途径，你没有把学习当成建设社会主义的必要保证。"

我提高了音量，声音很大。因为我有些生气，有些恨铁不成钢。可以说，浮躁是当今大学生最大的问题。曾经，有一位老师生病了，我代她上课。一节课讲完，她班同学很认同，都说我课讲得好。课间，20多位同学加我微信，10多位同学加我QQ。我说："你能保证下面那节课还会像这节课一样认真听吗？"

他们响亮地回答："能，肯定没问题！"

遗憾的是第二节课，就有同学开始玩手机。

不管老师的课讲得多么好，一次课后，一些同学就有审美疲劳的感觉了。因为他们已经习惯了吃网络上的信息快餐。他们以为懂得很多，其实只是浮光掠影罢了。

这些年，我见过太多的聪明人，成功的却很少，主要原因就是因为很多聪明人不够务实踏实。事情做到一两分时，他们看起来很棒；事情做到三四分遇到挫折时，他们就准备放弃；九十分也只是夸夸海口而已，很少能做到。他们没有成功的因素很多，其中浮躁、不专注是最重要的原因。《2022国民专注力洞察报告》披露，当代人的专注时长从2000年的12秒，下降到了2022年的8秒。

我常想：现在的一些学生这么浮躁，每门课只需要做一次作业、一个项目、一份PPT，或者一个活动就够了。就只一次、一份，或一个，但是要反复修改、反复求证、反复完善，直到内容极致、直到形式完美。一个项目或一次作业，让学生有广泛调研、有深度思考、有痛苦求索、有超强的压力、有难忘的经验，才能提升学生的学习能力与思维能力。

我是多么地希望学生们带着满腔的热情去学习，将来带着满腹的知识与技能走向社会。

2022年9月29日

这就是大学的教学

今年担任新生班级的"经济学基础"课程，开学几周后，对学生做了一个简单的调查，了解学生对教学的认识和建议。学生踊跃发言，说出了心声。

"老师，希望您能按照教材从前往后讲，这样我好复习与预习，我真担心挂科。"

"老师，讲到重点的地方，请提醒一下我们要做笔记。"

"感觉老师们上课都很快，内容很多，希望讲慢点，讲仔细点。"

"作业很多，作业量很大，很多作业都要查资料，写方案，做PPT。希望作业少点、简单点。"

"没有明确答案的作业，做起来，心里没底，有些抓狂。"

"希望老师少点同学回答问题，经常有老师突然提问，答不出来，感觉很尴尬。"

"有的老师讲到一个知识点，很快就讲到相关的社会事件和现象，感觉这样太跳跃，跟不上节奏。"

对于课堂教学，学生有这样那样的想法，是正常现象，他们刚进入大学，没能完全适应大学的学习方式。

在给学生讲利息的时候，我讲到利息的几种本质，马克思主义说利息是利润的一部分，是剩余价值的特殊转化形式；凯恩斯认为利息是放弃周转流动性的报酬；马歇尔认为利息是等待的收益，是牺牲时间偏好的报酬，是对延期消费的一种补偿……讲完利息的本质后，我对学生说：在基础教育阶段，1+1等于多少只有确定答案，那就是等于2；利息也可能只有一个定义。在基础教学阶段，给定一个概念、一个公式、一个定理，只要求学生运用它们，不要求学生去质疑去求证它们正确与否。因为，在基础教育阶段，学生的认知水平有限，掌握的知识有限，没有办法对每一个概念每一个公式去求证。在大学，却可以对每一个定义进行深入研究，经济学家从不同的角度对它进行解释，可以说，没有一位经济学家给出的利息本质能作为公理，被所有人接受。这就是在大学，对于很多基本的概念、定理、定律，都会有不同的解释。所以，在大学里，我们常说百花齐放、百家争鸣。我们不能用僵化的思维、固守的方法学习知识，而是要广泛地学习不同的观点、接受不同的教学方法。

在大学，你会发现，没有两位老师的教学方法很相近，每一位老师都有自己的个性和习惯的思维模式，从而也就有不同的教学风格。老师可以改进提高，但是，你不能要求老师根据你的思维模式、学习习惯、学习方法进行改变，否则他就没有办法教学了。因为，每一位学生的诉求不一样。有的同学希望老师讲快点，有的同学希望老师讲慢点；有的同学希望老师照本宣科，有的同学希望老师多讲生活事件和社会现象；有的同学喜欢做有固定答案的作业，有的同学喜欢开放式作业……大学不搞填鸭式教学，不搞题海战役。大学的课程多，每门课就只有几十个学时，老师不能像中学老师那样，每一个知识点都讲得很仔细，甚至有的知识老师不讲。老师只讲框架，讲结构，讲思路，讲重点，其余的内容都要你们自学。在大学，那么多的课外时间，就是要你们自学的。尽管很多知识点老师没讲，或者没有重点讲，但是，你们自己要去研究去学透。课后，要去图书馆、要上网查资料。

在大学，分数只是衡量学习成绩的一个重要指标，但不是唯一的指标。我们重点在于培养学生的思辨能力、自学能力，培养学生综合素质与综合能力。

　　在大学，教学的广度、深度和高度，都是基础教育阶段没有办法比的。可以广到让你成为博士；可以深到让你成为专家；可以高到让你站在山巅，极目四野。

　　在大学，学习形式不一样。老师讲，老师带，只是其中一个方式，更重要的是你要学会自学，学习老师的思维方式，学习老师看问题的视角，学习老师的辩证思维，学习老师解决问题的方法。不同形式的作业，就是训练思维的很好方式。

　　在大学，学习地点很多。可以在教室上课，可以在实验室做实验，可以在实践基地"做中学"，可以在社团，可以在寝室，可以在社会。我们需要全面学习专业技能与生活智慧。

　　在大学，我们既要做一滴水，汇入学校和社会这片大海；我们自身的心海也要开放，海纳百川，吸纳各种知识、技能、思维方式，从而使自己成为一个全面发展的大学生。

2022年10月18日

伟大就在我们身边

我们的学生在基础教育阶段,成绩不是很好,普遍缺乏自信。他们总感觉伟人与伟大离他们很远很远,远不可及,高不可攀,因而也就不去关注。

顺丰快递是我上课时、和学生谈话时,经常提及的一家公司。我们每一位学生都接收和发出过快递,也会经常看到顺丰快递小哥迅疾的身影穿梭在人流中。

我家附近有一家顺丰快递点,一间很大很宽敞的房子,白墙水泥地面,没有任何装修和装饰。我每天上下班开车要经过它的门前,看到顺丰快递的车停在路边,经常有快递员往车里装卸包裹。还有许多电瓶车,电瓶车上放着大包小包。

我习惯自己去这个网点寄快递。每次去顺丰时,那里面热火朝天,小伙子们各忙各的,有的忙于收单,有的忙于打包,有的忙于把包裹装到车上,他们之间没有交流,大家都在安安静静地忙着。我们去寄包裹时,收单员都没有抬起头来看我们一眼,没有向我们露出职业化的笑脸,没有向我们说一声问候。很多时候我想坐下来填单,都没有桌子和凳子。走到办公桌前,收单员递给你一张快递单,一支笔,你在填单时,他已经在检查包裹,给包裹称重了,然后告诉你多少钱。付钱,给发票,完事。你说谢谢,他们头也不抬,没有表情地说"没事"。

当我们习惯了酒店里、飞机上、营业厅里的各种职业化微笑和问候后，顺丰的这种简单方式可能更引人注意。他们每个人都那么投入地工作，你是绝对不会计较他们没有抬头看你一眼，没有向你微笑说谢谢。因为他们用实际行动向我们表示了：我们是认真的、是负责的，瞧我们的干劲，把资料、把包裹交给我们，你尽管放心。

顺丰快递员没有多少人有高学历高文凭，我看到的那个团队，清一色全是小伙子，没有一位女职员，甚至连里面行政办公室里坐着的也是男人。上班没有周日与工作日之分，没有白班和晚班之分，晚上仍在收件派件，送包裹到车上到火车站到机场。快递公司的办公室，也都是没有装修的底层商铺或门面房。

每每看到他们这样紧张热烈的工作场面，我都很受感动，为他们的敬业精神，为他们的精细化管理，为他们家人的付出。

服务业的经营方式是"专业+服务"，专业的特色和优长只是其中一个方面，还要以服务质量取胜。而服务质量要层层落实下去，到基层仍能严格贯彻上层的经营理念和思想，其实是相当不容易的。但是顺丰却做到了这一点。去年12月，我去顺丰寄快递时，一位50岁左右的先生寄满满一大蛇皮袋东西，他边填快递单边说："顺丰做得最好，这么多年下来，从来没有出过差错，我就信它，就是佩服它。"

每一位快递员的态度与行为背后，都是企业管理理念与管理方法的体现。顺丰速运创始人王卫说："要让为你提供服务的人也因为服务你而感到开心，去饭店吃饭，上至经理下至服务员，我都会主动跟他们打招呼，服务过我的服务员，也都很享受服务我用餐的工作过程，因为我会很礼貌很平和地去跟他交流，我要让这个服务员因为服务我而感到很开心，这叫尊重。"他认为服务业要以德服人，而不是以威压人。你想服务的对象是什么样的人，你就成为什么样的人。他还非常重视对员工的关爱、培养与管理，他认为要掌握员工的心理需求，根据不同年龄、不同级别的员工采取不同的管理，要给员工成长的时间。

我想让学生知道，伟大不是高高在上，伟大就在我们身边，华为、小米，他们的产品，我们在用；顺丰、美团，他们的服务，我们在体验。不要认为他们提供上乘产品理所当然，也不要认为他们提供优质服务都是必然。在这些产品的背后，他们付出了我们想象不到的努力与艰辛；我们不要只看到他们让人舒服的服务，看不到他们"台上一分钟，台下十年功"的努力，更何况他们一直在台上，亿万大众的眼睛一刻不停地盯着他们，不能出一点点差错。同时，我们也要看到，这些伟人做出的伟大事业，他们的品质和能力并非高不可攀，而是他们心系社会、心系人类；言出必行、行必有效。只要我们能像他们那样严格自律、坚忍不屈、锐意进取、奉献社会，我们也能做到。

我们要善于发现、善于观察、善于学习伟人的杰出品质，我们更要给自己打气：伟人是一天一天熬出来的，伟大的企业是一点一滴用心做出来的，只要我们努力，点滴用心，我们也会成就非凡的人生。

2017年2月25日

感谢这个伟大的时代

感谢这个伟大的时代，可以让女人也很忙。

前天，上完六节课，中午时间写了一篇近3000字的随笔，下午上完课后和学生谈了半小时。然后飞车到研发园，在一家企业那里工作了3个多小时。晚上11点饿着肚子开车行驶在高架上，我想，为什么要把自己弄得这么累呢？说起累，其实，我没有感觉到有多累，即便当时累，看几页书或睡一觉，就没有累的感觉了。累只是口头禅而已。

昨天，上午上四节课，下午开会，去图书馆借书，处理一些杂事。6点后，再次飞车到研发园那家企业，对他们进行答辩辅导。

今天早上，看了40分钟的书，再出门，7：30到研发园。在路上，想起前天晚上的问题：为什么要把自己弄得这么累呢？因为这是一个伟大的时代，可以让女人很忙也很累。感谢这一伟大的时代！念及此，我泪流满面。

这是一个伟大的时代，让我从偏远的贫穷的大别山走向了城市，见证了中国和世界的飞速发展，见证了社会的巨大进步。让我能有许多机会游览祖国山河、风土人情、风华风物风貌；让我有机会走出国门，领略异国风情；让我不出家门，也能知晓世界上每分每秒发生的事情；让我看到了行政事业单位人的勤奋与智慧，让我看到了企业人士的拼搏与合作多赢的精神，也让我体验到了创业人士的坚忍与艰辛；让我看到了千姿百态的人，复杂的人性，丰富的心灵。他们都在为生活得更好而努力拼搏，不管他们是富是贫，是贵是微，他们都有一颗丰盈的内心，都有一颗爱美的心灵。

我妈妈是位聪慧、勤奋、能吃苦、爱思考的人，她一辈子生活在农村。曾经她过得很开心快乐，在那个穷快乐的年代，她整天忙碌不停，也欢歌笑语不停。可是，我们长大离家后，她越来越在家呆得不安分，她喜欢城市里的生活，她的思维活跃，思想开放，具有女汉子特征。在那人烟稀少、封闭的农村她郁闷，但她自己并不知道，她只是郁闷。到了我家里，到了县城帮弟弟，她再忙再累也乐意。我一直在想，妈妈生错了时代，如果生长在我所在的时代，她该是多么出色的女子！她自己也说，如果她生在城市，她过得不会很差，城市里的机会太多了。

我奶奶生在大户人家，却没有享受一天荣华富贵。她那三寸金莲的小脚，让她痛苦了一辈子。到现在想起她每晚小心翼翼地放下裹脚布洗脚时的痛苦神情，我仍为她痛苦不已、伤悲不已。我奶奶也是一位非常聪明、能干、思想开放、雅致的女人。由于特殊的出身，在偏僻的小山村孤独终生。

妈妈比奶奶幸运，我比妈妈幸运。我生在一个开放的时代，女人能上学，女人能交许多朋友，女人能到处旅游，女人能工作，女人能创业，女人能为社会创造财富，女人可以实现自己的社会价值和人生理想，女人有自己的天地。

晚上7点多，研发园的免费车位基本上停满车；晚上10点多，仍有许多车停在那里；周末停车位也基本停满了。尽管创业者非常艰辛，但是，时代赋予了他们发现自我、展示自我、挖掘自我、实现自我的平台和机会。只要你有想法，想做事，能做事，你就有机会。山不转路转，路不转水转，水不转人转，这就是这个时代赋予想拼敢拼的人的机会。

我越来越发现，只有那些无所事事，只考虑自己的人，才会抱怨生活、抱怨人生、抱怨工作。努力工作、奋力拼搏的人一方面没有时间抱怨，一方面只会感恩，感谢这个时代让他这样繁忙，这样充实，让他有做不完的事，让他有梦想，并为梦想进行不懈的追求。

小时候，我体弱多病，很多人都以为我长不大。我刚出生时，妈妈生病，没奶水。我的二爷爷总是对我的二妈说："给点奶这个孩子吃吧，她死了以后，我们就不怨不悔了。"

我长大了。看到了我小时候从来没有想到过的东西，经历了小时候从来没有想到过的事，遇见了即便是去年之今日都没有想到过的人。每一天，都有许多新鲜的事物在我眼前呈现；每一天，都有一些令我感动的人印在我心里；每一天，都有一份新鲜的感动在我心头荡漾；每一天，都有一份期待让我去努力。

感谢这个伟大的时代！感谢一路的遇见！

2017年9月28日

不要太早给自己下定义

不要太早给自己下定义
这个我不行，那个不可以
不要对未来消极悲观
担心前路漫漫，曲折多艰
咿呀学语的小女孩
怎么会知道她长大后
也会生孩子，当妈妈
在马路上飞驰的你
三十年前怎会相信
竟然有辆汽车属于你

即便在昨天

我也没有想到，今天

竟然会有这么多惊喜

2017年9月28日

学生为什么屡教不改

很多老师都有这样的经验，一些学生不管怎么教育他，他就是屡教不改。你一遍又一遍地让他认识错误，他当面答应得很好，下次一定改；你一次又一次地批评他，陈述错误的严重后果，他承诺下次不再犯。可是，下次他还是重蹈昨日之路。

家长叹气，老师摇头，学生依然故我，甚至变得更加麻木，我行我素。学生为什么屡教不改？真的没有办法让学生向好向上吗？

答案当然是否定的，否则，教育就没有意义，人类社会也不会向前发展。

那么，是学生真的不想向好向上吗？

答案也是否定的。

向好向上是所有生物的本能和终极追求。花要如期开，并且尽力开得最艳最香；树要拼命吸收阳光，为了长得更高更大。作为万物之灵的人，更具有向好向上的原始本能。人心向善、人心向好、人心向上，是人类最基本的社会属性，也是社会向善向美向前发展的方向与原动力。

学生屡教不改，只有一个原因，"教"不当，一次"教"不当，学生反感；两次"教"不当，学生失望；三次"教"不当，学生厌恶；四次"教"不当，学生愤怒；屡"教"不当，学生麻木。"教"而不当的结果，越教越坏。就像我们种花，天天给花浇水，花给灌死了；就像我们种树，天天施不当的肥料，树被毒死了。

面对这样的学生，我们要反复观察和思考，为什么教不会，教不改？他的行为背后有什么样的心理机制、思维逻辑？我们认为的他的问题，真的是他一个人的问题吗？老师面对这样的学生，要多问几个为什么。这个过程就是发现学生心理特征、总结育人经验、探究育人规律、提炼育人理念和育人思想的过程。

所有的学生都想成为好学生，受老师喜爱、受同学欢迎，都想在学校找到归属感和价值感。在学校表现不好，他们也过得很不开心。刚到一所学校时，他们也都有自己的理想，想塑造全新的自己，获得学校和自己的认同。

可是，过不了多久，他们发现，换一个环境，他们还是原来的自己。他们不按时起床的习惯、迟到的毛病、听不进去课的惯性、不认真做作业的陋习，又带到了大学。他们内心不是我们看到的那样洒脱，他们表现出来的那种无所在乎、倔强不羁，只是对内心不安的掩盖、对内心自卑的掩饰、对自己无助的保护。

屡教不改的学生让老师很累，让老师很头痛，所以，有些老师在这样的学生面前或以严苛的语气、或以嘲讽的眼神、或以无奈的摆头来对待他们，把他们当成"扶不起来的猪肠""不可雕的朽木"，让学生反感、失望、愤怒，直到彻底绝望和麻木。

美国著名儿童心理学家、教育家鲁道夫·德雷克斯说："一个行为不当的孩子，是一个丧失信心的孩子"。的确，学生行为不当的背后，隐藏着学生成长过程中深深的痛苦与绝望的无助。

对于屡教不改的学生，首先，我们要与他们共情，感受、理解、接纳他们内心的苦闷与痛苦，我们要相信，他们一定为此苦恼、郁闷、悲伤、痛苦、绝望。我们对学生要有这样的同理心，他们才会对我们敞开内心世界，让我们走进去看看里面到底发生了什么，看看它们以什么样的心理机制面对学习、面对生活、面对社会。其次，要帮助他们树立信心，帮助他们发现自身的优点。对于他们的点滴进步，我们要充分肯定，予以鼓励；对于他们的原地踏步，我们要抱以宽容；对于他们偶尔的退步，我们要施以耐心。欲速则不达，拔苗助长不利于改变学生的不足。有时，我们要以静待花开、慢养孩子的心境来陪学生慢慢地成长与进步。唯有我们对他们全盘接纳，他们才会找到归属感，才能树立自信。最后，我们要帮助他们营造良好的环境。我们不歧视他们，也不允许其他的人歧视他们。在任何时候，我们对他们保持尊重、公平对待、爱心相待，并且要求同学们也这样做，某些时候，要求他们的父母也要这样做。

近30年来，我培养的学生超过万人，我没有遇到过一位"屡教不改"的学生，只有改得快与慢之分的学生，绝无不想改好的学生。因为人心向上，因为教育的力量。

2022年9月15日

人人都是我们的老师

人人都可能成为我们的老师。因为，每一个人都有优点、优势与长处，都有可能成为别人的老师；每一个人都有弱点、劣势与不足，都有必要成为学生。

放眼我们周围，每一人，甚至每一个物种都可以成为我们的老师。埋在黑暗泥土中的种子努力发芽，小树拼命地向上生长，梅花遇寒风即开，都有我们学习的品质。今年中秋桂花没有如期开放，我以为它不再开了。一个多月后，气温降下来，它们竟然开了，如同以往的艳丽、芬芳，着实给我们一番惊喜与感动。我们身边的每一个人，更是各具才能和智慧，他们总有某一方面或几个方面优越于我们，值得我们拜师学习或躬腰学艺。

原先我很不会吃饭，还挑食，是两位朋友教会了我。一位朋友不管吃什么，都很香甜的感觉，到现在吃饭时，我经常想起她吃饭的神情，就会吃得特别有劲。一位朋友教我一个菜一个菜地吃完，吃得一点不剩；我从一位朋友那里学习购物，她说"买多不如买好买少"；我从一位朋友那里学会了高效，他很忙，却总是第一时间回复信息给我；我从好几位朋友那里学习教育儿子。儿子上大学后的第一个月，我特别思念他，一位朋友对我说："你的儿子跑得比你快，你要放手，只要远远地看着他，把握一下方向就行了"。听了他的这些话，我马上就放下了汹涌如潮般的思念，转而以祝福；我从父母那里学习勤俭节约、宽以待人，他们虽为一辈子的农民，却有着我学不完的精神与品质；我从我先生那里学习真诚、善良、仁厚和包容；我也从儿子身上学习了很多很多，可以说，没有他，就没有现在的我；我从一位同事那里学习琢磨职场心理学……更有许多同事和朋友，让我看到他们的努力拼搏、奋发向上，激励我向他们学习。

长期在教育一线，一直和学生深入接触。很多时候，我作为老师这个角色与学生在一起，但是，在我作为老师、学生作为学生的背后，更多的时候，我作为学生，向他们学习、向他们借力、向他们借光。他们的青春活力感染我，他们的真诚打动我，他们的坦诚感动我，他们的努力向上影响我，他们的阳光灿烂照耀我。是他们倒逼着我要努力学习，是他们激发我要奋力向上，是他们促使我要变得优秀。

我让学生和我一起写随笔，我向学生发放调查问卷，学生都很真诚坦诚地对我讲他们自己、他们的家庭、他们的思想、他们的情感、他们的人生、他们的故事。有的学生告诉我她父母离婚了，有一位学生说他妈妈因不堪癌症带来的家庭重负自杀了，有的学生告诉我他的爱情，有的学生讲他的失败经历，有的学生讲他的懊悔与沮丧……每每看到这样的文字，我都特别地感动，我都会以此检视自己，问自己：如果我遇上这样重大的变故，我有他们那样的坚强与勇敢吗？如果当初我的老师让我写随笔，我会像他们那样去认真写吗？如果当初老师向我发放调查问卷，我会像他们那样认真去对待吗？我会像他们一样真诚坦诚吗？如果同学遇上了困难，我会像他们一样倾其所有地帮他吗？

韩愈在《师说》一文中说"……生乎吾后，其闻道也亦先乎吾，吾从而师之。吾师道也，夫庸知其年之先后生于吾乎？是故无贵无贱，无长无少，道之所存，师之所存也。"父母以为自己是父母，是阅尽世事的权威；老师以为自己是老师，是博通万物的权威，这是不对的。父母相对于孩子，老师相对于学生，更要学习，更要成为学生。因为父母和老师都负有育人的责任与义务。要学得更多，要懂得更多，才能育人。专业知识只是我们要学习的一个方面，思想道德、处世哲学、生活技能、兴趣爱好、幸福密码……要学的东西太多太多了。现在的学生接受新事物的能力很强，获取信息的能力很强，动手能力强，他们兴趣广泛，很多方面我们要向他们学习，真正做到不耻下问。

韩愈说："古之圣人，其出人也远矣，犹且从师而问焉；今之众人，其下圣人也亦远矣，而耻学于师。是故圣益圣，愚益愚。"只把自己当老师，只会越来越愚笨愚昧；总把自己当学生，就会越来越明智、博学、多识。

孔子说："三人行，必有我师焉；择其善者而从之，其不善者而改之。"我们要善于发现别人的优点，然后学习之。我们不仅可以从优秀者那里学习其成为优秀的品质，还可以从失败者那里吸取教训。失败者也是我们的老师，他们从另一个方面让我们获得人生的经验与智慧。

很多名人认为孩子是成人的老师。教育家蒙台梭利说"儿童是成人之父。"心理学家阿德勒也认为"孩子是成人的老师"。

成人要向孩子学习。孩子很小，不会说话、不能表达时，他们会用行为告诉我们他们的内心世界，引导我们去学习发展心理学、儿童教育学。孩子长大一些后，我们要学习孩子的质朴、简单、开放和真诚，不要把我们对世俗的偏见强加给孩子，不要强迫孩子顺从我们僵化的封闭的思想。我们要竭尽全力地使自己有这样的意识和理念：孩子可以成为我们的老师，孩子有能力成为我们的老师，孩子一定能成为我们的老师，孩子就是我们的老师。我们在孩子面前，既要当他们的引路人，也要当他们的朋友，还要当他们的学生，与他们一起成长。相信孩子能成为老师，是最好的家庭教育；相信老师能成为学生的学生，是老师个人最好的教育。如果我们能把孩子和学生当成我们的老师，我们终身学习的理念与意识就树立了，我们将会越来越优秀与完美。

人人都可以成为我们的老师，人人都有值得我们学习的地方；人人都可以成为老师，人人都是教育者；人人都可以教育别人，也由此教育自己；人人都可以成为学生，拜身边的人为师；人人都可以成为我们的老师，我们才会进步；人人都可以成为学生，处处都有学问，时时都可以学习。

所以，当我们有优长时，要不吝啬地帮助别人、引领别人；当我们有缺点时，要躬身自省、虚心学习。不要让身份影响了我们的学习、不要让职业影响了我们的进步。正如韩愈所说："无贵无贱，无长无少，道之所存，师之所存也。"

2022年11月24日

老师要成为学生的榜样

我们深知，榜样的力量无穷大，所以，我们时时给学生树立榜样，处处给学生树立楷模。我们在课堂上把一位同学的作业拿出来让全班同学学习，在班会上表扬一位进步快的同学，在媒体中报道宣传一位助人的同学。我们给予学生三好学生、优秀班干，既是为了嘉奖这些优秀同学，也是把他们作为榜样，希望其他同学向他们学习。

老师要为学生树立榜样，更要成为学生的榜样。因为老师的天职之一，就是学生的人生导师。"经师易得，人师难求"，在讲台上讲授知识，宣传榜样不难，难的是老师以德服人、立德树人，以高尚品德为学生树立榜样。

如果老师只是对学生提要求，要求学生做好这个做好那个，学生会很反感；如果老师只是对学生说教，而不是言传身教，学生会充耳不闻。

我们要求学生不要迟到，老师自己更不能迟到；我们要求学生上课不要玩手机，老师上课更不能接听电话、收发信息；我们要求学生学习态度端正，我们自己更要兢兢业业；我们要求学生热爱学习，我们自己更要学习；我们要求学生积极向上，服务社会，我们更要奋力拼搏，胸怀祖国。

不只是在家庭教育中身教重于言传，在学校，老师也要成为学生的榜样，方能说服学生接受我们的教育，方能引领学生成为优秀的大学生。

韩愈在《师说》中指出："师者，传道、授业、解惑"，所谓"传道"，是指教师要懂道、守道，方能传道；所谓"授业"，是指教师要懂业、乐业，方能授业；所谓"解惑"，是指教师自己要不惑，方能替学生解惑。

若教师自己都不懂自然规律之道，为人处世之道，就没有办法帮助学生树立科学的人生观、价值观和世界观；若老师自己都不遵守思想道德、社会规则，就没有办法教导学生遵守社会规则和学校的纪律；若老师自己没有高深的专业知识、精湛的专业技能，就不能传授给学生学业；若教师自己都没有把教育当作一项事业，而只当作养家糊口的职业，那么就不能培养热爱学习的学生；若教师自己都没有弄明白什么是有价值有意义的人生，就没有办法培养出热爱生活、奉献社会的学生。

教师的职责决定了教师必须事事走在学生前面，成为学生的榜样与引路人，这个很不容易，尤其在开放的社会、信息化时代，但是我们必须做到。为此，除了刻苦学习、勤勉自律、奋力拼搏、努力向上、以德育德之外，没有别的捷径可走。

2023年6月26日

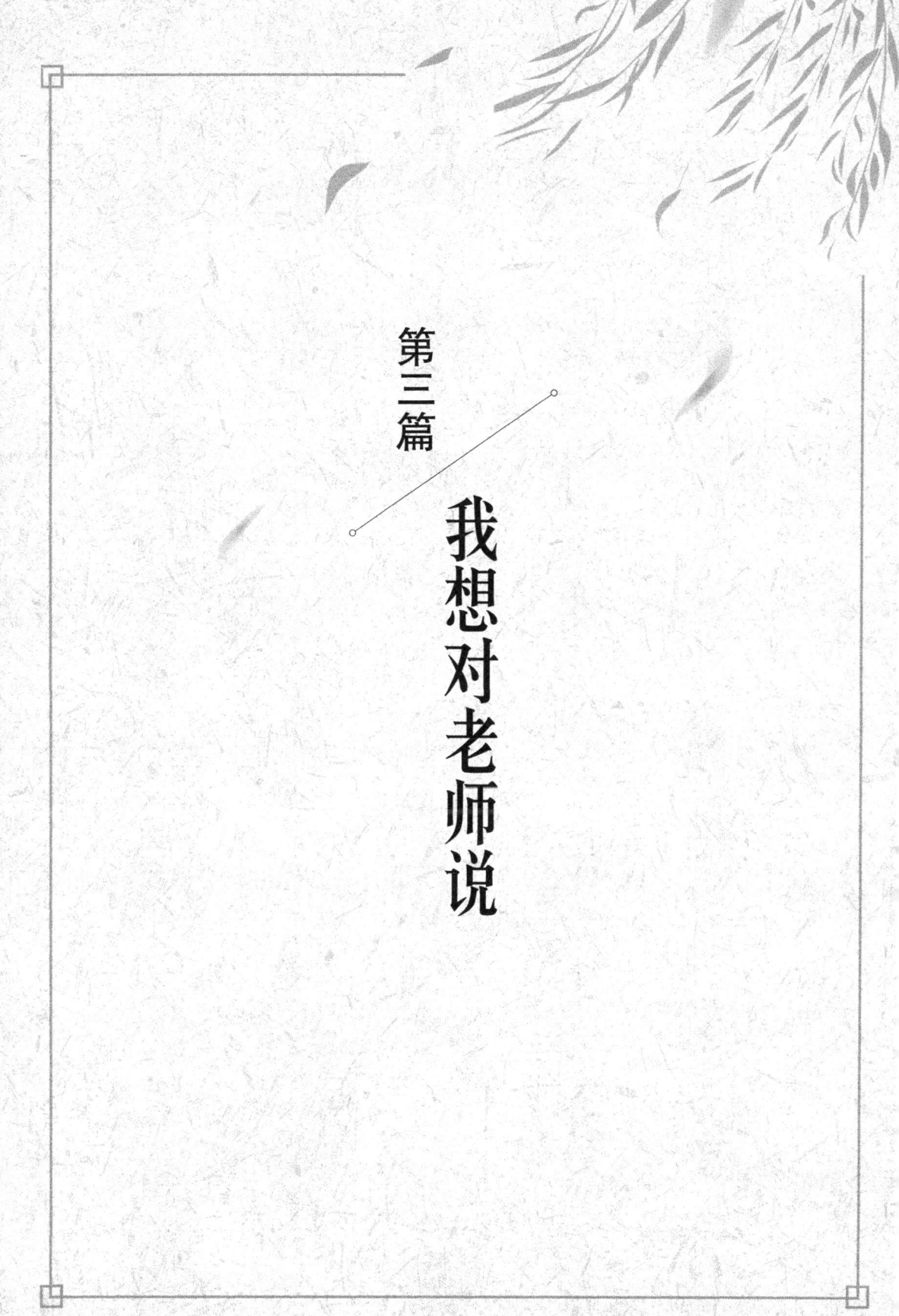

第三篇

我想对老师说

潜心钻研　课程育人——丁春文教授

今天采访了我校明智学院院长、旅游管理专业教师丁春文教授。他扎根课堂教学与课程建设，深入推进"三教改革"，主持的"浙江乡土旅游"课程是2020年国家精品在线开放课程、2021年浙江省课程思政示范课程、2023年职业教育国家在线精品课程；课程还获得浙江省首届微课教学竞赛一等奖，2020年浙江省高职院校"互联网＋教学"优秀案例特等奖，2021年浙江省高职院校优秀微课；课程教材是浙江省普通高校"十三五"首批新形态教材。同时，他主持浙江省哲社规划课题等省市级项目多项，发表论文多篇，出版专著《浙江乡土旅游》；主持制定《旅游咨询员国家职业技能标准》、主持"十三五""十四五"职业教育国家规划教材，他还是国家旅游服务质量社会监督员。

我问丁教授："通过一门课程，打造科研与教学协同育人，您是怎么做到的？为什么这么做？"

他说："职业院校老师做科研比较难，在很多选题上没有优势。而深耕一门课程，把一门课程中的知识元素挖掘出来，形成理论体系，这个切入点相对容易，也符合职业院校人才培养目标。游客在游玩江南古镇时，发现这些古镇都差不多，依水而建，一河一桥一人家，青砖黑瓦马头墙。其实每一个古镇都各有特色，像鲁镇处处彰显鲁迅文化、绍兴黄酒文化，乌镇突出的是人文胜迹，慈城弘扬的是慈孝文化，宁海的古镇蕴含着静谧。很多导游把旅游景点当作是一个个孤立的景点，以为它们只是地理原因分散在各地。我想把每一个景点的历史、文化、风土人情、饮食、文创等元素都挖掘出来，然后进行分类，形成一个完整的课程体系。

曾经一些学生学习旅游管理专业，只想考取导游证，然后去从业，以为只要拿到游客付的钱，就是工作的全部。这个是不行的。就像我当老师，不能把教书当作一份工作，我要把它当作一项事业。我得钻研、深耕。学生做导游也一样，他得有全面的知识结构和知识体系，能讲得出来河姆渡的历史与文化，还能讲得出河姆渡之前和之后的那些遗址的文化与历史，能将所有景点、遗址、古镇串起来，既贯通又有对比，让游客觉得他很有文化、有内涵、有知识，这样的职业才有价值和意义。所以，在教学中，夯实基础、培养学生的工匠精神、钻研精神很重要。"

"这门课程的建设与教学都取得了丰硕的成果，您又是如何做到科研与教学协同育人？"

"围绕课程建设目标，专业团队明确'浙江乡土旅游'的研究目标是以浙江最著名的旅游资源为载体，深入挖掘旅游资源蕴含的乡土文化内涵、育人元素，为专业教学赋能。研究内容以浙江旅游资源为载体，以旅游资源分类为基础，确定浙江乡土旅游自然文化、人文文化两大类别，再细分为不同模块，确定相应的研究内容及其研究重点。研究重点强化文旅融合，实现以文化人、以旅彰文。

'浙江乡土旅游'课程教学目标，概括起来就是让学生通过'知浙江'（掌握浙江乡土知识）、'说浙江'（讲好浙江乡土故事），进而'爱浙江'（建设美丽浙江）。围绕这一目标，结合'浙江乡土旅游'研究成果，专业团队对教学内容进行了精心的遴选与整合，构建课程'模块—项目'化体系。最终，形成7大模块、24个项目、72个知识点的课程教学内容。

在实施教学中，首先，分类教学，因材施教。根据课程性质、学习对象、学习目标、学习方式的不同，针对不同学情，利用课程平台，实行分类教学，不同类别学生在学习内容、学习方式、学习要求、学习难度、课外作业、业余实践的操作和要求上，都不一样。其次，因人而异，差异施教。利用课程平台提供学习大数据，根据不同学生的实际情况，实行差异化的过程教学和个性化教学管理。最后是分层考核，多人多策。运用课程平台技术，采用与分类教学、个性教学相匹配的分层考核办法，实行个性化考核，一人一策。

同时，课程搭建校企合作平台，开展'双元教学'，邀请企业师傅共同开展'浙江乡土旅游'研究，合作编写课程'双元教材'；采用企业师傅'请进来'、学校师生'走出去'等多种形式，开展课程教学。另外，学校还和浙江商业职业技术学院、宁波职业技术学院等高职院校共享课程优质在线资源，实现在线精品课程的共享。"

"科研与教学协同育人效果怎样？"

"'浙江乡土旅游'课程先后在本校网络课程平台、宁波市慕课联盟平台、浙江省高等学校在线开放课程共享平台、中国大学慕课（MOOC）等多个平台开课。截至2023年6月，累计有近4万人参加课程学习，3万人获得学分，是本校选修人数最多的公选课程。10年来全校共有2万余名学生选课学习，学生覆盖全校各个专业，占同期在校学生总数的近一半。浙江商业职业技术学院、宁波职业技术学院等共享高校累计选修人数近1万人。实现了课程在线资源的开放、应用与共享。

从教学效果看，一方面，学生参加全国导游人员资格考试通过率连年提升，就业受到用人单位好评，薪酬水平不断提升；另一方面，课程增强了学生对导游职业的认同感、自豪感、责任感，工作中渗透的浓烈爱国爱乡情感，对游客产生了深深的感染力。"

"这门课程对旅游行业的示范引领作用也非常明显吧？"

"是的。我们利用'浙江乡土旅游'研究成果，整合地方旅游文化教学内容和育人元素，建成在线开放资源，使课程从线下走向线上，从学校走向社会，充分发挥了科研的协同功能，实现了研究向教学、社会的应用与普及。每一年我们都会组织旅游行业培训,另外,还对导游的考证评级进行培训辅导。我们不但要鼓励人们做乡村游,振兴乡村,我们还要打造文旅融合的生态游。"

"通过开发和建设这一门课程,形成了您的课程思想体系、研究方法及育人理念,这对您作为一位管理者有什么启示或帮助?"

"最大的影响就是我可以把经验传授给年轻的教师们。在国际交流学院和现在的明智学院,年轻教师们的在线课程建设,我都进行了认真指导,取得了不错的成绩。有时,有个别老师不理解,认为我抓得太精细。你想想,公共课每一门课程全国该有多少老师在上,基础理论方面能写的都写了,我们职院老师在这方面很难有大的突破,只能从课程中挖掘知识元素、文化元素、思政元素等,然后围绕教学目标进行研究。"

"这门课程您与团队研究和建设了多长时间?"

"2008年开设'浙江乡土旅游'校本课程。自2010年起,专业团队以'浙江乡土旅游'为主题,紧扣协同育人目标,充分挖掘浙江旅游文化,展示浙江乡土特色。课程研究了十几年,建设了十几年,教学了十几年,一直到现在仍在继续。我的科研项目、论文、专著、教研、课程建设等基本上都是围绕这门课程展开。"

"'浙江乡土旅游'这门课程未来还有哪些方面的研究与教学实践?"

"导游是民间大使,向游客介绍的不只是景点,更重要的是弘扬和传承我们的乡土文化,将我们浙江的乡土文化向全国、全世界宣讲。我们讲文化自信,就是要让游客了解浙江文化的渊源,感受浙江历史的厚重,看到浙江经济社会的发展。结合面向浙江地方经济培养德智体美劳全面发展的实用型技术技能人才的办学定位,以及旅游管理专业培养爱国爱乡、德业兼优、文明服务的好导游的目标,专业团队对'浙江乡土旅游'的课程思政进行了整体设计和教学实施,形成了思政教育'浙江特色'资源、'五段'教学、'多维'思政的'定式',这些方面的研究还有待进一步深入深化与延伸。"

丁教授建设"浙江乡土旅游"课程的过程、经验,对于我们职院教师具有重要的借鉴与学习意义,尤其要学习他的工匠精神、钻研精神、育人精神、服务社会的意识与能力。

2023年6月5日

凝心聚力　创造佳绩——徐健民院长

今天采访了我校建筑与艺术学院的徐健民院长。

我向他发出请求采访的要约时，他说："你不要采访我，去采访我们那些日夜奋战的老师们。"

我说："这正是我要采访您的原因。你们分院老师的日夜奋战正是来自您和团队的正确领导。去年，你们分院的考核分数高于第二名500分，你们不是'双高'院，学校资源没有向你们倾斜，您采取什么样的管理理念和方法，取得这样骄人的成绩？"

徐院长很谦虚，淡淡地说："没有什么特别的理念与方法。在我当院长前，有过8年的文化传媒公司经营管理经验。但是，没有做过行政管理工作，我就看书、看视频学习，多看多想多分析，学以致用。

担任建筑与艺术学院院长后，我想，我们的老师不能像传统的教师那样，拿一本教材上三尺讲台，做一个不出校门不入社会不了解行业的教书匠，要让他们真正做到校企合作、工学结合。如果让老师到企业里去，老师不一定能很好地融入企业，企业不一定能很好地接纳老师，那么最好的办法是把企业的工作内容搬到学校。于是，我大力鼓励成立专业工作室。在工作室的场地上，学校领导给予了大力支持，给了我们很大的地方。但是，工作室的硬件设施一件都没有，桌子和凳子也没有。分院把工作室的墙壁刷白，然后，我对老师们说：'桌子和凳子，只要是这栋楼里有多的，你们自己去挑、去拿。'所以，到现在为止，工作室里的桌子和凳子都不一样，工作室的布置依然很简单。

最初许多老师都在观望，只成立了两三个工作室。还有的老师有怨言，认为成立工作室意义不大，只会增加老师的工作量。但是，我坚持认为，工作室是教师走向校企合作的平台、是教师做好教学的抓手，必须坚持做好。很快，这两三个工作室的成果突出，教师的专业水平和专业技能迅速提升，工作室里的学生就业前景很好。我们分院也在积极探索工作室的管理模式，不断完善管理方法、提高教师们的积极性。实行'一年级专业基础教学，二年级专业课程教学＋工作室，三年级模块化课程＋订单班相结合'的现代学徒制模式教学；赋予工作室极大的自由度，工作室的团队建设、工作方向、教学内容、挑选学生都由专业自主决定，分院尽最大努力支持他们。到现在为止，我们一共有18个工作室，每个专业都有了工作室。

工作室成立最初，主要是为了实行工学结合，提升师生的专业技能，没有想到后来出了很多重要的成果，我们教师教学能力大赛累计获得了4项国家二等奖。学生学科、技能大赛获奖无数，今年我们又入围了2项高职院校学生技能大赛国赛。工作室的成立与开展促进了竞赛，竞赛的成绩又推动了工作室的开展，形成良性循环。"

"现在一些年轻人选择躺平，不想做事，你们分院有这种情况吗？"

"我们年轻教师很拼，基本没有人躺平。他们看到身边的每一位老师都是那么努力，并且通过努力获得了相当不错的成绩，他们不甘心做一个落后者，所以现在，基本上形成了你追我赶、力争上进的工作氛围。疫情期间，有一次在下午5点突然封校，我们分院总共40多位老师，其中有20多位老师被关在学校，为各分院之最。我们分院的老师尤其是中青年老师，不分日夜，没有寒暑假，开足马力，全力奋战。"

"除了成立工作室外，您还用了什么方法调动教师的积极性？据说你们分院的财务是公开透明的？"

"财务公开不是很正常的事吗？这是全分院的钱，不是某一个人的，大家有知情权。财务上清晰透明了，做事就简单多了，大家都是公平的、公正的，没有什么遮遮掩掩的，每一个人就可以安心做事了，不必担心付出得不到回报和认可。我们年终奖拿得高的都是老师，我们几位领导都只拿平均水平。只谋事，不谋自身利益，这是我们做好决策与管理的前提与基础。

艺术学院要有专业属性和学术氛围，我们要求每一个专业每个月请行业专家来给师生讲座上课，一方面让师生与时俱进，及时了解行业发展方向；另一方面提高师生的专业知识与技能。

我们不像工科专业，成立订单班，全班同学可以去一家企业；文化传媒公司规模都不大，每家公司需要引进毕业生人数不会超过5人，所以，我们需要大量的校企合作企业。幸运的是我们之前成立了宁波市影视产业协会，我到现在还担任协会的常务副会长。这个协会有200多家企业会员，我们和这些会员单位保持密切联系与合作，他们源源不断地为我们工作室提供行业信息、创作灵感、合作项目，我们源源不断地为他们输送人才。

很多事情，做的时候并没有想到会得到什么，也没有想到有什么特别的好处，但是后来，在工作中不知不觉地派上用场了，比如工作室、比如宁波市影视产业协会，这也是无心插柳柳成荫吧。"

"这是未雨绸缪。您创办企业的经历对您管理分院有什么帮助吗？"

"可能是思维方式不同吧。我不会只考虑某一点，而是全局；我不只考虑眼前，而是立足当下布局未来；我不只考虑老师怎么教，还要考虑他们怎么发展；我不只考虑学生怎么学，还要考虑学生怎么做；我不只考虑学生成绩好，还要考虑到他们能更好地服务社会。再者，我们分院的执行力很强，一旦决定做一件事，马上执行下去，决不允许拖泥带水。当然，老师们的工作压力也很大，大家拼得很厉害。

还有一点感受就是企业好管，学校行政工作不好做，特别是艺术学院。老师们普遍比较有思想、有个性，追求自由。不过，只要尊重他们，给他们足够大的舞台与足够多的发展机会，他们也一定不会让管理者失望。另外，作为管理者，一定要与他们有专业上的共鸣，这样他们就会认可你的管理理念。我做过文化传媒企业，熟悉企业的人才需求与工作模式，这些经验对管理起到了一定的作用。"

"你们分院在全校考核中已经排名第一了，未来您的工作重点有哪些？从哪些方面取得新的突破？"

"人才引进与培养。我们的专业工作室在行业内已经有较大的影响力，但是，我们老师大多是创作型的人才，不是研究型人才，在职称方面我们没有优势，这在一定程度上影响我们专业的发展。我们想在专业上取得突破，还得有人才支撑。我们引进了宁波电视台的刘昊，他很有能力，也很有影响力。因为引进他，又引进了赵新宇，赵新宇是知名电视人。未来还需要引进和培养更多有影响力的青年才俊，形成一个强大的团队，打造有影响力的专业。"

"为什么说，因为引进刘昊，就引进了赵新宇？"

"我让刘昊去和赵新宇谈，他们同是电视人，有共同语言。我自己去谈，是谈不来的。"

徐院长简单朴实的谈话中，道出了很深刻的管理思想：夯实基础、未雨绸缪、全盘布局、搭建平台、认准方向、突出重点、全力以赴、公平高效；选能人、用对人、做好事。一个人的优异成绩主要是自己打拼出来的，一个团队的卓越成绩是领导格局高远、管理有方、团队凝心聚力、奋发向上的结果。

徐院长不仅有很强的专业水平、管理能力，还多才多艺，兴趣广泛，足球、网球、音乐都喜欢，网球曾拿过双打冠军、单打第三的好成绩。他说："凡是我觉得好玩的，都想试一试。"这也是他管理思想的灵感之泉吧。

2023年6月21日

踔厉奋发　铸就名师——邢伟教授

邢伟教授在我的隔壁办公室办公，我总是笑着称他为"老黄牛"。无论有课无课，无论工作日还是周末，他都在学校。并且早上很早就到了，晚上还经常在那里加班。他总是在电脑前全神贯注地工作，不是忙于项目申报，就是项目验收，或者写报告、参加竞赛。他2024年8月就要退休了，可他仍然如刚进校时一样，以饱满的工作热情，做实每一份工作。

我好奇地问他："您这种狂热的工作热情来自哪里？为什么能持续这么长时间？"

他说："可能来自一种习惯吧。2002年8月来这所学校之前，在辽宁朝阳广播电视大学做了9年办公室主任，把坐班当成习惯了。能一直保持这样的工作激情也只是想做事就要做好，有点强迫症，有追求完美的倾向。当然，也有职业倦怠的时候，工作也会有烦恼的时候，但是，只要工作没有做完，就觉得有一块石头悬着在心里，一定要把它做完做好。"

"工作中受过挫折吗？"

"挫折不少。但是，我就是'打不死的小强'，哪里跌倒从哪里爬起来，让大家看到我是有信仰的人，是有实力的人。"

"感觉学生特别信任您，热爱您。您是怎么做到的？"

他的书柜里放着学生赠送给他的签名照片、签名T恤，全班同学每人给他折的千纸鹤……

"没有教不好的学生，只有不会教的老师、不愿意教的老师。本着以爱感动学生、带动学生，像慈父般对待学生，学生才会真正接受你。尽量给学生提供学习的机会、平台，想方设法激励学生，授之以鱼，不如授之以渔。学生在学校学的知识是有限的，技能是有限的，重点要培养学生学会做人，学会做事，把做人的道、做事的理给学生培养出来。我带的学生参加竞赛的热情很高，能吃苦，我陪着他们一起做，一起吃苦。他们就会苦中作乐、学有所成。"

邢老师带了13个班的班主任，这13个班全部是先进班集体、先进团支部。而他本人从2002年进校起，每一年都是先进教师，每次考核总分都在分院排第一。

"您在学校做成了那么多事，获得了很多的荣誉，一定很有成就感吧？"

他的书柜里放着200多份荣誉证书和资质证书。他是三级教授、创新工程师、营销师、教育技术师、1+X培训师及考评员；入选教育部首批国家课程思政示范课程、教学名师和团队，第一批浙江省高等学校课程思政示范课程"公共关系"主持人；主持教育部国家职业教育市场营销专业教学资源库项目、浙江省精品课程、浙江省精品在线课程和宁波市慕课建设项目"公共关系"课程建设；浙江省创新创业导师人才库专家；主持完成厅级及以上教科研项目，并获奖多项；浙江省国资委、省交投集团、宁波教育系统等5家单位专家宣讲团核心成员；新加坡南洋理工学院、台湾南台科技大学和宁波大学访问学者、中国高教学会公关教育专委会常务理事、中国高教学会秘书学专业委员会会员；浙商集团"师表奖"获得者；第二批宁波市"四有"好老师、宁波市高校优秀班主任、三次获得宁波市高校"优秀课程思政教师"、我心目中的好老师、德育好老师、省级教师教学能力竞赛一/二/三等奖、省微课大赛一等奖；主编浙江省高职院校"十四五"首批重点教材《公共关系》、浙江省属商职院校优秀教学成果特等奖；带领团学营销党支部获得2021年第二批全省高校党建工作"样板支部培育创建单位"、浙江省交投集团"红旗支部"、宁波市首批高校党建工作"样板支部"培育创建单位和学校"五星级党支部";作为"双师型"教师,师带徒5位青年教师;指导学生2次获得全国营销大赛一等奖;担任13个班级班主任,所带班级20多次获得先进班级和十佳(先进)团支部,11次获得优秀社团指导教师。

"成就感肯定有,但是,没有感觉到,只是一段历史。不为曾经做过什么而自豪,因为曾经没有做过什么事情而遗憾。还是一门心思想做事、能做事、做成事。不过,主持百年校庆,载入史册,很有荣誉感和成就感。"

"疫情期间,直播课程,我还是因为听了您给老师们的分享,才学会网上直播的。您好像这方面也是行家里手。"

"喜欢学习新东西,与时俱进,不喜欢停留在昨天;喜欢活在当下,展望未来。手机应该成为教学工具,而不是玩具。在信息化教学方面,我都是自己钻研出来的,悟出来的。"

邢老师不仅在教书育人、科研、社会服务方面取得了卓越成就,他在各方面都取得了骄人的成绩。每年奔赴河南、安徽、新疆等地招生,每年获得招生先进个人。他是我校主持达人,为学校的历届新生军训闭训式、消防演习、校田径运动会、教职工迎新文艺汇演等担任主持和解说工作长达20多年。他还热爱文体活动,注重劳逸结合,羽毛球赛、排球赛、篮球赛,都有他的身影。无论哪一项工作,只要他出马,必定马到成功。

"无论您做哪一个方面的工作,您都能在那个方面开出一朵花来。全面播种、全线耕耘、全部开花,您整个就是学校里的一个花园。您的敬业精神、工作品质、工作成效,是我们学校宝贵的财富。是什么造就了您的全才全能?您有哪些经验和体会与老师们分享?"

"勤奋是第一位的,善于思考,热爱学习,接受新事物,做一个长期主义者,而不是聪明主义者。这是一种工作品质、做事原则和态度。"

"您认为'四爱'教育有哪些意义？"

"学校做这件事很有意义，开展'四爱'教育，让老师不忘初心，不忘来时路。特别通过拓荒者讲述工商历史，让年轻人的路走得更稳健更久，让工商精神得以弘扬。"

"在'四爱'教育汇报会上，您在分享时，情不自禁地失声哽咽。坐在您办公室隔壁，我完全能理解您的心情，您在工作中的付出、您对学生的情感。只有付出了，才会有这么深的感情。正如艾青在诗中说：'我为什么眼中有泪'。"

"我把所有的时间、精力、热血和智慧都奉献给了学校和学生，在即将退休之际，回首过去20多年，真是百感交集。有感想、有感恩，也有为自己感动。"

"您马上要退休了，对年轻教师有什么要说的？"

"年轻教师首先要学会踏踏实实做事，少点浮夸浮躁，把课上好，把班级带好，把课题做好，这是立足之本。做好这些，有量的积累，到质的变化，才能上楼、上流、上位，循序渐进。现在的年轻教师有优势、起点高，知识层面也够了，但是教学经验不足，对教育对象了解不够深，他们上课比较机械，照本宣科，教学手段单一。所以，他们要不断学习、刻苦钻研，不能有一点躺平的思想。"

邢教授矢志不渝的教育情怀、开拓进取的敬业精神、昂扬饱满的工作热情、持之以恒的工作品质、务实肯干的工作作风、诲人不倦的育人风尚、永不停息的学习热望、永葆青春的生活态度，在师生中间享有很高的知名度和美誉度。他是教师的楷模，是学生的榜样。

2023年4月10日

学无止境　育人不倦——叶建波教授

叶建波教授是我校电子信息学院应用电子技术专业的教师，上周校运动会开幕式结束后，我去他的办公室对他做了一个简短的采访，更确切地说，是去向他学习。

一走进叶教授办公室，就被音乐环绕，两个小型木结构的音箱放在他的办公桌前。他说，这个音箱是他自己设计的，是给慈溪一家厂商设计的产品。已经使用30多年了，还完好无损。宁波很多家庭使用的收录机、组合音响产品都是他设计出来的，市场上第一款会叫的长毛玩具也是他的作品。

叶教授说："从我当教师的第一天起，只想把学生培养好，他们有出息，这是我们做老师的初心和坚守的原则。我们这个专业，学生一定要扎扎实实学，一定要钻进去。程序是一定要写出来的，产品是一定要做出来的。学习不花工夫，学不好，到社会上去将会一事无成。我们有3位已经工作的学生，在学校时天天泡在实验室，现在在上海年薪40多万元。有一位奉化的学生，在我们学校边上合一生活广场那里租了两层楼的房子，每年生产1亿多片电子产品控制芯片，主要销售到广东的灯具行业。现在他招聘的员工基本上都是我们的学生。我们还有一位95年的学生做跨境电商，第一年销售8400万元，第二年销售1亿多元，目前有80多个员工，大多是我们学校的学生。我对学生说，如果你们认真学，我把你们都介绍进去。我认识的企业很多，都发展得很好，只要你们学到真东西，练就真本领，我就能把你们全部介绍到这些企业里去。我们这个专业，只要学生愿意学，愿意钻，一头扎进去，是很有发展前景的，社会大量需要这样的人才。

我们专业'3+2'的学生进来后，第一学期就上我的课'电路设计与制板技术'，我对学生说，你猜这个Altium Designer软件多少钱，1万元、2万元？你们知道吗？16.6万元，里面还装了很多元器件库，都是我多年收集起来的，你在市场上买不到的。现在有这么好的条件你不好好学，到社会上，你再想学，谁给你这个软件元件库，谁教你这些技术？在学校这么短的时间里，要抓紧时间学习，把基本功练好，以后才会有发展。

这门课虽然有汉化中文版，但我一直坚持英文版上课，有利于学生把科技英语学上去。前两天去一家企业，遇到一位我的学生，他22年前毕业，现在是开发部项目经理，他说：'叶老师，我们的电子产品全部出口到欧洲，也有国外的OEM订单，平时就要与外国人沟通，学好英语很重要。'

上课的时候，我首先给学生定规矩。要尊重老师，学会感恩。不允许学生穿拖鞋进教室，不允许学生戴耳机听课，不允许学生上课睡觉，不允许学生上课玩手机游戏。还不允许学生抽烟，特别是在寝室里抽烟，'你有没有挣钱啊？就买烟抽烟。还要让周围那么多同学吸你的二手烟。'只要被我看到学生在抽烟，我就不客气。现在学生不敢在我上课的日新楼厕所里抽烟。这样做了以后，学生反而对老师尊重了，他知道你为他好。

1982年效实中学毕业后，我想去上海交大，南京大学招生老师找到我，让我报南京大学，专业任我选。我选了无线电物理专业。那时也不知道这是理科专业，毕业时授予理学学士学位，我比较喜欢工科专业。在南京大学学习期间，我根本不知道什么叫无线电，当时也没有电脑。普通物理读了两年，学了很多物理理论课，动手能力却没有。但是，我的自学能力培养出来了。那时老师一上完课就走人，又没有现在这么发达的联系方式，找不到老师，只能靠自学钻研。一有时间我就泡在学校图书馆，那时的大学图书馆都爆满。

现在我仍然坚持自学，为了学会使用这个Altium Designer软件，我买了7本参考书，一个月就学会了。'电子仿真技术''电路设计与制板技术'课程中的软件，都是自学的。我现在编辑视频，也是自学的，花了很多精力。吴军的每一本书我都看了，他对智能技术行业的理解、他对教育的感悟，给我很多启发。很多年前，我就自学了摄影，有自己个人摄影公众号，发表了140多篇原创摄影作品。目前正在学习茶道。不能只做一个不懂生活的老师，工作之余，要学会生活，是吧？

大学老师最重要的是培养学生的自学能力，老师做到这一点，老师就做好了；学生有了自学能力，这一辈子就不愁发展的问题。以后不管市场和行业怎么变，马上就能跟着变。长期自学以后，学什么东西都是一点就通。所以，我当班主任的时候，新生开学第一天，我就告诉他们，要把中学的学习思维打破，全部重新再来，学会接受不同老师的思维模式和教学方式，不能等着老师来喂来灌，而是要主动学习。"

叶教授边讲边向我展示他在教学中使用的软件，他加入的模块和应用程序，还有他编写的教材。他主持浙江省精品课程"电路设计与制板技术"，编著出版了《Altium Designer电路设计与制板技术》《Protel 99SE电路设计与制板技术》两本省精品教材和《EDA技术》教材，其中《EDA技术》教材在专业领域内很有影响力，重印7次，24000册。

他说："我们这代人做什么都认真负责，基本功很扎实，做教育是很有感情很有情怀的。目前正在带领一个年轻教师编写一部教材，让他做主编，我做副主编，提纲我拟好，出版社我联系好，我的原书稿全给他。让年轻人多写多思考，这样他们的思维能力和专业知识就培养出来了，以后他们自己做就驾轻就熟。今年，两个国交学院的老师，平时很少有交集，他们让我指导申报课题，结果这两个课题都评上了。另外，我还想把自己这么多年积累下来的成果向社会普及，周末和寒暑假经常在外面讲课。"

叶教授在宁波电视台"讲大道·科学新生活"节目、在东南商报平台东南讲堂、宁波图书馆天一讲堂、宁波市老科技工作者协会月湖讲堂、石碶街道等10多个机构和街道社区举办了多场有关人工智能时代和智能手机应用等方面的讲座。他还是"书香海曙"十大领读人之一，积极为大众科普人工智能技术在当前的最新应用。今天下午，叶教授将为我校领导分享"未来已来——人工智能时代"。

叶教授有14年的企业工作经历，担任过产品设计师、技术厂长、技术副总经理、总工程师等职务，领导设计过多种产品，并获得了浙江省精品奖、宁波市优质产品等多项奖项。在学校先后担任教研室主任、应用电子技术专业负责人和电子专业群主任。被评为浙江省高职（高专）专业带头人，"宁波市三优秀三文明优秀教职工"，校"优秀教师""优秀班主任"和"优秀党员"。他还担任宁波市电子学会副会长、宁波市计算机学会专家委员会成员、宁波市科技局科技项目评审专家、效实中学校友会副秘书长。

丰富多彩的阅历、坚持不懈的自学、诲人不倦的品质、奉献社会的精神，造就了多德多知多技多才多艺的叶教授。

不久前，叶教授去养老院看望他高中的班主任老师，送给她一个语音控制的小米智能音箱，让85岁的老师享受现代科技带来的便利。

2022年11月10日

听觉世界　乐评名家——贺秋帆老师

当我决定把我们学校的几位老师写进第三本育人随笔里时,贺秋帆老师马上跳入我的脑海里。大约在4年前,我在宁波市图书馆听过他的讲座,看到他的介绍。当时我大吃一惊,惊叹我们学校藏着这样的一位乐评专家,从他身上再次感到我们学校真是藏龙卧虎之地。

贺老师从汉语言文学专业毕业,他说:"原来有一种想法,可能是一种错觉,学汉语言文学的同学经常有这种错觉,觉得自己有文学天赋,应该去写诗歌、小说。我很早就发现我没有创作方面的天赋,但我喜欢写作。最初,我不知道有什么可以安放我的写作梦想,说起来也很奇妙,音乐向我打开了大门。

1994年,我在一所学校任教。一个音乐行租了我们学校的房子,店面很小,但是人流量很大。我进去一看,整整一面墙上摆满CD,CD上的人物我一个都不认识。那时我觉得自己英语水平还可以,也是音乐爱好者。这一刻让我很触动,感觉上帝向我打开了一扇窗。我更加努力去听古典音乐。

当时,宁波鼓楼开了很多私人小书店,我在其中一个书店找到一本很奇妙的杂志《爱乐》,我一看到这本杂志就很激动,都是文化大家写的文章,无一例外都表明对音乐的爱好,这正是我很想看到的文章。那时我在听音乐,但不知道怎么写。看到这本杂志后,我知道怎么写了。在内心深处慢慢地形成一个念想,如果能在这本刊物里发表一篇文章,这辈子就值了。于是,我开始写作,把听到的东西写下来。听到什么,感受什么,写什么，然后投稿。第一次投稿，没有投中；我继续投，一直投下去，直到有人录用我的稿子，直到有人来向我约稿。后来，每一个星期为《宁波日报》写一篇短文。再后面给《上海文汇报》投稿，1995年连续投中了5篇。接着，我又开始给北京投稿。

我的内心有一种声音：你必须去做这件事，你可以去做这件事情，你可以为音乐放弃其他的一切。方向明确了，一发不可收。

转折发生在1996年年底，《爱乐》的主编曹利群老师和央视剧组来宁波，翻看《宁波日报》，无意中看到我的一篇文章，曹老师说：'宁波这么小的地方，边陲之地，竟然有这样的文章。'于是，我们有了交集。差不多两年多后，不到三年，我实现了在《爱乐》杂志上发表文章的愿望。向《看电影》投稿三年，才被录用。

在我寻访古典音乐足迹的时候，很幸运，在关键时刻，得到了一些名家提拔。没有曹老师在茫茫人海中把我拎出来，让我给他们写一些文字，我后面的路一定会比较艰难。"

从1997年至今，贺老师在三联《爱乐》杂志上发表乐评70万字；2008年至今，在上海《看电影》杂志发表影评110万字，是该杂志专栏作家；2014年至今，主持宁波电台音乐频道古典音乐特别节目《相约秋帆，洗耳恭听》643期；2015年至今，主讲宁波市图书馆古典音乐文化讲座《秋帆乐话，如是我闻》180期；2018年8月至今，主讲宁波交响乐团音乐季推广普及讲座《宁波交响，秋帆导读》88期；著有《爱乐CD经典》《洗耳恭听》《甬上乐人：宁波现当代音乐家小传》《新民说·不可重复的瞬间：古典音乐聆听巡礼》。另有作品见于《文汇报》《光明日报》《中国青年报》《新民晚报》《香港电影》《大众电影》等刊物。

"以前听古典音乐后，总想把感想、感受写下来，并且只要我写，一定是非写不可，不写不行。如果不是非写不可，不写也行，我就不写。现在我可以不写了。原因有两点：第一，现在流行千字短文，而我一旦提笔,可能洋洋洒洒成万字文;第二,因为阅历,也因为年龄,现在比以前要理性平和,不再听到什么就马上想写什么。这倒是最好的状态,就纯粹是享受音乐。如果说文字给我带来了什么,那就是一个字一个字拯救自己。"贺老师经历坎坷,历经磨难,是音乐拯救了他。

我向贺老师提出几个问题,"您为什么对于苦难的音乐家情有独钟?"

"清代赵翼有诗云:'身阅兴亡浩劫空,两朝文献一衰翁。无官未害餐周粟,有史深愁失楚弓。行殿幽兰悲夜火,故都乔木泣秋风,国家不幸诗家幸,赋到沧桑句便工。'这首诗基本上可以解释苦难对于艺术的重要性,很多音乐家把音乐当作一种抵御内外苦难的工具。我所接触的音乐家,主要是20世纪活跃的大师,历史性的苦难都躲不过,他们与苦难的互动构成了他们的立身之本。

苦难是人类不可回避的问题,我们需要从他们那里寻找启示。我关注音乐,将'人、乐、时'融合起来进行研究评说,就是因为任何人的发展离不开时代背景,时代背景造就了人,而音乐就是将人与时联系起来的桥梁。熟悉的音乐,只要前面的旋律响起,我头脑中就能把后面所有的音乐流淌出来,像水流一样自然;不熟悉的音乐,我听一遍,就能听出是什么时期什么类型的演奏家。我把人、乐、时融为一体,评论音乐、欣赏音乐家,其实更深层的是研究历史。什么样的历史成就什么样的音乐家,这是我尤其感兴趣的地方。"

"您对音乐的爱好,与原生家庭有关系吗?您父亲的简介我简单地了解了一些。"

"我的情况与原生家庭无关,我的家庭没有音乐基因。但是,我父亲对于人文学科的研究以及平常在家的言谈影响了我对历史的体认,不得不说,父亲与我研究的不同领域内某些东西是相通的,可能是精神上的东西。"

"您现在为什么去讲桥、讲古建筑？这与音乐有关联吗？"

贺老师经常在周末的时候带着他的小孙子到处考察石桥、古建筑。贺老师在我们学校图书馆"遇见你·微讲堂"中已经讲了68期，向全校师生讲解古建筑、古迹、古桥梁，而"遇见你·微讲堂"目前只办了100期。

"去考察古代遗迹完全是因为疫情非必要不出大市，被逼的。为什么对古代桥梁感兴趣，是因为中国现在留存的古迹，以桥梁保有的古代元素最多，只要古桥还在，它的主体就是古代的，是从历史烟云中跨越过来的问候。它的古意是其他建筑无法比得上的。从哲学上讲，桥梁代表沟通、联系、交流，是将历史、现在与未来联结在一起，也是将人联系在一起。这个与音乐如果一定要说有什么关系，那就是都是古代遗产，了解他们有助于理解自己从哪里来，自己是谁。所以，在走完宁波本地的重要古桥后，我开始涉足省内古桥。"

"您对音乐的敏感、兴趣和研究，除了对个人、对社会有重要影响外，对您作为高校教师有什么样的影响？"

"我希望我个人的经历可以为年轻人带来某种启发，关于人的无限可能性的启发。可能你有自己的专业、自己的职业，这个专业和职业与你最后能做成什么、成就什么没有直接关系。关键在于你做了自己热爱的事、做成了自己热爱的事，并带动影响一大批相同的爱好者。"

我有学生选修他的课程"那些风景里的人"，学生说他上课时很严肃认真，人超级好，上课信息量超大，内容很有启发性，他讲的影评能触动人的心灵，在某一个瞬间会被打动和惊醒。

贺老师简单地介绍了开设讲座的经历。最初他只写乐评。宁波图书馆开设了一个音乐馆，请他去做讲座，每个月两次。讲座前的准备工作量很大，压力也很大，开始只有10多位听众，后来20多位，感觉都要办不下去了。到后来，网上直播时，观众达几万人。现在请他做讲座的机构很多，2021年全年他做了98场讲座，每周两场，并且每场都不重复，一直坚持到现在。

  我不懂音乐，没有办法评价贺老师对音乐的贡献。只觉得音乐这么深沉、高雅、抽象，能用文字评说，写出感受、感想，是一件很了不起的事。他的成功是音乐界和音乐爱好者的幸事，是我校的荣耀，是学生的幸运。他的经历也值得老师和学生们学习与借鉴，天赋只有加上勤奋、坚忍、执着，才会成功。

2023年4月12日

淡泊名利　大器晚成——张兆英老师

今天下午对我校的张兆英老师进行了访谈，我们是好朋友，彼此了解比较多，她有许多地方值得我学习。

我问她："为什么以前你对职称和学历的事一点也不上心？"

她说："以前我认为评职称或读博士，不能真正影响一个人的内在实质，还不如去做一些实实在在的事情更有价值、更有意义，比如开展产教融合，深入企业或行业调研。"

"那后来是什么原因，让你突然对职称和学历重视起来？"

"2019年，我参加南京的一个社科课题的培训。那年我首次申报浙江省软科学计划研究项目的课题，获得立项。很希望能继续开展一些相关学习和深入研究，最好能有机会申报到国家级课题，所以我参加了这个培训。在培训前一天，我和一位老教授闲聊，得知他就是这次培训的主讲嘉宾，就向他请教有关社科课题申报的技巧。老教授首先问我几个问题：学校是不是本科？职称是不是副教授以上？学历是不是博士？年龄是不是在35岁以下？我的答案无一例外，全是否定，居然一条都不满足！

老教授的几句话，彻底颠覆了我以前的认知，让我觉得之前的想法有些幼稚！如果我不重视职称和学位，我很感兴趣的汽车产业相关研究，可能终止于眼前，个人的学术爱好根本无法达到更高的层次。于是，2020年我就开始申报职称，2021年去读博士。一旦我决定要做，我就全心投入。我对自己有一定的要求，不是说做到极致和完美，最少要有一定的品质。

这是一种责任，也可以说是一种修行，对学生来说，更多是爱。"

"我感觉你平时总是很忙，不是忙这个项目，就是忙那个竞赛。工作很不聚焦！"

"学校处于高质量发展的重要时期，我的工作确实很忙，大家都是这样的吧。工作不聚焦也是客观存在的。因为我们刚好这几年专业调整、课程调整和部门调整，前些年我每年都上新课，有时一学期同时上3门新课。"

"你参与很多项目、课程建设和竞赛，但很少看到你的名字。"

"很多事情是学校或专业安排的，或同事邀请的，里面有没有自己的名字不重要。比如学校的京沪品牌升级研究中心，我在里面没有任何职位，没有任何待遇，但是在推进校企合作、产教融合、品牌升级研究等方面我投入了很多精力，其他的辅助工作我也做了不少。"

"那你为什么还要这么积极呢？"

"这是双高建设任务，总得有人去承担这个任务。我正好有一个省课题，带着课题去做，个人也得到了一些成长。"

关于这一点，我很了解她，不止是责任使然，她有很强的助人为乐精神与奉献精神。我在申报课题时，她给我帮忙，从早上忙到深夜，就像她自己的工作一样。

"你之前很少申报课题，一申报，就获得了省软科学研究计划项目立项，这个项目竞争很激烈，很难获得立项。在申报之前，你有这方面的研究基础吗？"

"因为担任'汽车营销'课程时，对汽车行业产生了兴趣，再加上汽车行业是宁波的'246'产业，是重点产业，所以平时就特别关注。"

在汽车产业发展方面，她近几年的研究取得了令人瞩目的成果，主持浙江省软科学研究计划项目，主持宁波市哲学与社会科学规划项目；政策建议收录进宁波市民建信息通讯，获省委常委、宁波市委领导批示，被宁波市两会重点讨论，被省人大会议采纳；以汽车产业发展为主题，获得了浙江省教师教学技能竞赛财经大类二等奖；指导学生参加竞赛，获得浙江省教育厅二等奖和三等奖。另外，还发表了多篇论文，专著《新形势下全球价值链视角的地方汽车产业集群升级实证研究》，初稿已经完成，与出版社签订了出版合同。

"上一门课程，就有这么多的研究成果，很不了起，你是怎么做到的？"

"2019年我才开始上'汽车营销'的课程，之前，我对汽车行业什么都不懂，因为专业调整，新增的课程，我主动承担了这门课程的教学任务。在第一轮上这门课时，我非常辛苦。你还记得我们俩一起去招生吗？为什么两次去招生？我想看看其他学校有没有这个专业可以学习，结果一个都没有找到。我只有找汽车企业或行业。我经常到宁波汽车零部件协会去学习，广泛调研汽车4S店、二手车市场、汽车后市场、参加车展。别人逛车展，可能是两小时或半天，我通常会呆上一整天。国际车展里有上百家企业，我和专业人员、销售顾问现场交流，大量收集资料，了解汽车行业发展最新动态，如新技术、新材料、新政策等。这几年，我经常参加汽车行业的论坛、峰会。上周参加锂电池供应链协同发展峰会，上上周参加复合材料创新应用论坛，再往前参加国际汽车零部件及售后展览会。有些活动的门槛很高，要求行业会员才能参加，有次非会员要3500元的门票，我都千方百计地去参加。"

"你申报的省软科学研究计划项目里面的那个TRIZ模型，是怎么想到的？我发现你申报项目过程中会自学建模，会自学软件。"

"关于TRIZ的学习是从2017年去台湾访学开始的。初次接触这个方法，觉得非常有趣。但那时学习时间短，回来就开始自学。当时管理TRIZ类的书市场上很少，我把网站上能找到的相关资料，国内的、美国的、日本和德国的，尽可能都找来学习研究。我曾自费到重庆去参加第一届研究方法协会年会,学习 TRIZ 创新理论。我很愿意为知识和技能付费,它们可能暂时对教学和研究没有帮助,但是,后来会不知不觉地用上。"

"有一次,我吃完早餐从食堂出来,7 点半时,看到你正带着一群学生在一辆汽车边很投入地教学生熟悉汽车。"

"我喜欢市场调研,还愿意把学生带到一线去学习,车展、4S 店、汽车生产企业,我都带学生去过。我带学生到奔驰 4S 店好几次,请他们的培训师给学生上课。"

"是什么让你对工学结合、产教融合有这么深刻的理解与实践?"

"我是学工商管理专业,对市场和产业发展比较敏感和关注。我大学的老师也很重视企业项目,经常到企业去调研;我又是民建会员,这个平台也让我有机会融入工商界。"

"是什么让你淡泊名利,又保持着饱满的工作激情?"

"也许是我生长在幸福家庭里吧,成长和生活环境相对比较简单,虽然也受了很多挫折,但是,依然保持一颗童心,是童心让我对世界充满好奇,促使我去学习新的知识与技能。我还很感恩一路遇见的许多人,感谢在宁波大学访学时的杨老师,她治学严谨又平易近人。世界很美好,很多人很善良,在我需要帮助时,他们向我伸出了温暖的双手。我真的感觉到:当你心中有梦想时,全世界都在为你让路,助你成功。"

"未来你对汽车行业还要做哪些方面的研究?"

"可能多写一些汽车'四化'、产业发展方面的决策建议。"

"你这个年龄去读博士,有什么感受?"

"读博士真是一个特别好的学习平台,那里的老师都很牛,能学到很多东西,开拓了视野,提升了思维。生命不息,学习不止,是我最大的感受。"

"党的二十大提出,教育、科技、人才一体化,你将这三者结合得很好。你研究的最终目的是什么?你如何看待教师这份职业?"

"从宏观上讲，中国梦、中国汽车梦，需要很多人去共同努力才能达成；汽车行业是工业皇冠上的明珠，产业链长，带动力大，是很多发达国家的支柱产业，也是中国十大支柱产业之一。我想在汽车产业迭代方面尽点微薄之力，献计献策。通过研究汽车产业，服务地方经济，也同步使自己的教学能力和科研水平得到全面提升，培养出更多高素质的技能人才。"

"你已经做得非常出色了。在科研方面，你还需要做哪些突破？"

"我还有很多短板，比如计量经济研究方法，还需要认真学习。这方面对我的发展是一个很大的制约因素，致使我写出来的论文水平不够高，研究不能深入。我还要继续学习创新方法，只是现在太忙了，每天早上6点起床，有时晚上12点还不能睡觉，偶尔要忙到凌晨两三点。"

张老师短短几年出了这么多重要的成果，不仅是因为她的勤奋努力、刻苦钻研，还在于她以一颗淳朴之心、怀着一份美好的愿景：奉献学生、奉献学校、奉献社会、奉献国家。

2023年3月30日

后起之秀 未来可期——王双苗老师

去年下半年的一天，我和双苗老师一起工作了一整天，在学校一个房间里看守英语试卷。我大部分时间在休息，她有些感冒了，戴着口罩，学习了一整天，在一本教材上密密麻麻地写着笔记。她还向我请教怎么申报软科学计划研究项目。

她在这一天的表现令我敬佩，让我对她刮目相看，开始关注她。在这之前，我们也有一些交流，她申报项目，我提出一点点建议。我只是点拨一下，她马上就融会贯通。其实，是她认真投入的结果。有一个项目，她修改申报书到凌晨5点。我有项目需要她的财务专业知识支持时，她总是在百忙之中抽出时间来帮我处理，还很有耐心地讲解。

我很好奇地问她："是什么让你放弃百度的工作，放弃北京的户口，来宁波的一所职业技术学院当老师？"

"因为我先生在宁波工作，他不想去北京，我就来宁波了。"

"从企业到学校，我感觉你很快就进行了角色转换，马上进入教师这个角色了。"

"到了学校后，我发现自己很喜欢教师这个职业。当然，现在我不像很多老教师那样输出那么多。但是，每次我身体不舒服，一旦要上课，马上来了精神。在讲台上找到一种很快乐的感觉。"

"那么，教育给你带来了什么？"

"更多的是问题。除了专业知识外，我不能侃侃而谈，知识全面性不够，生活阅历不够。尽管在企业工作过，但是在企业做会计，知识面窄，像一颗螺丝钉一样，太专业了，知识有限。在课堂上，尽管也是教会计知识，但是仅仅懂会计专业完全不够，还得懂学生、懂得怎么输出知识，这需要技巧。"

"职院的一些学生在课堂上不爱学习，你有感觉吗？你又是如何应对？"

"的确有一些学生不太认真听课。如果突然发现有学生不认真听课，在叹气，或者在玩，我就会很难受，感觉自己的课堂教学可能没有那么有趣，可能也因为学生的求知欲望不强，也有个别学生可能就是很难唤醒，他只想混个毕业证。当你很认真讲课，学生不认真听课，真的很难过。所以，首先我得调整心态；其次，我想要在课程设计上下功夫，让学生多做多互动多参与，有参与有体验，学生的积极性要高一些；再次，要会调动课堂气氛，激发学生的学习兴趣。财会专业的学生上课时不积极参与互动，课堂气氛沉闷，这是最难受的，也是我下决心要去改变的。"

会计专业的学生上课不主动回答问题，不主动与老师互动，我也深有体会。

"企业的经历对你在学校的工作有什么影响？"

"我讲'大数据财会'这门课程，如果从高校一毕业，对实际工作岗位的要求、企业需求都不了解，就到学校里来讲这门课，我讲的内容企业可能不需要；数据分析的思维，如果没有在企业工作过，可能只能用书上的理论，不会与企业业务进行融合，理论与实践会有脱节。可能企业需要的东西，我们没有在课堂上重点教学。专业制订人才培养方案时，需要对接岗位，如果对于岗位的需求不了解，那就会脱离实际。在企业工作后，对于产教融合、校企合作的理解要深刻一些，思维开阔一些，对企业的岗位需求和人才需求了解得要全面一些，精准一些。今年参与教师教学能力比赛，选题时，我的企业经验对于我们的选题和内容有促进作用，不致与实际脱轨。"

"以你在企业的经验看,企业需要什么样的财务人才?"

"以前在企业做好一本账就行了,但现在企业对财务人员不是这么定义的。财务人员更多的是财务BP,财务人员作为公司业务的合作伙伴,需要挖掘财务背后的数据和逻辑关系,为业务赋能。现在这个越来越重要。特别地,像代记账公司的会计人员,培训一个多月,就可以上岗做账,这样的工作很快就会被财务机器人代替。财务机器人可以替代重复性的工作、流程性强的工作,账房先生将来会被替代。

分析、研究、思考、寻找问题,是我们学生欠缺的。学生只注重做,不会去想为什么这么做,接下来该怎么做。对于财务数据之间的关联性强弱,不进行加工,只简单地堆砌,像做菜时把所有的食材放在大锅里炖,只管做熟,不考虑色香味。学习力、思考力、自驱力普遍不够,我们年轻老师也有这方面的问题,向纵深方向的发展不够。正是因为学生有这些不足,我们做老师,就得把学生的这些能力培养出来,这恰恰是我们的价值。"

"你未来有哪些工作计划?"

"全面了解学校、了解专业,教学、培训、竞赛、教科研、班主任工作,都要有一个全面的学习与认知,目前很多东西都在涉猎,最后要找到自己的一个赛道。在教学方面,更多的是在教改方面进行深入探讨,科研找准一个方向,一直做下去,打造自己的核心竞争力,做一个品牌出来。目前担任专业副主任,工作比较忙,更多的都是服务,先理顺思路,学会和老师们沟通协调,未来专业发展方面多进行一些思考。"

"我发现你非常敬业,也很忙。"

"我起点低、基础不好,在学校工作很有压力。今年参加了两个省赛、一个校级比赛,结题了3个小项目,还有1个宁波市决策意见稿,上半年要提交,想做特色产业引领未来乡村建设的实践路径探讨,因为前段时间特别忙，还没有去调查。"她还担任了3个班的班主任，2个是21级"3+2"的毕业班；1个是22级"3+2"班级。

"感觉你工作时，不计投入与回报，只要学校需要、专业需求、同事请助，马上冲锋陷阵，从来不去评估这件事情对自己的意义与职称之类的。"

"目前就是学习、学习，再学习。我做事还是比较投入，希望自己能保持这样的激情，不会被工作的忙累与烦恼消磨。"

双苗2015年研究生毕业，先在联想工作了3年，然后在百度工作了3年，2021年8月来我校工作。她入职联想时，竞聘者都是985、至少也是211名校研究生毕业。落户北京要排队，她很快就落户了。除了各方面表现优秀外，她在读研期间，还通过了CPA资格考试。

双苗来学校一年，就成为专业副主任，并且在教学、科研、竞赛和育人方面都取得了很好的成绩。不久前她参与的教师教学能力比赛，获得我校文科组第一名，被推荐到浙江省参加省赛。

她思路清晰、条理清楚、做事干净利索，极其投入，学习能力超强，并且积极向上，乐于助人，有很好的团队合作精神和奉献精神。

后起之秀，未来可期！

2023年4月11日

不忘初心　学工明星——余璐璐老师

余璐璐老师是我们分院学工负责人，我们工作中交集很多，彼此比较了解。她很敬业，勤勤恳恳、认真细致、思路清晰、谦虚务实、全面发展。她对班主任们很尊重，但又总是给人很亲切温暖、值得信任的感觉。无论什么时候，听到她轻柔的声音，我们的疲劳就会消除；看到她微微含笑的眼睛，我们的烦恼就会逃跑。

今天我请她谈谈学工工作及她的感受。她指导学生刚刚获得浙江省"挑战杯"大学生课外学术科技作品竞赛金奖，话题由此展开。

"最初我也没有想到能获奖，获得金奖很意外。我只是想通过竞赛，带领学生重温历史，将浙东英烈精神传承下去。学生和我一起白天去四明山调研先烈的事迹，晚上加班搜集整理资料，克服了一个又一个的困难，最后完成了作品。在这个过程中，学生的历史知识、文化素养、调研水平、思维能力、写作能力、合作精神、工匠精神等都获得了全面的提升。他们还收获了友谊，比赛结束后，他们准备一起去厦门旅游。和学生们一起工作的这两个多月里，尽管很忙很累，我收获也很多，看到他们迅速成长与进步，我的目的达到了，我也很开心。"

璐璐团队获得金奖不是一炮走红，而是长期积累沉淀的结果。在此之前，她获得了多项育人案例奖、竞赛奖。她还是宁波市优秀辅导员、优秀思政工作者、暑期社会实践优秀指导老师等。

我问她辅导员做了多长时间。

她说:"研究生毕业后,我来到学校当辅导员,今年正好第10年。"

"一些辅导员想转岗做老师,当老师要自由很多,你为什么没有转岗?"

"我喜欢学工工作,喜欢和学生在一起,不舍得离开。"说到这里,她眼圈红了。

"学工工作很苦很累,事情很琐碎,从早到晚忙得像陀螺,却又看不到忙出来的成果。你从学工工作中收获了什么?"

"我真的很热爱学工工作,只是纯粹的热爱,也没有想过要从中得到什么。但是,这么多年工作下来,的确收获了很多,看到学生的成长与进步,我就非常开心。比如,你班的那位孙同学,他有精神疾病,总是洗手。最初转到我们分院,很排斥我们,不接我们电话,不和我们见面,后来和我们很亲近。看着他一天天变好、一年比一年变好,看着他考上本科,心里就会特别欣慰与开心。每一年都有一些学生有这样那样的问题,我们要用大量的时间和精力,有的处理起来还很棘手。但是,问题解决后,学生变好了,我就觉得这份工作很有价值和意义。

在和班主任老师的接触中,我发现每一位老师都很关心学生、很有责任感、很好沟通,他们都很支持我的工作,我很感动感谢。我也在时时向他们学习,尤其是老班主任们,他们培养学生的经验很值得我学习。

我还发现,每一个问题学生的背后,家庭教育都有一些问题,这对我教育自己的孩子也很有帮助。我知道哪些事可以对孩子做,哪些不可以。

我们分院书记很有想法,要求也很高,注重仪式感,注重形式与内容契合,所以我们的每一场活动都不是走形式,而是要有特色,要与活动的主题紧密相关。比如,迎新生,我们的会场要突出经管特色,每一个细节都要与专业、育人相关,努力营造学生的归属感,让学生一进入我们学校,就进入经管之家;毕业典礼,前面的序幕,要做MV,像放电影一样,徐徐拉开、娓娓道来,仅仅收集素材、整理资料、制作MV,我们就投入了巨大的精力。每一场活动，我们都要准备很长时间，会遇到很多问题，做的过程很辛苦，但是，做完之后，就非常有自豪感。在这个过程中，也学习了很多。

在领导的带领和培养下，我们学工团队是一个很优秀的集体，大家互相扶持，共同成长，才有今天的成绩。

我们学院团学党支部是全国高校党建工作样板支部，分院党总支是浙江省高校党建工作标杆院系。"

"在工作中你遇到哪些困难与问题？"

"工作中困难还真不少。目前一位老师调离辅导员岗位，一位辅导员到教育局挂职，她们的工作基本上由我来承接，相当于我现在要做3个人的工作。现在的学生和以前的学生不一样，他们很有想法，不是你教什么，他就怎么学怎么做。首先得尊重他，然后通过自己的言行影响他，改变他的认知，他才会接受你。学生培养起来比以前累多了，好不容易培养出来了，他们很快就毕业了，又得重新培养，每年都要培养大量的学生，这个很累人；现在问题学生也比以前要多一些，有的家长也不是很好沟通，这项工作也比较费神。

我个人很想系统学习一些知识，提升能力，但是，工作实在太忙了，主动学习的时候少，这也是目前我比较困惑的地方。"

我曾经写过一篇文章"教书不累育人累"，璐璐深有体会，学工工作真正在细微处，在无声中。

我们谈及好几位特殊群体的学生，璐璐的眼圈红了好几次，这些学生她都记得，情况很熟悉。讲到现在我班一位学生的情况时，她把这位学生的姓名写在笔记本上，说希望以后能帮助她。

在我们交谈的过程中，她的工作电话不断。还没有讲完，她因为急于报送一份材料，离开了。

尽管璐璐的工作如此繁忙，但是，她总是很从容平和。我们有问题问她，学生有事找她，她总是很细致地帮我们释疑解惑，及时帮助学生解决问题。她娇小玲珑的身体里装着多么强大的心啊！如果不是真心热爱学生，哪里有十年如一日的热情与耐心；如果不是真心热爱学工工作，哪里有十年如一日的激情与勤勉。正是因为学工工作人员默默无闻地全情投入，我们班主任才得以从繁重琐碎的学工事务中解放出来；正是因为学工工作人员谨小慎微地、无微不至地工作，我们分院每年的学工工作才名列前茅。

2023年6月27日

锲而不舍 激情逐梦——杜恒峰董事长

今天采访了老朋友，宁波丽景环保科技有限公司董事长杜恒峰先生，他特别能讲，整整讲了3个多小时。

我们7年前相识，那时他的公司在宁波一片写字楼旁边的裙楼上，窄窄的铁架小梯通向他们小小的办公室，里面只有几个人办公。现在他们公司有100多位员工，有一层办公室、一层生产车间。公司的资质、荣誉证书挂满了两面墙：宁波市诚信企业、国家高新技术企业、浙江制造"品字标"认证企业、《餐饮污水处理装置》浙江制造标准起草单位、《餐饮业污水处理器》国家行业标准起草单位、宁波市制造业首台（套）产品、中国机械工业科学技术奖、浙江省生态环境科学技术二等奖、国家重点环境保护实用A类技术……他中专毕业，现在却是高级工程师、鄞州区政协委员、宁波大学和浙江万里学院硕士研究生导师、宁波市领军和拔尖人才培养工程第一层次人才、政府特殊津贴人才……他是我和我们团队学习的榜样，是我常在学生面前讲起的一位老板。

杜董从他中专毕业开始讲起。他在国企工厂里做过三班倒的工人、从事过汽车零配件销售。在东北做了近5年水处理设备销售，第一年一台设备都没有卖出去，从第二年后，业绩很好，挣得了人生的第一桶金，这成为他后来创业的原始资本。

回宁波后，他开始创业。先卖水处理设备，可是这款带有中水功能回用的水处理设备在当时江南因为不缺水没有市场；随后，代理澳大利亚华侨从国外引进的餐饮油污处理设备，不幸的是，这位华侨突然病逝在工作岗位上，而他的产品又存在重大缺陷，不太适合中国市场。没有了华侨这位核心技术人员、没有了项目领头人，这家公司很快就散了。杜董开始自己单干，却遇到了非常多的困难，其中最重要的是要寻找到一款好的餐饮油污处理设备，或进行技术突破。前者他走遍了国内外大小市场，还跑到日本和韩国，都没有找到理想的技术产品；后者，他绞尽脑汁也没有研发出来。2007年，他与两位合作伙伴开始研究生活垃圾自动分类设备，想把生活垃圾中的可燃物提取出来，做成RDF燃料。投了不少钱，因为种种原因没有做成，合作伙伴撤了。就在山穷水尽时，他有了与杭州一所高校合作开展做环评业务的机会。

在做环评的时候，他一刻不停地思考怎么突破餐饮油污处理设备的技术难题，因为之前的行业从业经验与市场调查经历告诉他，这是一个亟须解决的环保难题，也是一个非常有前景的行业；危机解决好了就是商机，如果他研发生产出理想的餐饮油污处理设备，就填补了行业的空白。在做环评业务的过程中，他得到不少的启示。终于有一天，灵光一现，他想出了一个解决技术难题的新思路，马上依此做出了一台设备样机，并在宁波一家单位食堂做实验，效果非常理想。于是，他一边收拾垃圾自动分类设备的残局，一边继续开发餐饮污水处理产品，一路走下来，坚持到现在。

7年前，我初次见他时，他说要把餐饮油污处理设备做成自动化，还要继续研发厨余垃圾自动分类机器，养虫子吃厨余物。那时，我将信将疑，感觉他很难做成。今天，他研发的餐饮污水处理技术成了国家行业标准，产品做到了从标准化到自动化，再到智能化；把设备从地下移到了地面，方便监测、处理和维护。他成功研发了厨余垃圾自动减量分类提取机器，灭菌杀毒纳米技术，养了虫子吃厨余物，再养鸡吃虫子。我在感染新冠的时候，就吃他家养得又肥又大的母鸡，现在一直吃他家的鸡蛋，很多人说我的绿植养得好，那是用了他家的虫粪。

杜董特别爱钻研，在做水处理设备销售的时候，就把产品研究得很透，产品的性能、结构和优缺点，他都很清楚。他看到环卫工人把树叶扫掉后，和其他垃圾一起去焚烧掉，他认为这样既不利于绿色循环，也破坏了环境，于是，他研发了落叶堆肥箱，通过自然微生物分解把树叶转化为肥料；针对农村厨余垃圾的分类和处置难题，他又发明了无臭味、无蚊蝇、无污水的厨余垃圾堆肥箱，可实现农村厨余物就地资源化。

杜董说："千方百计，就是要想尽各种办法，总有一天，会想出一个方向来，想出几条路径来，然后，再想出一条最佳路径来。"

在产品的学习、研发、服务能力的提升、市场的开拓等方面，我感觉他有一股俞敏洪说的"死磕"的精神。同行倒下了，合作伙伴放弃了，他一直在坚守。

我最佩服杜董的是，无论什么时候和他见面，他都会激情飞扬、详细入微地讲他的产品、服务、未来的设想，一遍遍地讲。还常把我带到车间，对着设备，一台台一个部件一个部件地讲过去，讲设计构思、讲工作原理、讲处理厨余物后的效果。上一次去他公司，他把我带到厂房详细地讲了一遍后，我说："我突然明白，您为什么每一次都反复讲您的产品、您的服务和您的梦想。您在复盘总结、在强化梦想、在宣传产品、在获取信息。"

他说："你不讲，别人怎么知道你在做什么呢？"

几乎每一次和他交流时，他都讲到科研院所和大学，我说："我感觉您很爱学习，总在向各行各业的人学习。"他在讲成长之路时，讲到一位在东北工作时认识的朋友，他说了好几遍，这位朋友比他聪明、比他懂人情，非常优秀，到现在他还在向他学习。

他说："你要不断地输入，不断地学习，才能从一桶水里倒出一碗水来；要不断地向优秀者学习，向比你厉害的人学习，并根据需要不断拓宽自己的知识面，如果你的身边都是不思进取的人，只会把你往下拉，你怎么进步？"

"您历经曲折，仍锲而不舍的精神动力是什么？"

"最初是想活下去。发展到现在，就想让社会变得更美好，让世界变得更美好。把看起来脏兮兮油腻腻以前一直被视为垃圾的厨余物，清理得干干净净，变成可用商品，变废为宝，这是一项造福人类社会很美好很伟大的事业。随着人们生活水平提升，对餐饮垃圾和餐饮污水处理要求越来越高，这项事业也将变得越来越重要。"

"发展到现在，您面临哪些挑战？有哪些困惑？"

"我们公司的餐饮污水处理设备在国内首屈一指，公司主持起草完成餐饮污水处理设备国家行业标准、浙江制造标准，公司产品已经实现了标准化，从技术和产品上实现了自动化和智能化，下一步就是要向市场全面宣传和推广。市场接受有一个过程，我们需要努力，也需要时间和机会。目前政府部门和客户对我们的产品很认可，有一些投资人也看好这个市场与我们的产品。

我将近知天命之年，要做的事很多，可以做的事很多，然而人生苦短，精力有限，能做成的事只有那么 两件。现有的基础，已经初步具备智能装备制造、项目运营和有机质资源化三大产业化，这三个产业分别为制造业、服务业和现代农业。将来一方面要持续不断地进行研发，改进产品，拓展市场；另一方面，引进合作伙伴与投资方，好事大家一起做，利益大家共享，掀起和完成一场厨余垃圾减量、分选、资源化的科技革命。"

"公司的员工中有不少大学生。他们工作态度和能力怎样？您对大学培养人才有什么建议？"

"大学生聪明、脑袋瓜儿灵活，只要脚踏实地干，未来会很有发展潜力；大学要重点培养学生的学习能力、爱思考善于思考的能力；学生信息面很广，但仍然要多走向社会，扩大视野，了解社会和市场；高校现在已经有了校企联合培养人才的机制，具体落实方面还可以加强一些，让企业人士更深入地参与人才培养。"

  杜董侃侃而谈，还不时地向我详细地介绍他的产品。尽管之前对他、他的公司、他的产品与服务都比较了解，但是，听他讲就业经历、创业经历，还是非常感动。他历经艰辛困苦，仍不忘初心、刻苦钻研、日夜求索、锲而不舍。他好思善思的品习、脚踏实地的品质、仰望蓝天的梦想、利他共赢的格局、奉献社会的情怀，是他可贵的品质，也是我国企业家的共同特质。作为教师，他的成功特质，我应该挖掘出来，教授给学生；作为学生们，他的成功之道，是可以学习的。

2023 年 7 月 18 日

草根逆袭　创业达人——袁中定总经理

今天，我介绍宁波鸿博百捷自动化设备有限公司的袁中定总经理到我校进行产学研合作。借此之际，我对他做一个简单的访谈。

我们已经相识5年了，之前只有合作，没有深入沟通。不久前，我去他公司时，他才告诉我，他是我们的校友，是我们学校的函授生。

他说："小时候我家里很穷，在农村。我考上了重点高中，因为没有钱交高考报名费，没能参加高考。我弟弟考上了最好的高中，我高中的老师到我家里做工作，让我弟弟读我所在的高中，给他免学费。这样，我弟弟和我就读同一所高中学校。我弟弟读了大学。那时，家里真是太穷了，学校生活费1.5元一餐，我妈总共就只有5元钱。我高中时，家里因为盖房子，欠了两三万元的债。那时，这是一个天文数字。

2006年提前离开高中学校后，我到深圳的富士康打工，做装配操作工人。当时，华为与富士康只隔一条大马路。我天天看着华为，觉得那是一家很了不起的公司，希望有一天能成为华为人。两年后，即2008年，我到华为去应聘。华为面试我时，HR还以为我在富士康做工程师呢。我喜欢研究，我把装配生产工艺流程研究得很透。华为不拘一格地录用了我，我成为了华为的特聘员工。到华为工作后，我成为了一名真正的工程师，薪资翻了6倍。"

"高中毕业证都没有，敢去华为应聘，这需要自信与勇气。"

"我本来就是穷人，换个地方，还是穷人，从一个地方的穷人，到另一个地方的穷人，有什么关系呢？我就折腾去。结果一折腾，就创业了，居然还做成功了。"

袁总公司主要做自动化紧固类的设备，专供新能源汽车行业的上市公司，新能源汽车行业的头部企业都是他的客户。他有几款产品填补了国内空白。

"您成功的因素有哪些？"

"第一，我想东西和别人不一样。我不只是想房间里的事情，还会想窗外的世界。如果只想房间里的事情，眼界太窄，格局太小，就做不大，还可能越做越小。我还喜欢钻研技术和市场。在富士康，我做装配工人不出色，我总是在机床前全神贯注地研究工艺流程，以致每天工作量不饱满。做市场也一样，我会反复揣摩客户的需求。我在华为工作的时候，反复研究供应商是怎么和我们谈业务，我从他们那里学了很多。我喜欢思考，除了每周一次的打篮球时间，我大脑里都是在思考怎么做企业。第二，我能抓住机会，在人生发展方向上的每一次机会都被我抓住了。一旦我认准要做什么，就会果断地去做，毫不犹豫。第三，我非常专注投入。接近20年了，我就只做了这么一件事：紧固设备的研发与生产，其他的我都没有涉及，我做就要做到极致，做到行业最好。"

袁总还有很多其他的优点。他选定一位供应商，就会很信赖他，不会比较来比较去，反复论证求证。他说："如果把时间和精力放在这些上面，就没有办法做企业了。专业的事交给专业的人，但是，一定要找到靠谱的人。"

他做人很简单，跟他交流沟通，很轻松愉快，不必转弯抹角，不会拖泥带水，有什么说什么，直来直去。他做事认真踏实，效率也是一流。当然，华为人做事都高效。

"您是湖南人，在深圳发展，为什么到我们学校做函授生？"

"当时我弟弟在浙江读大学，他说浙江好。有一次，我来宁波北仑出差，发现宁波挺好。就在这里读了函授，然后，就在这里创业了。你认识我时，刚来宁波创业。在这之前，在深圳也有创业。到现在，深圳那家公司还在运营中。"

"您没有上大学，现在有遗憾吗？"

"当然有！"袁总脱口而出，非常肯定："它限制了我的高度。我白手起家，到现在，还不错，但是，要做到更高，从目前来说，很难，总感觉上面有一个东西在头上罩着，上不去。以目前的这种状态，走是走不上去的，一定要跳，跳就要有跳板，所以，还得去充电学习。今年我计划，把上市公司的几个订单处理好后，去读MBA。"

袁总才30多岁，他总觉得时间过得快，人生短暂，要努力工作，要抓紧时间去学习，未来要有一个大的突破。如同所有创业人士，袁总的忧患意识很强，学习欲望和动力也很强。

草根逆袭，尤其令我敬佩。

他和我校电信学院的张青波院长谈得很欢畅，在专业方面，他们有很多共同语言，在产教融合中，他们有很多切合点。

遗憾的是我班学生正在上课，不然，请他给我班同学上一堂励志课，讲讲他的人生和创业故事。

一些职院学生不够自信，觉得自己学历低了，到社会上没有竞争力。袁总是我们学生最好的榜样，袁总的经历对学生是最好的激励。

2023年4月10日

我想对老师说

我在财管2222新生班级中,做了一份调查"我想对老师说",请学生说出对现在授课老师的感觉,对老师的期待。只有一个要求:坦诚地讲出想对老师说的话,客观地对老师进行评价,真诚地提出要求、建议与期待。

每一位学生都很认真地对待这次调查,他们直抒胸臆,简单明了地表达了对老师的看法与希望。

"当我一开始接触到新老师时,对大学老师有过各种幻想,也有过担忧或害怕,但是,真正接触时才发现一切都比我想象中的好,经济学老师的侃侃而谈,毛概老师的认真教学,证券老师的知识渊博,艺术修养老师的丰富多彩,英语老师的幽默风趣,以及体育老师的关心照顾……一切都令我很满意。但是,我还是希望老师们上课时稍微慢一点,将内容具体化,讲得细一点,让我们上课时能更好地去消化内容。"

"老师们有丰富的人生阅历,非常有教学经验,将课本知识更多地结合于生活中。上课非常有代入感,课堂上幽默风趣,既不失教材的严谨,又富含生活中的美感。注重师生的互动与交流,相比高中教师上课更有自由度,更注重学生的体验。希望在接下来的大学生活中能够与所有老师融洽相处。跪求不挂科。"

"我想对您说:我觉得您是一位非常友好的老师,不仅教授知识,还会讲您的工作经验和体会,让我们从更多方面理解经济学,不仅仅局限于知识。我觉得其他课程的老师也很幽默有趣,都会给我们讲述一些书本上没有的知识,不能通过书本学到的东西。英语老师是一位很温柔的老师,和英语老师相处起来非常地轻松;体育老师是一位很有活力的老师,给我们讲述体育理论知识,也会教我们一些运动技巧;艺术与修养课程的老师是一位鉴赏水平非常高的老师,也很有才华,她懂的音乐知识非常多,很崇拜这位老师;证券课程的老师是有才的,算得上是一位成功人士,但是,他讲的课我不太能听得懂,我的理解能力不是非常好,听起来有点云里雾里。"

"我感觉老师都挺好的,很负责认真,在各自领域也都很优秀。就是提问时可以不要使用'开火车'这种方式?因为这样子同学就会数自己是第几题,然后去准备答自己的题,而错过了前面几题,效率就不高了。"

"毛概老师是一个注重落实的人,她会在下一节课抽查上一节课重点的落实效果。虽然抽查会让大家紧张,但教学方式确实很有效果。她还会注重学生对于课文内容的梳理,让学生自己做PPT,学会演讲自己的PPT,让学生不禁锢于书本,会结合视频等让学生体会先烈们的不易。"

"我喜欢些老师在课堂上讲述些人生经历,让我们的知识得到拓展;体育老师会严格让我们做热身运动,但也会在难做的动作时鼓励我们,我觉得这样很好;班主任很负责。"

"老师们都比较随和,容易相处,但不可避免地带着一些其地域特色的语言习惯和发音,可能会造成一定的语言和感觉疏离感。老师们注重课堂反馈,大多与学生有交流,调动学生思维,注重理论实际结合,或现身说法,或举例论据,以通俗例子帮助理解。希望老师进一步将实际与理论契合,注意学生现实情况,改善口音,多开展趣味校园课堂。"

"老师们上课较开放,发散思维,实用有效,能让同学们互动交流,积极发言。有的老师上课较难懂,不易理解。总体来说,老师们的课堂特点鲜明,任务作业较发散,能提高学生的个人能力、团体能力、集体意识，较感兴趣。"

"我期待老师可以带我们实践一下，切实地了解一下市场，去看看，观摩学习一下……"

"胡老师上课非常认真，讲课很透彻，尤其是对于较难理解的部分会仔细讲解。很喜欢课堂上自由宽松的氛围，以及每个例子列举得恰到好处。希望胡老师多插入一些例题，让我更快速掌握，让同学自由讨论，更加积极参与课堂。"

"希望能够加强师生间的交流，让每位同学有机会表达自己的见解，让课堂活跃，能促进学习氛围。希望课堂内容能够更加细致。语速缓慢一点。希望能够推荐一些入门书籍。"

"嗯……大学的考察一定要主动举手回答问题才能加分吗？平时成绩都要变成实践型的，而非考试试卷，感觉从高中上来确实有点难接受。哈哈，也想老师们可以典型题多讲讲，还有重点，还有语速稍稍慢点。"

"老师上课很有兴趣，可以让我了解到社会上的一些东西。我是来自东北的男生，来到了这座经济发达的城市，发现节奏要快很多，人都很忙，更需要人际交往。老师讲的东西有的很简单，有的我脑瓜子反应不过来。我希望我不会挂科。"

"感觉大学老师不像高中一样让人有压迫感，更像是一种高僧，只给指点，练功全都靠自己。希望老师能够多讲讲生活吧，贴切生活一点。"

"希望作业少一点，能让我们通过……"

"大学的老师管理相对宽松，我有时会不自律地睡着，我希望老师们能够相对管理严格点。老师们的作业都很有开放性，很能展现每个学生的特性，这是我十分喜欢的。"

"年轻老师会比较有趣，和学生也会开玩笑；中年老师比较温和，给人一种踏实的感觉，像英语老师就很有趣，会融入我们，下课还会放一些音乐。"

"我觉得大学老师都很厉害，见识远大，视野开阔，事业很成功。艺术修养老师会排歌剧，认识很多著名舞蹈家；证券交易老师不仅仅是学长，也是证券公司的经理。"

"感觉大学老师学识渊博，阅历丰富，有丰富的人生经验，就像网上说的一句话'大学老师可能是你能碰到社会上最高层的一类人'，从大学老师那里能学到很多东西。老师相比书中知识更会讲解分析实践事件。希望老师讲课能更慢一点细致一些，我发现大部分大学老师讲课都偏快，虽然我也知道大学讲究的是自学，但是，有一部分专业术语需要老师剖解。"

"我想说你们都挺好的，都很认真上课教学。希望老师们可以在课堂上多点幽默，我认为欢快的、轻松的学习氛围更能引起学生的学习兴趣。像英语老师就很幽默，会时不时开个玩笑，也许是年龄相近的缘故。"

"别提问！！！要用人格魅力吸引学生，营造舒适的氛围。不要太死板，大家可以一起玩。然后，不要给学生高高在上的感觉，要平易近人。当然最重要的是大家互相尊重。"

"老师们一直站着上课，一站就是好几个小时，感觉还是蛮辛苦的。同学的作业都是一个一个批改，甚至教几个班的老师也是如此。老师们也已经恪尽职守，剩下的一切就是需要靠自己。"

"英语老师是一个有趣幽默的老师，讲得很好，上课也会和我们积极互动，和蔼；体育老师也是一位很和蔼的老师，教给我们各种健美操动作，一边做动作一边拿着小蜜蜂讲课，真的很厉害；班主任教给我们这件事情如何做，怎么去做。"

"对考试的内容不够了解，不太清楚怎么考，希望偶尔可以讲一下考题之类的，让我们了解一下。通常都是上完课后就没了，上课速度感觉有些快；通常还没清楚一个知识的概念，就开始讲下一个了，希望速度可以慢些。偶尔可以通过提问，或者课上一起解题来巩固知识；通过社会事件来学习课本知识，让我们印象更深刻。"

"老师要亲近学生，和学生打成一片，站在学生的角度思考问题。不能一味地用自己一贯的方式来要求学生。上课时要活跃课堂气氛，和同学们互动，让同学们回答的问题尽量简单一点，这样才不会让学生失去信心，但不能频繁提问；要让同学们把当时学的知识和以前的知识联系起来，多做回顾。老师上课时要用心、创新，努力调动学生的积极性。"

学生们在大学上了一个月的课，对上课的体验、对老师的感觉，在这份调查里表现得淋漓尽致；对老师的期待与希望也都言无不尽。他们普遍希望上课气氛轻松，希望老师幽默风趣，希望老师多讲社会多讲生活、多讲案例，希望老师讲课慢点仔细点，希望不挂科。他们大多数的期待是合理的、正确的，也有一些不合理的地方。大学老师教学风格各异，对他们的文化熏陶、思维的训练、思想的开放、视野的拓展是有利的。该严格的时候要严格，该紧张的时候要紧张，讲课该快的时候还是要快，学生对这些也要学会适应。

我把学生的想法复制出来，是想保留第一手资料和信息，我觉得这些第一手资料和信息对于了解学生、实施教学非常重要。

2022 年 10 月 31 日

为什么上大学

为什么上大学？是每一位大学生在上大学之前，及在大学学习与生活中，经常会自我反思的一个问题，也是老师们经常以此教导学生的一个重要话题。我想全面深入了解学生为什么上大学，所以向学生做了调查，以下是部分学生的回答：

"因为理想和现实上大学。目的是成就更好的自我，培养自身内涵和提高各方面。理想是学会更多知识和技能、人情世故，为进入社会做准备。"

"主要是想提升自己的能力。在大学，也相当于一个小社会，可以锻炼自己，为之后进入社会开始工作做好铺垫。相当于是一个衔接过程，把校园生活与社会生活联系起来，学会如何与人相处，独立成长。"

"上大学的原因，就我个人而言并不太明晰，没有那些伟人志存高远、以学救国的宏大理想，这可能是社会发展和环境把我保护得太好的原因吧。上大学更多的可能是一种社会认可、国家需要和发展大势。我个人还是迷糊的，可能是为了未来，抑或家庭吧。"

"我的高考分数刚好够到了本校的录取分数线，家里人希望我有个比高中高的学历，以后好找工作。上大学的目的也挺简单，不仅为了收获到老师传授的知识，同样也为了体验与高中截然不同的生活和学习氛围，感受大学生的快乐。同时在课堂中、宿舍里学到很多为人处世之道，对提升自己的阅历有很大帮助，希望成为更好的自己。"

"现在周围的人就没有不上大学的。我觉得大学生活很美满，可以做自己想做的事情，有发展空间等。我想规划清楚未来走向，完成专升本，提升学历，完善创业这一想法。"

"我是妈妈家第一个上大学的，虽然是大专。上大学是一个更好的机会，更好的平台，这个是高中或者从高中就进入社会很难接受到的，更是一个东北学生在东北很难接触到的。宁波外贸企业有几千家，宁波一个市GDP顶我们一个省。来到大学我就发现这里的同学比我们那里的都更加优秀，接触到的教育都更加好，家庭条件也比较优越。我们那里是一个放慢的城市，不紧不慢，消费低；来到宁波，发现这里的人每天都很紧张，很匆忙，最让人感触的就是小学就学篮球，这是我家乡所没有的，或者有，也是很少的。"

"我经历过很多同学没有经历过的事情，高考失利，没考到本科。家里这两年经济条件确实不好，我想努力学习，将来找一份好工作，让父母过上好日子。"

"为了提高知识水平，在大学可以有更好的平台，可以提升能力，可以开阔视野。同时上大学也为了提升学历，在专科三年的学习后进行专升本考试，考进本科，和其他优秀的人减少差距。在大学期间，我想尽可能地展现自己的能力，在每个活动中都竭尽全力，让老师和同学们发现我的闪光点，对我信任。"

"大学是学生走向社会的大门，我希望能够在大学中丰富自己的人生阅历，体验更多生活中的第一次，通过大学生活变得更加独立，能够独当一面去战胜生活中的困难险阻。大学相比于中学自由度更高，经历的更多，学习到的东西也更全面，这是为以后的人生铺路，为了今后更好地生活。"

"大学期间我想熟练掌握一项或多项技能，尽可能把专业课学好，准备专升本考试，弥补高中的遗憾。"

"在大学的生活中，逐步了解社会，逐步走向社会，在接触新事物中更好地完善自己，提高自己的人际交流能力，以及应对事物变化的能力。能够在毕业后更有机会找到一份适合自己的工作，不在毕业的时候就陷入失业的困境。"

"俗话说'上学不是唯一的出路，却是最好的出路'。上大学是为了更好地提升自己，把我从小城市带到大城市，能使精神富足；拥有更高的学历，能做一个有独立思考的人，开阔眼界，让浮躁的心态变得沉稳；寻找到自己所爱的人和兴趣，丰富自己的内心；认识几个志同道合的朋友，锻炼或是塑造自己的身体，学习自己将来想要从事的专业知识。"

"没有体验过别人口中的大学生活，总感觉不完整。不想听，不想看，只想自己尝试。尽自己的能力去获取更多的证书，为将来工作时多一份保障。"

"曾经看过一部律政观察类节目《令人心动的offer》，里面的徐律师说过这样一句话'女孩子要人格独立，财务自由，精神自由'。我想成为这样的一个人，想在大学里发光发热，成为自己生活里的女主角，热爱生活，充实自我，提高各方面的能力。读大学的意义在于可以明白世界上有很多优秀的人，让我有靠近的动力。也许还能认识未来十几年最重要的朋友，能分辨哪些人自己一辈子都不会交往，能解决很多困惑，从而形成自己的原则，开始学会拒绝。"

"我一直觉得在什么年纪都有该做的事，正如习近平总书记说的那样，一代人有一代人的使命担当，不上学就是去工作，以后有几十年的时间去工作，急什么？上大学的理想也没有多么崇高伟大，就是想努力挣钱。"

"成为一个更好的自己，真正的大人，锻炼生活的自理能力，离开父母，离开自己熟悉的圈子，认识许多不一样的人不一样的朋友，见识不一样又有趣的事，充实自己的知识面。还可以更好地掌握专业知识，努力学习，找到适合自己的路。"

"上大学是继续接受教育和学习的最好途径，学无止境，我一直认为一个人可以在不断学习和探索中找到自己擅长的领域，并且只要你有心坚持，一定可以在自己擅长的领域发光发热。上大学的理想，目前是希望用知识的力量推动自我发展，以后成为自己心目中的大人。有了知识的根基和经济基础，才可以有更好的能力去回报家人，回报社会。"

"上大学，不只是如高中一般被拘泥于学习的环境当中，大学，意味着能拥有相对的自由。人们常说，大学犹如一个小型的社会。我上大学，不仅仅是为了获得专业知识，更是为了积累经验，锻炼我的表达沟通能力、自主学习能力、组织管理能力，去认识老师及同学。在这个学校，我希望能在这三年中顺利专升本，上一个理想的本科。"

"上大学是为了自己的未来，更是为了家人能有幸福的生活，父母曾经是受过苦受过累的人。希望通过自己的努力，顺利毕业。利用课余时间参加创业就业活动，通过兼职积累经验和一定的储蓄，然后找到一份理想的工作，让父母享受后半生。"

为什么上大学？学生们都给出了心中的答案，这些答案既是他们对大学的认识，也是他们对大学的期待，还是他们的目标与理想以及对自我的激励。总体来看，学生上大学是为了学习文化知识、专业技能、学习人际交往、考证和考本科等，目的是报效国家、回报父母、让自己变得更优秀，做自己喜欢的大人，让自己和家人生活得更好。这些答案验证了我一直坚持的一个观点：学生都是积极向上的、向善向美的，没有一位学生想自我放弃，他们对自我都有要求，对未来都有美好的愿景，这为我们教育学生提供了现实基础。

2022 年 11 月 19 日

"996"我怎么看

微信圈里正流行一篇文章《刘强东一夜白头，任正非半夜哭醒……》的文章，好多做企业的朋友转发了此文，其中一位年轻的创业者说，他们公司每天晚上10：00下班叫正常下班；10：00以后才叫加班。对于"996"，人们持有不同的看法，当代大学生怎么看这个问题呢？我向学生发起了调查。

"我认为这个工作方式还是可以的。上学期间，早上6点半就需要到校，晚上10点结束自修，这不比'996'苦多了？而且上班后还可以给自己买个礼物什么的犒劳自己，还是不错的。"

"我认为'996'是顺应经济发展的变化，符合当今社会的工作方式。我国经济虽然增长快速，但我国科学技术和发达国家相比还有差距，很多企业效率不高。而外国一些公司工作时间短效率高，为了赶超发达国家，只能用更多的时间、精力来追赶他们的发展速度。所以，我认为'996'是合理的。"

"如果这份工作是我兴趣所在，我就选择'996'；如果这份工作只是为了养家糊口，我就不会'996'，因为对我来说，还需要享受生活中的美好。'996'的存在，我表示理解，一定程度上也支持，因为社会要发展，就要有努力拼搏的人，我做不到他们那样，但是，我敬佩他们。"

"可以理解。受疫情影响，全球经济不景气，经济下滑，为了适应经济发展。从个人来说，可以提高工作报酬；从企业来说，'996'工作制会创造更多效益。但是，如果员工本来就疲惫，强制要求'996'就不合适。"

"我国人口基数大，每年应届生越来越多，就业岗位有限度，导致社会形势越来越内卷，内卷是大形势下的必然结果。马斯克已经推行了'997'模式，社会竞争压力只会越来越大。我不赞成'996'，但这就是现实。"

"在激烈的市场竞争下，'996'工作制是一种无奈的做法，但'996'工作制深深危害着员工的身心健康也是事实。人们在工作赚钱养家的同时，也需要培养兴趣，陪伴家人，寻找生命的意义。所以，我认为'996'总体来看不太合理。充足的休息和愉悦的心情同样是工作所需，可以大大提高工作效率，激起工作热情。一味地增加工作时间固然能够加快任务进度，但其中带来的不可逆危害无疑是相当严重的。身体才是革命的本钱。"

"我不支持'996'工作制，《中华人民共和国劳动法》规定，劳动者1周工作40小时。'996'盛行，说明《中华人民共和国劳动法》在执行上存在着一定的疏漏；劳动者没有很好地维护权利，是因为生活所迫。"

"'过劳死'的新闻屡见不鲜。'996'工作制使得劳动者的生活平衡被打破，工作也缺少激情，存在磨洋工的现象。所以，我不支持'996'。"

"虽然青春是用来拼搏的，可生活也是用来享受的。每天工作12个小时，过得太匆忙了，都没有时间好好地关心一下身边美好的人和事，没有时间好好地放松和充实自己。在我看来，生活不应该只有工作，生活不应该全被工作占据。"

"'996'虽然是一种普遍的社会现象，但是，这也是个人效率低的一种表现。人的潜能是无限的，如果老板把下班时间改为做完每天应该做的日常工作就下班，那样，大家的工作效率会大大提高。所以'996'也是领导者管理方面的问题，虽然普遍，但我不认同。"

"'996'工作制短时间内可以提高员工的工作效率，加快公司的发展速度，为公司创造更多的利益。但是，该工作制会把人禁锢在高强度的工作上，使人失去活力和创造力。由于超长的工作时间，导致人们基本没有时间学习和增强其他技能，没有时间增强个人的综合能力。"

"每个人都希望工作之外有自己的时间，'996'严重占用了个人的时间。如果因为工作需要，偶尔的'996'是正常的，适度的'996'能够提高工作效率，过度的'996'会导致怠工现象的发生。"

"'996'，顾名思义就是早上9点上班，晚上9点下班，1周工作6天。我对'996'持中立态度。中国的人口数量排在世界第一，劳动力丰富，优质的岗位有限，就业竞争压力巨大。并且干的越多，得到的报酬也就越多，这也导致工作时间延长了。但日复一日的高强度工作，会让人身心疲惫，不利于健康。现在是数字化时代，可以通过提高自动化水平、提高科技进步水平来提高工作效率。所以，科技进步对于消除'996'具有重要的意义。"

"对于一边上班一边带孩子的年轻母亲来说，'996'没有考虑她们的现实处境。'996'对'二胎''三胎'不利，年轻女性不敢生孩子或多生孩子。"

"我父母早上三四点起来，晚上六七点回来，干农活，我的父亲包活干比种地还辛苦。在这样的家庭环境中长大，'996'我能接受。无论自愿或是被迫，'996'目前在中国普遍存在，只能去接受它，虽然可能痛苦，但起码有了工作。如果不喜欢'996'，那可以去突破它，去努力使自己足够优秀，让自己有能力去选择工作，而不是让工作挑我们。"

支持"996"的学生理由很充分，不赞成的学生合法合规。但是，也要让学生明白，努力拼搏、奋发向上，是社会向前发展的动力，是人类之所以伟大的保证。我身边很多人不是"996"，而是"077"，工作中稍有一点成绩的人，都不是"996"。如果工作中不得不"996"，坦然接受、认真工作，不抱怨不应付；如果不能接受"996"，或者"996"影响身心健康、影响家庭和孩子，那就选择一份不是"996"的工作。自己做不到"996"，不要批评"996"，正如一些同学所说，我们还是发展中国家，我们和发达国家在科技、经济、效率方面还有很大的差距；我们的父辈们也一直在日出前已作、日落还没息地工作。

尊重国情、尊重世情、尊重劳动者、尊重劳动，这就是最好的答案。

2022年11月12日

我的课后

大学的自学主要体现在课后，综合素养的养成也有许多方面在课后进行。为了全面了解学生课后在做什么，我向一个大一班的学生发起了一份调查：课后我在做什么，应该怎么做。

"课后我一般会回寝室整理当天课堂上学习的知识，整理好了之后去吃饭；然后去阳光长跑，顺便在校园散散步；最后回寝室看看电影，刷刷剧。平常主要和同寝室的人在一起，毕竟生活作息都相同。我认为课后时间应该劳逸结合，德智体美劳全面发展，适当地学习，适当地放松。"

"课后主要看动漫、看书、打游戏和睡觉，喜欢待在寝室，经常和朋友打电话或者和舍友呆在一起。我觉得课后时间应当去学习、去接触自己感兴趣的事物，去尝试改变自己。"

"每天按时完成作业，每天进行阳光长跑，偶尔复习巩固知识。通常待在寝室，偶尔会去图书馆。大部分时间和室友待在一起。应该合理安排课后时间，把时间安排在学习、运动等各个方面，注重劳逸结合，多做点有意义的事。"

"背单词、做志愿小时活动、做计算机考试相关的习题、复习高中学习的日语；大部分时间待在寝室，有去图书馆的想法；和同一个寝室的人在一起。劳逸结合，学太多会让自己陷进难题里，要适当放松；只玩不学，又会让自己太过空虚。"

"我的课后主要以回顾当天学习的知识为主。课后时间的支配是在我有能力的前提下学习或预习其他功课；在感到疲惫的时候，也会偶尔放松放松，刷刷视频，玩玩小游戏什么的。以前时间主要待在寝室里充实自己，后来了解到大学的生活还是比较丰富多彩的，就乐意多出去走走看看。有时候去体育馆运动运动，有时候去操场散散心，整理好散落的情绪，重新对待每一天的新生活。"

"洗衣服、吃饭、睡觉、谈恋爱、打游戏、做课后作业、刷课；有时在寝室，有时在篮球场打篮球，和哥几个在一块，或者和女朋友在一块。我觉得大学生课后应该多读书、多运动，在周边玩玩，合理调配时间，拒绝摆烂。"

"目前，课后我主要是放松和娱乐，一般待在寝室，偶尔去图书馆，经常和室友在一起。但以后我会改变我的课后生活，大部分时间我会选择去图书馆学习，偶尔去体育馆锻炼锻炼身体，毕竟不能永远处在一个松懈的状态，还有很多知识要学习与掌握，这样离自己的目标才会越来越近。"

"课后大部分时间在玩手机，基本上都在宿舍。到点会去阳光长跑，一直都和室友在一起。我觉得课后时间应该学习和玩相结合。先回顾上课的内容，厘清思路，记下相应的知识。可以制订一个计划表，让自己的生活规律起来。"

"课后以自学专升本知识、听音乐、玩游戏为主；寝室、图书馆、篮球场、田径场都去，大部分时间待在寝室和球场；经常和室友、社团成员、部门成员在一起。课后应该合理分配自己的时间，充实大学的生活，培养发展自己的兴趣爱好，在提升自我技能、提高心境的同时，以更好的心态面对大学生活。"

"课后主要放松自己，一般待在寝室，做一些自己喜欢做的事情，有时会因为作业去图书馆，也会因为享受一个安静的环境去图书馆。目前每天都去操场走走，因为在操场上散步、听歌给人很轻松的感觉，让人很舒适。我大部分时间是和室友、男朋友及他的朋友待在一起，因为我们之间的关系相对更近点，相互打趣也是每天娱乐的方式。目前我的生活还是相对健康的，但是，留给学习的时间相对较少，以后还是要合理安排，多些学习的时间。"

"课后主要在寝室刷网课，然后做部门任务，做作业。剩下来的时间会有些迷茫，打游戏看动漫，经常和舍友和班级男同学们在一起。想看书，但是又懒；想学英语，看见英语又放弃，英语学起来真的对我有点困难。我觉得我做得很好的事情就是每天6点就能起床，洗漱完后把舍友叫醒，接着出去阳光长跑。我能勤快地打扫寝室卫生，在空闲时间号召舍友刷地。我认为课后应该丰富自己，学习不同的知识。正在努力提升自己的能力，争取明年成为部门负责人。"

"我在课后一般会认真完成作业，再就是会好好睡觉。学习的时候，我会选择去图书馆；在寝室休息的时候，我会找一部电影看看；晚上没课的时候，我会去操场上走走。操场上几乎每天晚上都有同学唱歌，边走路边听人家唱歌，那种感觉挺好的。"

"我经常和室友在一起，但是大学嘛，都成年了，难免会谈恋爱。刚谈恋爱的我，也会把曾经一个人的时间变成两个人的时间，和他一起去操场上走走，聊聊天说说话。我觉得课余时间只要是自己安排好的，不论做什么都有意义。但是也应该平均分配，某一件事占比太多就会感觉很空虚，感觉什么都没做成。"

"课后用了大量时间看新闻，了解社会和经济。完成作业后适当娱乐，看部门是否有活动安排，积极参加学校学院活动，挣学分和志愿小时。每天的早上或者下午都会去参加阳光长跑。我一般都是自己一个人。"

"课后到校外骑自行车玩，逛公园吃饭；去一个工作机构上班，练口语、练沟通。每天2次跑步，拿电脑刷网课，背英语单词10个，玩玩手机。闲时，偶尔去图书馆看看。经常和一个在学生会工作准备专升本的男同学玩。课后应合理支配，该玩玩该学学，理性看待。"

学生课外活动比较丰富多彩，安排得井然有序。能坚持巩固每天的学习内容，认真对待作业；还自学英语、日语、专升本等；他们喜欢和同学及朋友在一起，喜欢运动、兴趣广泛，能全面发展自己。能动与静结合、劳与逸结合、学与玩结合，合理安排时间，很充实。

　　也有少数同学课后比较迷茫，以玩游戏、刷剧打发时间。他们知道自己的状态不对，期望能改变自己，但是不能马上付诸行动。究其原因，缺乏信心，缺乏生活热望，缺乏动力，没有明确的学习目标，需要老师多引导，需要同学给予帮助。

　　大一新生课外活动范围主要在学校，他们还处于熟悉校园、适应大学学习与生活方式的阶段。根据经验，他们在第二学期将开始兼职、到附近旅游。

　　课外时间，不论学习、工作、运动、听音乐，还是和朋友在一起，只要有益身心健康、有助提升综合素养，都有意义。

2022 年 12 月 16 日

我的家乡

学生们来自哪里？他们对家乡有什么印象？他们对家乡的情感如何？这也是我关心的问题。一个人如果热爱家乡，也会热爱生活、热爱社会、热爱祖国；学生在描述家乡的时候，会反思来时路，增强对自我的认知；会与浙江宁波进行对比，增强对社会的认知。

"我的家在东北黑龙江佳木斯，三江平原，东北小延安，有少数民族赫哲族。中国最东端，最早看到太阳升起的地方，标志性建筑是江边的建国10周年纪念塔。佳木斯抚远有港口（很小），可以去到日本海。没有大的工厂。一般都是种地，土壤肥沃，全国28碗米饭中就有1碗来自佳木斯。"

"我们家从原先租住在村子茅草房子，租金100元一个月，到现在有了自建房。村里发生了巨变，大队的小广场有了新的篮球场。大队部翻新，配套了电脑，开会的办公桌变成了崭新的……村里也很照顾我家，让我爸在村里做事。"

"我的家乡，普通而平凡，但又很让我记忆犹新。重庆的山水确实不错，身在浙江的我偶尔还是会想念自己的家乡，主要是家里的人，还有习惯了十几年所住的地方。重庆人都很活泼热情。然后，我到了浙江，感觉没有那么亲热了，可能是因为时间不多，接触少。但是，各城市都有各自的好处。重庆的夜晚和浙江的很像，晚上四处都亮起了灯，让人很有安全感，那种家的感觉，每天晚上在浙江看到，都会想起重庆来，特别是学校外面的公路、大桥，感受到了交通的便利。重庆也是一座美丽的山城，奶奶总说重庆被山包围着，无论在哪看都是一片山，这种感觉是自由的，好喜欢每一个地方。"

"我的家乡在浙江仙居的一个山沟沟里，虽说我的家乡没有小卖部、信号差、地方小、在山脚下，可是我还是很爱我的家乡，我爱它清新的空气、爱它清澈的河流、爱它美丽的风景。我很喜欢我老家的名字，叫大邵。几年前我们老家要改名字了，我们村里人都舍不得，时间久了，都是有感情的。我爱我的家乡，我爱它的一切，也爱它留给我的所有的回忆。"

"我的家乡是浙江台州的一个县城，虽然经济不是很发达，但是，承载了我曾经的种种经历。因为家乡是沿海的，海产养殖以及渔业比较兴旺，在我们的餐桌上不断有着海鲜的身影。三门青蟹是我们的一大特色海鲜，肉质鲜嫩，很受欢迎。由于家乡重点放在渔业，经常能看到港口大批的渔船，也是一道风景线。"

"我出生在商丘市的一个小小的县城——虞城县，从我一点点长大，我的家乡也发生了翻天覆地的改变，随处可见优美的景色。早上起来可以听到清脆悦耳的鸟叫声，可以看到炊烟袅袅升起，也可以感受到大自然的生机勃勃。"

"我的家乡是宁海前童古镇，石房子一一排列着，好似没有规矩，又好似有它自己的规律，它们矮小却温暖，每家每户门口都有条溪水潺潺流淌。小时候我常在里面迷路，妈妈说只要跟着河流走，就能找到自己的家，这个办法屡试不爽。我的家乡很平常，不像城里高楼大厦般繁华，也不像山区里树木茂密，只有一个不高的小丘山，一座古镇，它很平凡，但让我很想念。"

"我的家乡是安徽亳州，那里人才辈出，被誉为'华佗故里，药材之乡'……当我来到浙江，以前觉得稀松平常的小吃糕点，家乡熟悉得不能再熟悉的风景，总是出现在我的梦里。或许这就是传说中的故乡情吧！"

"我的家乡是浙江诸暨。诸暨袜业占全球销量的35%，珍珠产业占全球的70%，更有'篮球之乡'之称，CBA也在诸暨举办。亦有枫桥香榧、同山烧酒、西施豆腐等。还是西施的故乡。虽然是县级市，却有着百万人口。"

"我的家乡可以说有两个。作为一个土生土长的绍兴人，谁会没吃过大街小巷里的臭豆腐，没喝过绍兴黄酒，没去过鲁迅故居？'枯藤老树昏鸦，小桥流水人家'更不是想象中的场景，而是随处可见的美景。我的籍贯在河南信阳，虽然没回去过多少次，但印象深刻。黄土、蓝天、白云、山鸡、小牛⋯我想没有比这更美的乡村美景吧？"

"我的家乡在云南，云南有一个美称——彩云之南。云南是一个好吃、好玩、风景优美的地方。云南好吃的东西可多了，有野生菌、烤鸭、汽锅鸡、过桥米线⋯⋯不过我最喜欢吃的还是过桥米线；云南好玩的地方可多了，有石林、西双版纳、大理⋯⋯不过我最喜欢丽江。"

"我来自安徽省滁州市凤阳县，很多人都没听说过，但你们肯定了解过小岗村吧，没错它就是我的家乡。我们家乡出过很多名人，比如李克强、吴敬梓、朱元璋等。我的家乡也有很多好看的风景，比如琅琊山、醉翁亭、明皇陵⋯⋯如果大家能到我的家乡，一定要去了解了解。"

"虽然我们湖北宜昌的经济比不上北上广深，但是，在宁波待了这么久，我还是觉得我的家乡好。我在那里生活了10多年，从平矮的房屋到建起高楼大厦，越来越多的高速公路被开发，连接起了许多地方，还新修了快速路，BRT也覆盖了整个宜昌市，现在的家乡交通方便。我的家乡还有很多美食，三峡苕酥、矮子馅饼、萝卜饺子⋯⋯都是我们湖北特有的，真的很好吃。我很爱我的家乡，那是我长大的地方，那里有我很爱的人和很多美好的回忆。"

"我的家乡是浙江绍兴，著名的江南水乡。我喜欢那石板路，那拱桥，那江南女子⋯⋯绍兴有三乌：乌篷船、乌毡帽、梅干菜，坐着乌篷船游历古镇,不失为一大乐事。绍兴出文人,鲁迅就是代表人物。绍兴人都侃侃而谈,能说会道。我喜欢绍兴,不但爱它的江南韵味,更爱这座城市的点点滴滴。"

"我来自安徽芜湖的一个小农村,虽然没去过大城市游山玩水,但是,自己家里的空气会比城市里的更加新鲜,呼吸得会更加自由。说起我的家乡,我的那个小地方的特产是板鸭,还研发了自己的奶茶品牌。还有我的高中听说是比亚迪老总的母校呢!我们安徽闻名于世的应该就是黄山。"

"我的家乡河南洛阳,十三朝古都、龙门石窟、应天门、白马寺、古墓博物馆、二里头夏都遗址博物馆,足以看出它历史悠久。作为黄河文化的发源地之一,洛阳自古以来都是兵家必争之地……"

"我来自浙江省丽水市,丽水被誉为'浙江绿谷',境内海拔1000米以上的山峰有3573座,环境好,景区也挺受欢迎,其中仙都景区就是网剧《古剑奇谭》的取景地,我住在丽水市缙云县,最出名的莫过于缙云烧饼。"

"我的家乡在浙江嘉兴。嘉兴红船作为中共一大会址,承载传承了伟大的革命精神,记录了历史。作为鱼米之乡的嘉兴有特产粽子、南湖菱,其鲜肉粽更是被称为'粽子之王',深受人们喜爱。我爱我的家乡,这是我出生的地方,是我人生的归属。"

"我的家乡在浙江金华的一个小山村,那里的空气格外清香,一座接一座的山相连,还有一座山它的海拔高度为1314.520……因此,夏日来打卡露营的人络绎不绝……"

"我的家乡是浙江台州天台,是一个山区环绕风景优美的地方。其中以天台山闻名,天台山海拔不高,但是云雾缭绕,青山绿水。我的家乡在浙江来说并不富裕,仅仅是一个小县城,但是如诗如画,充满人情味,大家在同一个村子互相认识,见面打招呼。茶叶很多,每年四五月份一大片绿油油的茶树围绕村庄。天台人杰地灵,教育比较发达。"

学生对家乡的历史、文化、名人、古迹、美景、美食、风土人情、时事变迁、巨大发展都很了解。不管他们家乡在城市，还是在农村；不管他们家乡经济发达，还是相对落后，他们都热爱家乡、以家乡为自豪，特别地，他们回忆家乡经济的快速发展、面貌的巨大变化，怀着感恩惜福的情怀，对于家乡的名人、红色历史感到骄傲。我也跟着他们一起领略了他们家乡的种种美和特色。部分同学的家乡，我还跟随他们的文字在网上进行了浏览。

2022 年 11 月 23 日

学生的迷茫

在大二学生的随笔中，有很多同学表示，感觉很迷茫。他们说，"随着年龄的增长，越发对脚下的路感到迷茫。虽然学了很多目标管理、情绪管理的知识，但是，更多地停留在表面，没能做到以终为始，没能很好地践行。"

"感觉时间过得越来越快，从入学进校的无知少年，到现在已经过去了一年半的时间，想想入学时的激动、憧憬与惊喜，到大二后，感觉马上要毕业了，越发有些迷茫，不知道一年多后怎样离开学校，面对社会。"

"大学已经过了一半，我觉得很迷茫。虽然每一天都过得很开心，但是，没有一个明确的目标，每天大部分的空闲时间都在游戏中度过，得过且过。每天都想着从明天开始早睡，认真学习，到了第二天，早把这个忘在脑后了。每次都想改变，但不知道从哪里开始。虽然常常刷题，但是，每次时间都不长。内心浮躁，不能静下心来认真学习。"

"大二最令我担心的事就是前途问题。以后能干什么？该怎么办？我一直认为专科以后很艰难，专升本又要向家里要钱。20岁向家里要钱，不是理所当然的事。所以，其实我是想工作的。但是，我第一次让我妈妈失望的是高考，我高考失利了，妈妈很失望。现在，她想让我专升本，我不想让她再次失望，不想让她多操心。"

"曾经的我充满稚气，对未来充满期待。大一时觉得为时还早，一切都来得及，还可以不紧不慢地想着未来的规划。到大二后，眼看马上要毕业了，自己却很迷茫，没有一个清晰的定位，不知道毕业后要干什么。在学校好像学了很多，但细想又感觉碌碌无为，什么事都没有做。"

苦闷是客观存在的，但是学生们也表示，会想办法突破自己的困境。

"或许这些也都是人生的必经之路吧，不知道以后会是怎样的，但最重要的是要学会珍惜当下。"

"日子依旧要过，转眼间，我也已经大二了，再过一年就是专升本考试。或许，我现在要做的就是好好上课，努力学习。这些我有信心可以做好，未来依旧等着我探索。"

"一个人的幸福来自他对世界的认知水平，站在前人的肩上会看得更远。很少有人雪中送炭，更多的人愿意做锦上添花的事，所以自己要努力。成长的路是必由之路，每一个坑都可能会踩，总结反思会让自己更深刻。"

"我决定专升本，现在的我跟以前比起来，少了很多贪玩偷懒，现在我可以每天坚持学习了。我坚信只要我克服一些小毛病，以后一定没有问题。"

"我很爱自己，很爱父母，希望身边人一切都好，我会思考我的问题，我并不是一无所有。路很长，还会遇见很多人、很多事。慢慢来，把握好当下就好，不要让自己后悔。"

"不知道以后会怎样，但最重要的是要珍惜学习机会。"

"面对'忙'和'茫'，我要做出改变，好好努力，让自己真正'忙'起来。拼一次，为了自己，为了未来，向前冲、冲、冲，遇见更好的自己。"

"这学期似乎和上学期不太一样，周围的人似乎已经从大学的幻想中清醒过来，心中的目标渐渐清晰，脚步也加快了。"

"我一定会抓住专升本的最后一次机会，不求别的，只求能跟上高中同学的脚步。"

学生的这些心理、这些想法，让我想起我年轻的时候、读大学的时候，我也曾迷茫过、苦闷过、挣扎过、无助过。

迷茫是我们成长过程中的必经之路，就像我们人生中，总有遇到雨雾天气的时候一样。在年轻的时候，许多人都没有明确的人生目标，没有清晰的奋斗路径，没有一眼望到底的未来。我们都是在摸索中一摇一摆地跨过少年期、青春期。

所以，我告诉学生："有迷茫，不要怕，不要着急，正如有的同学所说，慢慢来，让现在的自己忙起来，充实起来，就没有时间迷茫了。我们唯有把当下的每一天过得踏实、充实，为未来奠定基础，才能冲破迷雾，看见阳光下的彩虹。"

不只是学生，还有一些企业的年轻人也经常问我，怎么才能不迷茫不困惑。我说，"年轻人都迷茫，都困惑。说年轻人朝气蓬勃，意气风发，以前也许可以，因为以前大学生包分配，分到哪，没有选择，就会脚踏实地地去做，抱着一辈子在这家公司发展的愿望，充满激情地努力工作。现在年轻人不一样，选择多了，眼睛就花了，也就不再把工作单位当作与之同生存共发展的统一体了。有选择就会困惑，就会迷茫，这很正常。困惑和迷茫都是动力，促使你去想办法突围解困。不要以为只有你困惑和迷茫，每个人都有。我到现在也偶尔迷茫，也有苦恼，只是通过20多年的生活经验和工作阅历，找到了解决迷茫和苦恼的办法。也就是不再把困惑和苦恼当成困惑和苦恼了，而是觉得生活本就如此，工作本就如此，人生本就如此。困惑和苦恼时时有，没有办法完全消除，坦然接受，让它们成为你生活中有机的一部分，促进你提高完善。"

2022年10月6日

对我影响最大的人

每一个人在成长的过程中，都会受环境的影响，受许多人的影响。受有些人的影响较小，受有些人的影响较大，受个别人的影响很大，谁对学生影响最大呢？是父母、老师、同学还是其他人？影响学生最大的这个人，即使不决定学生人生，却对学生成长有着极其重要的作用。从什么人什么事对学生产生什么样的影响，可以了解学生的成长轨迹、心理特征和精神面貌。

于是，我向大二的学生发放了一份调查问卷：对我影响最大的人。

"对我人生影响最大的人是我爷爷。爷爷不曾一字一句教我，但是，学着他为人处世，我学会了处理事情可以有多种方式，有时退一步海阔天空，不要放大情绪，为难自己，活得轻松点，会快乐。"

"是我的爷爷奶奶。奶奶在年轻时生了一场大病，爷爷的家人都说不要管她了，但是，我爷爷依旧不离不弃，借钱也要给她看病。通过他们，我认识到了爱情的力量。现在我奶奶身体很好。"

"我父母。从小到大我父母不怎么吵架，他们很爱彼此，也很爱我，我在一个很有爱的家庭环境里长大，我觉得很幸福。他们影响了我的性格和心态，我总觉得什么事情都会过去，只要心中有爱。而且要对任何一个人，不管是同学还是陌生人，都要保持友善，能帮助就帮助，帮助别人自己也会开心！我觉得心中就是要怀有爱！"

"我的妈妈。小时候因为玩玩具和小朋友打起来了，妈妈回来对我说：要是人人都为了一件小事而生气，那社会会冷漠。'你想别人如何对待你，你就要如何对待别人。''你如果学会了礼让他人、不斤斤计较，我会以你为荣。'母亲从不要求我考第一名，只要我健康快乐就好！这样更让我想努力读书，回报母亲。"

"我父母离异。我小学开始就是我妈一个人赚钱抚养我长大，她一个人既要照顾我，还要赡养爷爷奶奶，她很累。爷爷奶奶为了我有更好的生活，已经50多岁了，还去做零工赚钱。我想让他们好好的，以后要让他们过上安安稳稳的日子。"

"我的母亲和中国众多家庭主妇一样，勤勤恳恳、吃苦耐劳、勤俭持家、省吃俭用。母亲经常调和家庭的矛盾和争吵。可厄运总找苦命人，母亲年纪轻轻就患上癌症，经过了快两年的治疗还是不见好转，家里的积蓄也已不多，母亲总说希望早点死了，不让父亲再花钱治病。但我们总是劝她想开点。那天，我在学校上晚自习的时候，接到了父亲的电话，母亲不堪重负离我们而去了。听到这个消息的时候，我整个人都傻了，我想到了这天会到来，没想到这天来得这么快，我的眼泪止不住地落下。在母亲的葬礼上，我看着黑白的照片，心情低落，不知道今后的日子该怎么度过。母亲离我而去已经一年多了。这一年里我懂得了一些事情，我应该要爱护好自己，更要好好学习知识，努力赚钱帮父亲减轻压力，还要照顾好妹妹。希望母亲在天之灵保佑我们一家！"

"我受父亲的影响很深，他教给我坚忍独立的品质。从小父亲对我的教育十分严格，做错了一定有惩罚，他常教导我遇到困难不要退缩，要坚强。"

"高中的同桌。她是一个比较通透的人，在别人对一件事都这么看的时候，她总有另外一种看法。我们经常在校园里转圈圈，一起聊生活中的一些事。她在潜移默化中把想法传给我。有时候我们会说对方的性格啊优缺点啊，来了解对方。我有些事情不会做，都找她帮忙，感觉她很万能。"

"我的一位朋友，小学、初中、高中都是同学，我们有长达十几年的友谊。她是个积极向上的人，平常生活中也会带动我，性格也很开朗，表达情感的能力很强。我是个不善于表达情感的人,所以,在这一方面被她影响。"

"对我人生影响最大的人是我的阿姨。她的乐观、努力、坚忍不拔一直鞭策着我。也许是生活在大城市,她的思想比较开放,在父母担心我一个人在宁波打暑假工不安全而反对时,阿姨提出了她的想法。她说大学生了,也该出去看看,锻炼自己,开阔眼界,以后找工作也熟悉方便些。阿姨一直给我的爸爸妈妈做思想工作。阿姨的工作也是我向往的,据我所知那是她的第一份工作,一做就是二三十年,从基层做到管理层,这份毅力和坚持值得我学习。"

"对我影响最大的人是我的表姐。她的乐观、努力、倔强、不服输、坚强一直鞭策着我,让我也能时刻保持清醒与努力……在她的影响下,我也开始奋发图强,努力学习,以她为自己坚定的目标……"

"一位初中同学。她跟我初中关系还算比较好,高中我上的职高,她上的普高,偶尔会联系一下。上大学后,我们基本没怎么聊天了。有一次,我给她发了一条让她帮忙点点赞的链接,她没有回我。过了很久之后,我去看她的朋友圈,看不到,我就试探地发起微信转账,发现她把我删了。那么一瞬间,我很失落。我就觉得,好像关系也没那么重要,我在意的别人不会在意。对朋友的定义也变得不同了。哪有什么永恒的关系?"

"是初二转学后的班主任。我比较内向,又有点厌学,就在一个星期天应该去学校的时候逃学了。第二天见到班主任,她没有上报我逃学,并且鼓励我,说我可以把她当成姐姐。我那段时间心理有点不行,她一直在照顾我。在她的关爱和帮助下,我想明白了,做事情要考虑后果,因为我逃学,我爸爸还有奶奶挺伤心的,但是,都没有骂我,也没有提这件事。"

"初中的数学老师。我之前数学成绩不好,也不喜欢数学。有一天,数学老师找我去办公室聊天,聊了很多很多,给我鼓励。为此,我在下一次考数学之前很努力,这次成绩很好。老师在全班同学面前夸奖我,并再次给我鼓励。从此,我就喜欢上了数学,每一次的数学考试成绩也很理想。没有他的鼓励，我不会喜欢上数学。"

"我曾是一名职高生，在读职高之前我也一直以为职高是混混待的地方，所以去读书之前我很害怕很抗拒。因为从小成绩就不是很理想，也没有当过班干部。不知道为什么，经历了一个礼拜的军训之后，我高中的班主任，突然让我当班长，当时我真的很惊讶。从那之后，我感觉自己整个人都变了，从以前什么事情都无所谓，到现在什么事情都会主动严格要求自己。"

"高中任课老师。我高中是职高，没进高考班，去了实习班。他一直鼓励我，让我二次分流进了高考班。是他改变了我的一生，没有他我上不了大学。他读的是夜大，然后靠自己的努力，一步一步考编制考到我们学校当老师。他很努力，他也从来没有放弃我们任何一个同学。他告诉我们职高也不比别人差，职高也可以上大学，把我们每一个同学送上大学就是他的愿望。所以，我觉得他影响我很大。"

"舞蹈老师，现在我们也是朋友。自从和她认识后，我的性格变化很大，不再胆小自卑，每天也不再浑浑噩噩，感觉生活很美好。"

"高中的数学老师。他不是教我们班级的，甚至也不是我们学院的，但我经常会去问他题目。虽然刚开始他不认识我，但是，他每次都会很认真地回答我的问题。我不会的知识模块，他会列出一整张纸给我，让我巩固。因为他，我高三开始好好学习，努力拉上了数学分数。他说他很希望我能考上我想去的学校，也就是他的这句话让我高三有了目标。"

"我的第一个语文老师谢老师。她在我犯错的时候包容我，对即使是一个小孩子的我也给予全部尊重。印象深刻的一次是我背书背不出来留晚学，老师很迁就我，一直耐心地陪我到背出为止。走前还送我一本书《假如给我三天光明》，并在扉页附上赠语，把温柔和爱传递给了我。诸如此类的有很多令我终生难忘的宝贵记忆，是这位令人尊重的老师才使得我爱上语文，并且深刻认识品德美好对他人的影响。"

"初中科学老师。初中科学满分180分，很长一段时间我都只能考八九十分。初中科学中的化学我认为难度最大,然后我就用作业帮搜题,完成作业本中的题目。然而正确率太高,比全班科学最好的人都高,就被科学老师叫走。他让我在他的空白科学作业本上重新做一遍,可想而知,都做错了。然后,他对我说,不会就来问,我一般都在办公室,作业要自己做,不会就空着,不用去抄,我上课会讲的。我后来题目都是自己做,久而久之,科学成绩提升到120分。他看到我成绩一步步地提升,不断地鼓励我,说下次会更好,期待你下次的成绩。不会要来问哦,问同学问我都可以。受科学老师的影响,所有科目我都自己做,认真对待。我的数学也从不及格提升到良好。"

"高中语文老师。我是职高单考单招上来的,高二语文考了倒数第一,是语文老师不断鼓励我,在高三最后的几个月里,我豁然开朗了。语文老师是我最伟大的传授者,没有她的一次次鼓励,没有她的一次次教导,我做不到那种程度。真的超级感谢她的一切。"

"我的数学老师是一个很豁达的人,她不拘泥于我们的分数,一直都是根据每个人的情况去具体分析。我平时是一个很钻牛角尖的人,她在平时也极其注重我们的情绪,经常会开导我们,分享她自己的方法,使得我对待事情可以有更多方面的看法。在高考前夕,每个人都很紧张的情况下,她特地来开导我们。她虽然不是我们的班主任,但是,全心全力地对待我们,在她身上,我学会了豁达。"

"我的初中班主任。在初三临时接手我们班。在此之前,我一直都是一个被说聪明但不努力的角色,直到她的出现。起先是一场乌龙,初二的期末考由于失误,我考了班级30多名;初三开学的摸底考试,我又回到了之前的中上游。陈老师便开始夸赞我,她觉得我是努力付出了才有收获。我在之前十几年都没有收到过这么多的夸赞,她在家长会、在表彰会,甚至每次上课都会在所有人面前表扬我。起初我觉得不好意思,再到后来,似乎不努力都对不起老师的夸赞。于是,我就开始维护在老师面前作为好学生形象。从一开始的装作好学生,再到后来慢慢地进步,这位老师的鼓励让我在短短的一年发生了巨大的变化。"

"我初中思想与道德兼历史老师。他对待事物宽厚的胸襟与为人处世的和善让我感触颇深。华为这个品牌就是我从这个老师那里得知的,老师说:'我手机就用华为的!'简简单单的一句话,但我当时从中第一次感受到了什么叫爱国情怀。小波老师给了我难以忘怀的初中时代。"

"我的小学老师金老师。金老师是一个很好的老师,长得也很漂亮,教我语文。她上课非常认真负责,生活上和同学们相处很愉快,没有那种架子。她很善良,教我为人处世的道理,告诉我不要太看重得失,要有一个乐观的心态。所以现在的我,的确有一个乐观的心态,知道已经发生的事情后悔也没有用了,能做的只有过好当下。所以,我的心情也能时常保持愉快,保持自信,继续前进。"

"高中的班主任。作为财会班的班主任,他一个男老师需要面对很多女学生,但他依旧能管理好班级,处理好各种事情,教学专业水平也很高。他面对我们时,永远秉持对事不对人的态度,无论我们是否是传统意义上的好学生,他都会以同样的态度来对待,完全不会有任何区别,与我们友好交流。他对我的最大影响是做事风格上,我以前是较为内向的人,很多事情都放不开。他鼓励我,只要自己想尝试的事情都去做,即使没有什么结果,尝试一下也不会有什么损失。我在高中时性格和做事的方式得到了很多的锻炼,会去做很多以前不会做的事,也在尝试中学会了如何更成熟地处理问题。他是教会我很多做人做事道理的一个老师,但相处起来他不会让人有高高在上的感觉,可以说是亦师亦友的关系。"

"我小学时的美术老师。她的鼓励和支持影响了那时的我,让我更加有自信。小学二年级时我刚转校到一个陌生的学校,只有一个认识的朋友,当时我不敢在课堂上发言。有一天,上美术课时,我对着黑板开小差神游,美术老师却表扬我非常认真听课。当时我特别羞愧。后来的美术课,我都积极回答老师提出的问题,慢慢地也开始在其他课堂上发言。"

"大学财政与金融老师，胡平老师，她对人生的态度影响了我。她经常说要多读书，不断丰富自己的生活；坚持一件事情会让你感到坚持的意义，坚持是最难的事情，又是一件最容易做到的事情。"

谁在你成长中影响最大？一个班调查显示：是爷爷奶奶的有3次，其中爷爷奶奶并列1次；妈妈有8次，爸爸仅得了2票，其中爸爸与妈妈并列1次；同学3次，其中一次负面影响（微信拉黑），表姐1次、阿姨1次；老师高达21次。

调查结果既让我欣慰，也让我不安。老师在学生成长中最具影响力，这是教育的意义所在，价值所在。这个调查结果再次反映了教师对学生的重要性，教育对孩子的重要性。教师的人格魅力，教师对学生的关爱、鼓励和帮助对学生影响最大。对于学习成绩不好、自卑、消沉的学生，教师要赋予爱、施以耐心和细致。爸爸在教育孩子过程中的严重缺席，对孩子的成长会造成不可估量的影响。

在感动这些老师为学生所做时，我也在检省自己哪些方面做得不够，查找我与这些对学生有重要影响的老师的差距。同时，在调查中，获知了学生的伤痛、学生的脆弱敏感易伤。

学生讲了很多，我不舍得删掉一个字，但是由于篇幅有限，还是删掉了很多。这些文字是学生发自肺腑之言，是学生对教育者的认同，是学生对教育者的感恩，也是学生对教育者的呐喊与期待，他们及所有的孩子们，都需要这样的教育者鼓励他们、引领他们。

2022年11月25日

"光盘行动"我怎么做

"民以食为天"。粮食是全世界最重要的议题,是每一个国家重要的战略安全基础,是每一位民众最基本的生存保障。学生生长在和平富裕的年代,没有经历过我们上辈食不果腹的伤痛,没有经历过我们小时候缺衣少食的痛苦,他们对粮食的认知怎样呢?我在一个班对这个问题进行调查:"光盘行动"你怎么看?向他们提出了4个问题:第一,每顿饭你都光盘了吗?第二,什么情况下你没有光盘?第三,没有光盘的时候,你倒掉的是哪些食物?第四,你如何看待"光盘行动"?

"我都是光盘的。家人影响比较重要,全家一起光盘,觉得浪费食物不是很好,再加上我胃口也比较好,平常的饭菜吃不出好吃难吃,都会把它吃下去。除非真的很难吃。"

"没有每顿光盘,实在难吃到吃不下去的时候,就会剩下一些,难吃的时候就会倒掉。我们应该做到吃多少点多少。'光盘行动'可以减少食品浪费,节约社会资源,提高社会风气,建设文明、和谐、环保的社会环境。"

"很多时候没有光盘,饭不合胃口、身体不适、量太多的情况下会倒掉饭菜,聚餐时倒得最多。每一粒粮食都来之不易,我们应该节约粮食。勤俭节约是中华民族的传统美德,应该反对浪费。"

"……我觉得'光盘行动'挺重要的,世界上不是每一个地方都能吃饱饭,谁知盘中餐,粒粒皆辛苦。"

"每顿几乎都光盘，遇到实在很难吃的会倒掉。倒得最多的是减肥的时候，固定饭量的外卖会剩米饭。"

"绝大部分时候都是光盘，饭几乎都会吃完。菜很难吃、味道古怪、里面有异味异物的情况下会倒掉。倒得最多的是高中时期食堂的饭菜，高中时期食堂工作人员为了省事，提前将菜和饭放在饭盘，导致饭菜又冷又硬，并且，高中时期食堂做的菜十分难吃。我认为'光盘行动'很重要，粮食紧缺，我们必须要重视，节约粮食、'光盘行动'从个人做起。"

"粮食来之不易，我们需要珍惜粮食，珍惜农民的劳动成果！一粥一饭，当思来之不易。节约光荣，浪费可耻！'光盘行动'需要我们每一个人用行动去践行！勤俭节约是中华民族的优秀美德，我们需要去弘扬这种美德。"

"每餐都有光盘。实在吃不下或菜品过于难吃，菜品坏掉、馊掉、有虫子的，也会倒掉。'光盘行动'有利于社会资源的保护，不让资源浪费。'光盘行动'是人人都该去做的，我们在点餐时应考虑自己的食量与喜好，点可以吃完的饭量。与此同时，商家也应该参与进来，保证菜品的质量和新鲜，让顾客可以安心地吃。只有大家一起努力，'光盘行动'才能更有效地进行。"

"基本都光盘。吃饭会选择自己爱吃一点的，一般不会留剩菜剩饭。打饭阿姨打多了饭，会导致饭没吃完，可能会出现倒掉的现象，但都尽可能吃完，减少浪费。一粥一饭，当思来之不易。浪费可耻，应以节约为荣。反对浪费是每一个人的责任，我们大学生也应该践行'光盘行动'，承担起这份社会责任。"

"差不多顿顿都光盘。有时候菜不好吃，比如之前吃过一家面店，他们家的面淡得跟清水一样，一点也不好吃；或者当时肚子不饿，身体不舒服，没有胃口就会倒掉饭菜。倒掉最多的好像是菜。我对'光盘行动'表示支持，一粥一饭，当思来之不易；半丝半缕，恒念物力维艰。我们要厉行节约,反对浪费。"

"经常光盘!有时候想尝试一下新的食物,结果是难吃的,就会倒掉饭菜。倒掉最多的情况是高估了自己的食量,觉得可以吃完,结果吃不下了,就会倒掉!我觉得'光盘行动'很有必要,因为我们从小就有一个概念:'锄禾日当午,汗滴禾下土!谁知盘中餐,粒粒皆辛苦。'而且,现在世界上还有一些地方的人们都吃不上饭,我们现在能够想吃什么就吃什么,所以应该懂得知福!珍惜粮食是每次吃饭都要牢记的事情!"

"不是每顿光盘,菜和饭特别难吃的情况下,倒得最多的是米饭和素菜。'光盘行动'意义重大,可以让我们养成不要浪费粮食的习惯,而且,我们国家全部人吃饱饭也才是几十年而已。节约粮食是我们每一个公民应尽的义务,是一个人道德修养的体现。"

"……想想在以前那个饥荒的年代,一口米饭是多么难得。让我们珍惜眼前的温饱生活,做一个不浪费粮食、提倡节俭的人。"

现在的学生有一个非常好的优点,怎么想怎么说,怎么做怎么说。他们把对"光盘行动"的实践与想法如实地告诉了我。

了解他们的"光盘行动"及想法后,我说:"大家都知道'光盘行动'对我们很重要,也有很多同学在践行,还有一些同学做得不够好。我们都熟背'锄禾'这首诗歌:'锄禾日当午,汗滴禾下土,谁知盘中餐,粒粒皆辛苦。'我的父辈们都经历过三年困难时期带来的大饥荒,我们小时候都挨过饿,有的人家一天吃不了一顿饱饭,只能用红薯糊、玉米糊充饥,那时的红薯糊和玉米糊里面的红薯和玉米粉很少,只是刚刚把水搅浑浊。到了晚上,孩子们都早早地上床,睡着了就不饿了。

在20世纪90年代末期,我国才基本解决了农村贫困人口的温饱问题,正如有的同学说,我们吃得饱也只是这最近几十年的事情。最近联合国披露数据显示:去年每天吃不饱的人口总数增加了4000万,每天吃不饱的人去年达到历史最高水平,全球有1/10的人处于饥饿状态。当前世界局势严峻、极端天气频发，吃不饱的人数很可能刷新纪录。

  我国是人口大国，能让14亿人吃饱，是一件非常了不起的丰功伟绩。我国粮食产量大，但是，粮食进口也很大，是世界上排名第一的粮食净进口国。随着经济发展，我国人民对物质需求也越来越高，不但要吃饱，还要餐餐吃好。想吃好是一种美好愿望，经济条件好时，也应该满足。但是，我们也一定不能浪费粮食，要珍惜农民的劳动成果，珍爱今天的富足生活；同时，也要警示自己，粮食安全是国家战略，在西方国家遏制中国发展的大背景下，我们首先就要保证粮食安全。我们学生，不能去生产粮食，一定要节约粮食。这是感恩惜福的体现，也是爱国的表现。同时，作为大学生，我们也要把'光盘行动'向我们身边人宣传，带动家人和朋友一起'光盘行动'。"

2022年5月28日

你会扶起倒地的老人吗

网上报道，有人扶倒地的老人，不被感恩，反被讹，以致受伤害。现在的学生都是网民，怎么看这件事呢？我向学生发放了一份问卷：你会扶起倒地的老人吗？会扶起，为什么？不会扶起，又为什么？

"我会扶起他，并询问他的身体状况。因为人性本善，真诚可以打动一切，所谓'伸手不打笑脸人'嘛，我认为面对真真切切的关心，再恶的人也会有所改变，世界不能因为个例而变得冷漠。如果因为网络上几个倒坑人的老人而选择不扶，那世界也太可悲了。"

"会！不扶起会难受一晚上，后悔好几天。"

"会扶。老人年纪大了，腿脚不利索，或是身体不适才会倒地。人都会老，家家都有老人，作为大学生绝不能袖手旁观。扶起老人不会占用我们太多的时间，还能培养我们帮助他人的能力，共创和谐互助社会。"

"会！我的第一反应就是会去扶，一个老人摔倒在地，很可能就会受伤骨折，况且旁边没有人能去帮她，人的本质都是善良的，我不会考虑很多其他的因素。做我第一直觉要做的事。"

"首先，询问老人伤势，观察老人状态，避免随意搀扶导致二次伤害。若伤势较轻，上前搀扶；若伤势较重，先联系120和老人家属。"

"当今社会出现了个别老人碰瓷讹钱的事情，但是，我依旧会去把老人扶起来。老人倒地的原因有多种，可能是摔倒，或者什么疾病导致。要是真的有什么疾病，这是生命，所以，我会把老人扶起来。"

"扶！理由：老人就像是自己的爷爷奶奶，当他们跌倒时，自己也会心疼。出于良心，遇到这种事情肯定会不忍心不去扶。如果周围没有人，会有一些不确定的情况，所以扶之前先用手机录像，记录过程。"

"会去扶。边录像边扶老人，扶一个老人可能让他有机会活下去，让一个家庭更加圆满。"

"扶！但不会立马去扶，先观察四周是否有监控及老人的伤势。并不是所有老人都是诈骗，这是法治社会，我们也应该尊老爱幼。"

"我会去扶。如果周围没有别人，我依旧选择去扶，但前提是用手机录下视频，这不仅是记录事情的真相，更是为了保护好自己。因为之前有网络披露扶老人被讹一事，有人会变得冷血，遇到这种事情，可能选择视而不见。但是，尊老爱幼是我们中华民族的传统美德，未来倒地的老人可能会是我们家里的亲人。今天我扶了这位老人，也希望，当我的亲人遭遇困难时，也会有人扶他们一把。现在的科技发达，即使还是会有被讹的事情，我相信现在的技术足以让我们洗脱冤情，不让善良的人寒了心。"

"会去扶。但是首先确定老人有没有意识，因为可能会碰到碰瓷的老人，这样会给自己惹来麻烦。一旦老人反咬一口，自己就会被推上舆论的风口浪尖。确定完老人有没有意识之后，打开手机把所见的全部都录下来。如果老人有很强的意识，直接帮他；如果老人意识不清，先在周围找专业人士，然后拨打120电话。"

"我会扶。尊老爱幼是中国传统美德，是一个作为有良知中国人所应该做的，这无关所谓的'讹人'或利益纠葛，当一个人生命受到威胁时，此时救他是第一位的。但先保留证据，提前录好视频。善良不可缺，但唯有施善不被伤害，善良才会永恒。"

"我会先站远一点地方，询问老人是否能起来，如果不能，我会去附近寻求路人和我一起扶老人起来，因为自己的力量不足以扶起老人，同时也是安全保障。"

"会去扶。我会先拿手机录像，再去扶。社会上去扶老人反被讹的事件发生，导致很多人不敢去帮助他人，但是我觉得这个现象是不应该的。当我们面对需要帮助的老人，在能自证清白的时候，应该尽自己的一份力去帮助他们，将心比心，不要让这个社会变得冷漠。"

"扶。世界上好人比坏人多，老人倒地从良心上讲肯定会去扶。在不想惹麻烦的前提下，首先报警说明情况，另外看周围是否有人证或监控，能为我在扶摔倒的老人后而脱身。"

"我会扶，并且进行录像和拍照。虽然老人倒地有可能会给你带来麻烦，他可能是为了讹你，或者他昏迷不醒，让他的家人以为是你的原因造成老人的倒地，但将倒地的老人扶起来是人之常情，也是基本的道德。我相信医院会查明其倒地的原因，并且录像会证明自己的清白。"

"出于本能反应，我会去扶老人，同时也要做好保护自己的准备。我认为大多数人看到老人倒地，出于我们内心的一种尊老爱幼的道德意识，都不会吝啬自己的力气去做这样的一个行为，这是很正常的现象。如果老人情况看起来比较严重，我会选择拨打120，会比我自主处理这种事情更有效果。"

"虽然有一些碰瓷的，但是，更有可能是老人真的需要人帮助。万一是真的，老人家身体不好，伤到什么了，不去扶，很有可能错过救一个人。我也很害怕遇到碰瓷这种事情，但是，我相信社会善良的积极向上的人多。不扶的话，以后我的良心也会一直过不去，做的事要无愧于自己的内心。为了以防万一，尽量提前做好准备，尽可能保护自己。"

"不会扶。如果老人的身体状况不好，可能摔了就会导致骨头错位，去扶可能会导致错位更严重。我会先打120，或是寻找诊所，等医护人员来。"

"我会打120，但不会去扶。首先，我不是医学生，不能判断老人的情况如何，若是老人因为骨折或者中风原因倒地，贸然去扶反而会使老人情况变坏；若是老人想骗人讹钱，不去扶，反而能令自己远离麻烦，避免破财。所以我会选择打120，让专业的医生来治疗他。"

"不会。多一事不如少一事。万一讹上了，麻烦就大了。"

对"你会扶起倒地的老人吗"的问题，同学们给出了自己的答案。除了一位同学，其他的同学都表示要帮助倒地的老人。他们认为人性本善，救助老人就是救助自己的爷爷奶奶，救助自己的未来，帮助老人是中华民族传统美德。他们相信社会是美好的，绝大多数老人倒地都不是故意骗人钱财的。不能因为网络上披露的被讹个例，放弃做一位善良的人、有爱心的人、助人的人。这说明当代大学生普遍相信社会、善良有爱、关爱老人、弘扬美德，他们还懂得一些医学常识及帮助人的技巧与策略。他们还学会了保护自己，保护善良不受伤害。

对于不敢帮助老人的那位同学，我对他说："不能在老人需要我们帮助时，视而不见，袖手旁观，不要因为极端的个案影响我们做一个善良的好人。如果每一个人对需要帮助者，采取事不关己的态度，这个社会也太冷漠了，人类也太悲哀了。特别对于倒地的老人，我们更要去关爱他。中国有句古训'老吾老，以及人之老'，我们都有父母，我们的父母会变老，我们也会有老的那一天。平时的学习与生活中，我们也需要别人的帮助。总不至于我们只要别人的帮助，而不去帮助他人。助人为乐，不只是一种高尚品质，也是一种很有价值感的事情。如果你帮我，我帮你，这个社会就很美好，很温暖，我们行走在大街上，都会有一种被阳光普照的感觉；我们行走在乡村小路上，都会有一种被野花芬芳的感觉；当然，我们也要学会保护自己。如果担心被讹，我们可以先录视频，先打救助电话。"

从学生们的回答来看，他们已经关注到网上老人倒地被讹的信息，说明网络上的新闻、信息对学生成长影响很大。净化网络环境，引导大学生正确看待网络信息与舆论，对大学生树立助人观、人生观、价值观，弘扬中华民族优良传统，具有十分重要的意义。

2022年11月17日

第四篇

吃饭能学什么

吃饭能学什么

我的团支书工作后和我聊天,说他上班后,每天中午带饭到公司去吃。

他是实习生,工作没多久,收入肯定是低的,但是他表示不缺生活费。

我说:"如果不是为了营养和卫生,单纯为了省钱,最好还是出去吃饭。公司买微波炉,是为了方便你们,但是,带饭不划算。要买菜、要做饭,还要洗碗做卫生,很要时间。无论什么时候,时间成本对人都是最高的。当然,如果你经济很困难,没钱到外面吃饭,带饭是应该的。否则,就不划算。

你想想,一年工作250天左右,每天省10元,一年省2500元。而这一年,你没有了中午出去放风晒太阳的机会,没有了和别人交流的机会。出去吃饭,能学很多东西。"

他专科时,是我班的团支书,总是喜欢问我问题。今天,他又问我:"吃饭能学什么?"

我说:"我出去吃饭时,如果要坐在别人旁边,首先问,我可以坐吗?坐下来后就和他聊天,问他是做什么的,哪里人,聊着聊着就获得了很多信息。也不是说,一定要想着让别人成为你的客户,或者为你直接带来什么,就只是很随意地聊聊,可以结识很多朋友。我很忙,但是早上人少时,我进出楼门都会和保安聊几句,不久前,还给他几块巧克力。有一次两位保安站在门口抽烟,我对他们说,雨中抽烟,很快乐啊!有事没事地和他们聊几句,关系就拉近了。让他们愉快,有时也方便了自己。停车时,他们会指挥、会帮忙找停车位。

你工作的园区有那么多的餐厅,每个地方吃几顿,和别人聊天时,也能说得出来,这个地方什么最好吃。朋友来了,也可以带他去尝尝。然后,通过各餐厅的经营情况,可以看出他们的服务态度和能力,好的可以学习;不好的,要告诫自己,不能这样做。当然,不能总是想着,我出去吃饭时要学什么,走路时要学什么,那就太累了,也太功利了。这样的人,也有,但是极少极少,他们可能会成为大人物。我们都是普通人,没有必要那么累。很多信息和知识,都是在不知不觉中学习的,周围环境慢慢浸润你的。

你每天省10元,一年节省2500元。如果用这个时间和这个心思,去做项目、开发市场,一年下来,收益会翻好几倍,甚至几十倍,并且让你的工作能力迅速提升。工作和生活都要看长远,看到5年后10年后,不能只看眼前的每天这10元,省下了就开心。平时工作和生活,也不要去挣这10元钱,不划算。有这个时间和心思,多学习多锻炼,多跑出去和别人交流。

工作和做作业是两回事。做作业,认真把作业做好了,就可以了。工作,要考虑方方面面,不能只盯着那么一点。要全盘考虑,全局统筹。我们在外面谈工作,谈两个小时,其中可能只有半小时是直接谈工作,其他的时间都是在聊天。通过聊天加强相互了解,建立感情,加深印象,获得信息和机会。聊天的内容非常广泛,美食、教育、旅游都是很好的谈资。你不出去吃饭,怎么和园区的人建立朋友关系?你不扩大和周围人的交往与交流,除了同事,哪来的朋友?

你如果为了每天的10元,总是把自己关在办公室,以后思想就会僵化,眼界就会狭隘。很难有大的发展。多和别人接触,多向优秀的人学习。现在一天省10元，觉得很多，但是这样下来，10年才能省2.5万元，是很不值得的。现在，你用双脚丈量世界；有钱的时候，买电瓶车，再买汽车，你的世界就宽广了。富人用钱买时间，穷人用时间挣钱。年轻时，我们缺钱，要节省节俭，但是不能为了省一点点钱，失去学习、获得信息、交朋友的机会。而是要开源，要多交朋友，要开拓视野，要多方位地学习。生活中处处可以学习，吃饭也可以学很多东西，很多人的工作就是在吃饭的时候完成的。"

吃饭能学很多东西，你怎么看？

2022年2月24日

就业的重要性

今天在"经济学基础"课程中,给学生讲就业,讲到就业的重要性时,我向学生分享了几张照片,这几张照片是今年年初我去两家企业拍的。

今年年初,一场突如其来的新冠疫情改变了人们的生活方式,也改变了企业的经营。宁波市解封后的第一周,我去了两家企业,一家做智能毛巾架和取暖器的温控器,一家做汽车配件,他们都有100多位员工。

以前去,我都是直奔老板的办公室,和他们喝茶聊天。这次,我先参观他们的车间。看到工人们在机床前紧张地工作着,我顿时泪湿眼眶。

然后,就这个场景分别与两位老板闲谈,其实不是闲谈,我就是通过这些谈话了解各行各业,获取大量的经济和社会信息。生产温控器的这家老板说:"前两个月,经历了非常痛苦的煎熬。员工100多人,每年的社保100多万,这个一分都不能少;疫情期间不敢裁人,怕疫情结束了招不到人,没有办法交付订单;其实也裁不了人,员工们没有一个人会主动离开。有的企业把工资降低一半,而另一些厂家,趁机提高薪资挖人,可是还是没有员工离职,因为他们担心找不到新的工作,或者跳到一家不熟悉的公司,前途没有保障。他们宁可呆在原来的工作单位,对老板熟悉了,知道老板的为人,也就有了基本的生活保障和心理安全感。封城停产期间,我们硬是咬着牙,没有裁掉一位员工。现在复工复产了,我们在加班加点赶做订单。疫情使我们生产秩序受到很大的影响,工作节奏打乱了,但是只要后面疫情控制住，我们就不担心。"

生产汽车配件的这家企业，其中一个车间是一间很窄的房子，一排过去，排着几十台小型机床，每台机床前坐着一位四五十岁左右的男人，清一色的男人，每一个人都戴着口罩全神贯注地工作着。如果不是疫情期间见到这个工作场景，我会认为他们的工作环境不够好。可是，经历了疫情，我觉得这家公司了不起，老板很伟大，解决了100多位劳动者的就业。

这家公司的老板说："疫情对汽车行业的影响巨大，去年一年销售两个多亿的企业，今年第一季度，销售收入才四五百万元。一季度的订单基本上都是去年签约的。我们现在最担心的是后面的订单是不是马上进来。有的老板真的急得一夜白头。真希望疫情早点结束，不然后面经营风险会增大，不确定性太大了。"

尽管在教学中反复向学生强调就业的重要性，在平时的工作中，也知道就业对家庭、对社会、对国家的重要意义。但是，经历疫情的肆虐后，我真正深深地体会到就业的重要性。展示完照片，讲完这两家企业的故事后，我对学生说："我当时强烈地感觉到，每一个工位就是一个家庭的油盐酱醋米柴茶，就是一家人的温饱，就是一家人的希望，就是一个家庭的幸福安乐。一个人失业，是几个人的伤痛，几家人的忧愁。千百人失业，是数倍家庭的伤痛，是一大群体的忧愁；千万人失业，是社会的伤痛，国家的忧患。所以，各位同学，我们要尊重企业家，他们不仅创造了丰富的物质产品，创造了税收，使我们社会越来越进步美好，使你们能上大学；还因为他们为很多家庭提供了生活保障。我们要向企业家学习、向他们致敬。不要学习网上一些人，对企业家有仇富的思想。

年初的疫情打乱了社会节奏，扰乱了企业经营步伐，得益于党的英明领导，我国疫情最先得到控制，社会生产得以有序地开展。今天，我们企业的经营没有受到一点负面影响。因为我国疫情及早控制，除了中国外，全世界生产基本停摆，产品主要由我们来生产和提供，我们的制度优势和制造业优势地位都得到充分体现。所以，我们也要感恩党和国家、感恩全国人民、感恩医护人员、感恩劳动者们。"

　　当时，从这两家企业回来后，我在朋友圈中发了一条微信："疫情下机油散发着茉莉花的清香，机器的声音像美妙的音乐，看到工厂热火朝天的景象，非常感动！致敬劳动者！"

2020 年 11 月 26 日

要有平台思维

今天，三位去银行工作的同学回到学校来看我。王凯同学先由我推荐去泰隆银行工作，因为他的出色表现，这家银行又在我校招聘了几位同学。他们三人不久前转正了，回到学校感谢我当初的引荐。

我说："到现在，我都很遗憾，你们没有去上本科。"

他们说："老师，你听我说，泰隆银行是一个非常好的平台，具有真正意义的传、帮、带，领导和师傅对新入职的员工都非常重视，真正把我们当成家人，很关心我们的成长。我们在里面学到很多东西，感觉进步很快。尽管工作压力也大，但是很开心，很感恩。"

王凯好几次和我讲他的师傅是一位有格局、有责任心、有爱心的银行人，他的老行长也很关心他们这些新入职员工的成长。

他们目前主要做营销。

我说："不能把营销只当成销售，营销展现的是人格魅力，不是产品或服务。要让人相信你的产品和服务最好，是通过你的人品体现出来的。"

他们说："我们银行也强调非金融产品的营销，就是要我们真诚待人、踏实做事。"

我说："做营销时，一定要懂专业知识，把每种金融产品研究透，不能只靠耍嘴皮拉单。我认识好几个人，表面上他们营销能力超强，实际上不行。有一个人对客户很好，很认真维护客户，可惜，他讲的专业知识一半是错的；有人说这没问题那简单，结果落地时，什么都不行。把客户服务好、维护好，这个单纯靠真诚还不够，专业水平要同步上来，交付能力一定要匹配上。长期看，还是要通过给客户带来有价值的金融产品和服务取胜，只具备其中一种，都走不长远。

同时，做销售也要学习管理。养成每天复盘的习惯，反复总结这一天、这一个客户、这一单生意，慢慢地摸索出营销规律；同时，慢慢地摸索出工作规律、社会规律等。要懂得怎么和别人沟通相处，学会与团队合作。

尽管你们目前面对的是点对点的客户，客户呈点状分布，但是，要学会用平台思维去思考问题和工作。不要做什么事，都从自我出发，只考虑自己的利益；不要做什么事，都只想着物质利益，总是想我能从中获得什么样的报酬和待遇。趁年轻能做能跑的时候，多做事，并且做事时，多为别人着想。能帮别人的时候要帮，能退让的时候要退让。对于客户其他方面的需求，能帮忙一定要帮；帮不上，也可以适时送问候、关心与温暖。同时，要学会整合资源。你们现在要不断积累客户，积累到一定程度，要形成客户网络，让客户带客户。"

讲到这里，我拿出手机说："你们看，我昨天就帮一位朋友介绍了一单业务。中国科学院材料所的一位老师发布需求信息，我一看，我的一位朋友在做这个，马上帮他们对接上了。我们班去新典社区做志愿者，我让我们专业另一个班一同去。并且让我班实践委员与下一届学生对接，我班毕业后，下一届继续在社区做志愿者。一件事，我会考虑到周围人和组织的最大利益，而不只是独享。这就是分享精神，这就是平台思维。这个过程，也是凝聚资源、整合资源和利用资源的过程。如果你们这样做了，以后你们的客户群会很大，你们的格局也上来了，就可以做管理者和领导。"

王凯说："工作与学校真的不一样。努力工作，不一定能拥有；但是，不努力工作，肯定没有。"

我说："社会复杂多了。你的有些同事是宁波本地人，有资源优势，开始可能是他们的业绩好。但是，这也促使你们这些没有伞的孩子，必须跑快点。短期付出不一定马上有回报，长期一定会有的。所以，要坚持、坚忍、坚定。"

又讲到一位学生来找我带竞赛，王凯推荐这位学生来找我。项目仅仅做了三天，推荐到了学校，结果也算满意了。我说："我个人不看重竞赛结果。对学生来说，竞赛主要是锻炼，结果对他们主要起激励作用。但是，我教他们梳理思路这个过程更重要。你要做桃业生意，对桃农是不是要去调查研究？要非常了解他们的想法。你不能只卖桃果吧？要梳理出桃业的几条业务线来，然后针对每一条业务线采取什么样的盈利模式。不要以为做桃业就只与桃农打交道，当地政府、街道、社区、居委会，还有研发的科研院所，都要整合起来。他们不只是提供桃树基地，还提供信息、资源，同时为宣传站台背书。你说你的桃好，说千万遍，不如他们的一份检测报告和发明专利证书。我重点培养他们的思维，思维培养出来了，以后做什么，思路都清晰了，这才是参赛最重要的意义。所以，我们不能只做不思考，要边做边思考，把工作思维训练出来。"

我又说教了，哈哈，老师的职业病。不过，我们还是很开心，只觉得时间太紧了，没有聊透。好在，他们说，以后还会来看我。下次，要他们给我上课。

2023 年 4 月 12 日

我不想有压力

昨天去了一家国家级孵化器，企业服务部的负责人告诉我，现在很难留住年轻人，招来的10个年轻人，不到半年，离职6个。离职的主要原因是他们觉得工作压力大，难以承受。

今天，一位我没有上过课的学生，在她同学的推荐下，找我谈就业。她做事认真，成绩非常好。但是，面对就业时非常困惑，无所适从。

了解她的基本情况后，我问她对工作有什么想法。她的第一句话："我怕有压力，不想找有压力的工作。老师，你有好的建议吗？"

我问她："什么工作没有压力？"

"去一家公司做财务，做账没有压力。"

"你怎么理解公司的财务工作内容和职责？"

"就是把每个月的账做好。"

"哪有这么简单的岗位？小公司的财务工作很多，做账、报税、统计等，还要跟工商、税务和银行打交道，可不是你想的账房先生，坐在办公室电脑前，就把一切工作处理了。如果公司行政人员就只有你这一位财务人员，很多行政工作都要你去处理，你做不做？如果公司快速扩张，你的工作量水涨船高，需要你经常加班，你会觉得有压力吗？这些你有想过吗？"

她摆摆头，一脸的茫然。

我接着说："刚毕业的大学生做财务，收入很低，你经济生活也会有压力。"

"老师，这个，我暂时还没有考虑。"

"你工作认真负责、做事细致，老板却认为你工作效率低；你的主管认为你不善于沟通，不常向他汇报工作，看你不顺眼；你的同事很挑剔，吹毛求疵，斤斤计较，不好相处。"

"这个我也没有考虑，我只是想工作。"

"刚入职的很多学生，都没有考虑这些。以为工作就是做事，不涉及到人际关系、协调沟通，很多人离职恰恰就是因为工作中的人际关系没有处理好。如果公司盈利了，要交税，老板不想交税，要你做成亏损；如果有些发票不合规，老板要你做进去，你觉得这是不是有压力？"

"我会和老板谈，告诉他这些不合法不合规。"

"老板会听你的吗？如果不听，你怎么办？"

"这种情况，我肯定要离职。我就想找一份安安稳稳的工作，没有风险、没有压力、没有那么多复杂的事，每天都知道自己要做什么，一眼就能看得到工作结果。"

"面对违法行为，制止无效，必须马上离职，不然，自己也会陷进去。我只是提醒你，天下没有一份工作绝对安全有保障，没有风险的工作不存在。你看我们当老师，是体制内的铁饭碗吧？我们工作压力非常大，稍不努力，年终考核就不合格；你们做学生，不是也不容易吗？很多学生感叹，在大学稍不努力，就与毕业证擦肩而过。

工作忙、工作累、工作烦、工作琐碎、领导要求高、同事不好相处，这些都会带来工作压力，我们不能一遇到这些就离职吧？你学习成绩好，在学习过程中，不也遇到了很多困难吗？比如冬天的早上，每天按时起床，不容易吧？你不喜欢运动，能坚持阳光长跑，也是克服困难、挑战自我的结果吧？资格证考试、作业多、任务重，还有其他的活动必须参加，这些不都是压力吗？你不也都挺过来了？工作和学习中的压力其实都一样，不是山崩地裂般地扑向你，直接把你压垮，而是在走的过程中时不时有一些坑坑洼洼。大多数时候的工作都是平平常常按部就班地做事，只有少数时候，才需要咬咬牙挺过去，挺过去就上了一个台阶，成长了，进步了，内心强大了，人成熟了，我们都是这样走过来的，不用怕，相信自己！"

90后、00后，很多是独生子女，从小没有吃苦受累。现在的学校，对学生很好，有时，我感觉太好了，学校承担得太多了，把学生保护得太好了。以致一些大学生临到毕业之际就恐慌，怕适应不了社会，进而不敢走向社会。

人生路没有一条能绕过，该吃的苦，该受的累，总是要经历的，只是时间迟早而已。越早意识到，越早吃苦受累，越早有抗压能力，越有弹性，后面的路走起来就越轻松，人生也会达到更高的高点。

2021年12月16日

我准备创业

今天一位会计专业的学生想创业，征求我的意见。

他去年毕业，在一家代记账公司做销售。刚毕业时，他找过我，希望我能给他介绍一些业务。他的师傅陪他一起过来。当时我就感觉，要不了多久，这位学生要超过他的师父。

我说："你才毕业一年，就创业，不想再沉淀沉淀吗？"

他说："代理记账是短平快的行业，再沉淀下去，我感觉市场会饱和。"

我说："如果这是一个短平快的行业，那就不适合现在成立公司从头做起。如果创业，要抱着在这个行业做一辈子的决心与打算，否则就不用做了。代理记账公司太多了，目前这个行业是一片红海，很多小财务公司都是采用低价竞争营销模式，没有利润，可以预见，很快将会有一个洗牌的过程。将来，也有可能代理记账没有存在的意义了，因为只要所有的发票全部电子化，就可以不需要代理记账，系统自动生成。我认识好几位财务公司的负责人，他们都在积极寻求转型。一些高校财会专业也在思考专业转型。"

"这个我知道的，我目前的想法是以这个项目起步，慢慢再去做其他的项目，现在的财务公司老板都不可能只有这一个项目。"

"他们是利用现有的客户资源，开发一些新项目吧？如果竞争激烈，后面客户存量不会很多，并且你刚创业，一定要全力以赴把第一个项目做到极致，不能马上想做别的项目，如果分心，做不好。代理记账是劳动密集型的行业，你算过利润率了吗？客户量达到100人、500人、1000人，利润率分别是多少？"

"这个客户量越多就越复杂，我目前只能大概算100家的利润。当客户量达到500家的时候，应该要1年多的时间，那时候就会有续费利润产生，续费的话80%都是利润，甚至更高，我的利润主要是放在后期续费，前期做开发，我知道利润率肯定不高。我大概算了一下，今年我的目标是保本房租这些，明年开始先盈利，第三年开始才是做大，续费产出高利润的时候。"

他很认真地计算如果有100家客户，收入、成本费用和利润各是多少，他算出的利润率是35%。

这个行业我比较了解，很多中小企业都是委托代理记账。当他征求我的意见时，我的对面就坐着一位代理记账公司的老板。他们行业的利润率没有这么高，当客户只有100家时，创业者也就可能只获得打工人的收入水平。创业者的薪酬、人员的社保、福利、办公费、营销成本、商务成本等，他都没有计算。

我问："你是想把它做成事业，还是想比上班强点？"

他说："肯定是想做成事业，做点成绩出来，想靠自己在宁波买车买房。"

我最后的建议还是让他再沉淀沉淀。但我知道，他不会听的。心动就会行动，否则就会纠结，不死心。所以，我没有再多讲大道理。

有创业的志向，我鼓励。但是，才进入这个行业一年，对这个行业还没有全面深入了解，还没有成为这个行业某一方面的专家，就贸然创业，将来要补的课会很多很多，创业风险要高很多很多。晚几年创业，尽管会失去当前的一些机会，但是，后面会有新的机会。不管竞争多么激烈，市场机会永远都存在。

特别地，如果这个行业是短平快的行业，很快就没有了发展空间，这个行业就不是好的创业领域。真的深入一个行业，对这个行业全面了解后，才能真正地判断这个行业是否值得去创业。

除了一些高科技项目、很有创意的项目必须尽快抓住时机，站在风口之上，其他的创业项目，一般不用那么着急。越是成立小微企业，越需要创业者有很深的行业底蕴，具有全面解决问题的能力，经验不足，解决问题的能力弱了，在创业路上受挫折就会多得多。我偶尔会查看一些公司的企查查，发现一些年轻人的创业公司，司法诉讼较多，原因就在于他们缺乏解决问题的经验，以为有技术、有市场就可以做企业。

当然，想干就干，也是一种优势。人生需要亲自去体验，才能知道正确与否。只要努力去做了，总会有收获。这次没有成功，下次的成功概率就会高很多。

2021 年 9 月 5 日

频繁换工作

一位今年毕业的学生刚刚离开我的办公室。她刚换工作，入职了一家平台公司。她说："胡老师，我一到这家公司，就向老同事们全面了解职业晋升情况，发现基本上没有上升通道。我在这家公司做，也只是作为以后换工作的跳板。我先做三个月，业务熟悉了，积累了一定的客户资源，我就离职。"她的语气中颇显兴奋与得意。

我问："这么快就决定离职，当初你为什么选这家公司？"

"这家公司是做平台的，听着名字好高大上，并且底薪也不低，能养活我。"

"三个月能积累什么客户资源？你也太急了吧？三个月，你还在实习期内，你还是学徒呢。"

"我问了好几个新入职的同事，他们都是这样想的。"

"不是大家都这样想就是对的。你要想想，当初为什么进这家企业，才几天就想着要离开？你当初选择它到底是为了什么？你前面一份工作做了不到半年，换到这家。几个月换一份工作，你不觉得累吗？心很累很累吧？"

"是的，老师，换一份工作，其实我自己也很累，要纠结很久很久，迷茫很久很久，找新工作也要苦闷很久很久。可是，到工作单位后，我才会知道这份工作是否适合我。去之前，我也不知道这家公司到底做什么，完全听企业招聘人介绍和凭感觉。"

"你可以先上网查查这家公司经营范围、主营业务，也可以让负责招聘的工作人员详细地介绍公司及你的工作岗位，不仅要问清楚你应聘的岗位具体做什么，还要多问问公司的发展前景、行业现状、与同行的竞争力及你这个职位的晋升通道。这些你在找工作的时候、应聘的时候，了解清楚了吗？"

她有些气馁地说："这些我的确没太关注和了解，唉，以后我就知道了。谢谢老师！"

"你这么轻率地决定自己的前途，自己的损失其实很高，不管怎么说，新入职的员工收入肯定没有老员工高，企业对新员工的重用程度也不比老员工高，你以为损失的只是收入吗？还有信任，还有机会。而你频繁换工作的心理成本也很高，跳得越快越频繁，对自己就越没有信心，更别说企业了。企业培养员工的成本非常高，前面几个月，你们基本上不能带来收益，还要让老员工带你们。另外，就是因为你们这样跳来跳去，导致一些企业对刚毕业的大学生不看好，不想招聘刚毕业的大学生，认为培养成本高，还留不住，影响了大学生就业的社会生态。所以，这样轻率就业、轻率离职的行为对自己、对大学生、对企业、对社会都不负责任。"

年轻人频繁跳槽换工作，原因有哪些呢？

我以为最重要的是对自己、对社会、对市场、对企业不了解，没有足够的认知。

自己想要什么样的工作，适合什么样的工作，想在工作中得到什么，没有清晰的概念。在找工作时，要么听从父母的安排（很多学生都听父母安排，没有自己的想法；或者有，不坚定不坚持），要么参照周围的同学，要么在招聘会或人才网上，看着用人单位高大上，看着用人单位待遇不错，稀里糊涂地去了。往往去得快，跑得也快。

当然，年轻人多走走多看看有好处，但这些都是建立在对所入职的单位有全面的了解，真的没有发展前途和空间，学不到东西，或者无论怎样努力，待遇得不到提高，工作得不到认可，才可以走。

每个人都在试错，年轻人找工作时更如此，但是要尽量使试错成本降低。

未来肯定是年轻人的，慢慢学，慢慢熬吧。顺心顺意的工作是熬出来的，人生是熬出来的。

学校开设了就业指导课程，但是上这门课程的大部分老师都没有企业工作经验，对市场了解不够深入，对企业用人需求与职业素养也没有深刻体悟，对学生的指导也就更多地停留在理论和概念层面。建议高校引入企业HR与高校老师共同上这门课程，并以案例教学为主。最重要的还是要在平常的育人中培养学生的工匠精神和职业素养，使学生能脚踏实地，注重积累和沉淀。

2019年12月13日

不是安慰你

在我班读了不到半年的学生,突然联系我,让我帮他联系一位老师。他说,这位老师好像创业了,希望他的同学去这位老师的公司工作,向我要这位老师的电话。

我说:"你最好让这位同学自己去应聘其他的工作单位,而不要只盯着学校的老师。老师创业成功与否,我不清楚,最少有一点,他不能全职创业,不一定做得很成功。即使他公司做成功了,现在也不一定招人,你可以让同学多看看其他公司。"

接着,我们聊他的情况。

他是从上届转到我们班,读了不到一学期,因为强迫症比较严重,休学到下一届。后来,考上了专升本。今年要从本科毕业了。

他说:"胡老师,在2019年的时候,你给我们上课,讲了一个内容,到现在为止,我一直保留着,并且经常看,觉得很有道理。"

说完,他把那张PPT发给我,是我讲"投资心理学"时的一个内容:常见的10种不合理的信念:人应该得到所有对自己重要的人的喜爱和赞许;有价值的人应该在各方面都比别人强;任何事物都应该按照自己的意愿发展,否则会很糟糕;对不好的人应该予以严厉的惩罚和制裁;情绪由外界控制,自己无能为力……其实,这些也是我从网上抄来的。

接着他说:"我感觉过去自己做错了很多事,对不起很多人,伤害了他们。"

我用很轻松的语气说:"你没有做错什么事啊!你也没有对不起谁,没有伤害谁。你过去有心理疾病,这不是你的问题,是别人给你带来的伤害,是他们对不起你。"

他的意思是在他患病时,给家人带来了伤害。

我直接把这个问题提出来,好给他答疑解惑。

他说:"老师,你不用安慰我,我不会轻生的。我知道是自己的不对。"

我很坦率地说:"我不是在安慰你,我真的没有安慰你。我是根据自己仅有的一点心理学知识、做教育者的经验,作出的判断。你心理生病了,错的不是你,而是教育你的人。你不用对他们有负罪感、愧疚感。更重要的是,你现在好了,好好活在当下,好好迎接未来,不要让过去的经历再来折磨你,那样你会过得很累。过去了,就让它永远过去。特别是不愉快的回忆,有着深深伤痛的过往,不要刻意去回忆它们。你刚才发过来的那张PPT上面也说,人应该得到所有对自己重要的人的喜爱和赞许,这是不合理的信念。你的父母肯定是爱你的,你的其他亲人和朋友肯定是喜欢你的,他们一定为现在的你感到骄傲,你也要放下所有的心理包袱,轻松生活。"

他说:"谢谢胡老师!我刚才回到了学校。"

过了一会儿,我发现他在朋友圈发了一组照片,是在学校门前的高架上拍的,拍得非常好,有大片的感觉。夕阳西下,乌黑的云中带着淡淡粉色,晚霞映在高高的楼房上,发着柔和的光。这是他从2016年2月到现在,发的第三条朋友圈信息。

看来他的心情不错。

愧疚感、负罪感,其实质是活在别人的世界里,以是否对得起别人作为活着价值的判断,而不是轻轻松松地活出自己,这样会非常累,是对精神的严重消耗。我不希望他过得这么累,况且他过去患有强迫症,的确不是他的问题，而是他父母教育不当。他爸爸太强势了，完全不懂教育。我曾经在和他爸谈话时，毫不客气地说，是他粗暴的教育方式让他的儿子患了强迫症。

当这位同学发给我4年前上课讲的一张PPT时，我内心感慨万千，既敬佩他的努力，又感叹教师育人的重要性，还为他曾经的苦苦挣扎有些伤感和伤痛，更为他走出阴霾感到欣慰。

我和他妈妈偶尔还会有互动交流，在疫情期间，他妈妈问我的意见，是应该让他在学校，还是回家。

我也偶尔在校园里撞见他，和他聊聊他的情况。他每次都说，挺好的。

能经常回母校，能经常从学到的知识中汲取能量和智慧，这样的学生本来就很优秀。

2023年4月23日

您能帮我吗

"老师，您上午有课吗？我是×××的老婆，时常关注您朋友圈发的随笔，我内心深处很尊重您，也感受到您是一位优雅又从容平和的一位智者，×××对您的评价也是极高的。

近段时间我与×××的矛盾到了不可调和的阶段，我昨晚突然想到您，如果您方便，我想同您道一道，以您智者的智慧帮我分析分析，可以吗，老师？"

得到我的回应后，她给我详细地讲了10多年来，他们夫妻感情及家庭生活。他们俩大部分时间都处于分居状态，她上班、照顾家庭、带孩子。结婚的时候，他家很穷，老家的房子都没有。他们同行，收入很可观，是通过打拼才有今天富足的经济生活。但是，他们之间的裂痕却越来越深。她很务实，脚踏实地、实实在在做事；他很爱面子，不务实，很在乎和享受所谓的"总"，一直以来都是以自己的理想重要为由，异地分居，也越来越不顾家和孩子，离她越来越远。他理解不了家庭、理解不了人生的意义。他虽然是事业型的男人，但是，他在外地这么多年从来没有一年比她挣的钱多。

她说："我年轻的时候就是因为恋爱脑，不去介意那么多，圣母玛利亚心，希望给他爱和温暖的家。但是，他特懦弱、特没担当、特没安全感、特自私，以前觉得他对我还是好的。后来，我知道这一切都是骗局。有时，他也说以前太穷了，他希望发达。另外，他说自己从小就没有在家庭生活过，不懂如何去爱，更不懂如何在家庭生活，他觉得在家庭里生活是很烦的。而我有一个很好的原生家庭，很幸福，现在也是父母给我们带孩子。我在怀第二个孩子的时候，很不容易，那时候我明白了生命的真谛，珍惜当下，爱孩子，希望孩子可以拥有更多的美好，因为孩子是未来的希望。"

"您是他在大学里最敬佩的老师，在他内心您是良师的存在。他认为您是懂他的。胡老师，我一直也没有要求过什么大富大贵的生活，我只希望我的孩子可以在相对正常的家庭环境中生活学习，我希望我能为孩子提供其他孩子可以有的东西，很基本的东西。我恳请您，若是他找您聊天，您跟他讲讲教育孩子的重要性；如果他实在不愿意为了孩子放弃自我，那么就爽快地把孩子给我来抚养，不要来抢我的东西。"

看完她发给我的这么多信息后，我给她打了一个很长的电话。依然先听她倾诉和宣泄。然后，我说："如果你想离婚，没有必要找我，你们协商，或走司法程序。你找我，肯定还是想和他一起好好过日子。如果想挽回婚姻，那就是要肯定他，要找到他的优点，把他的优点放大。你和我讲了他的很多缺点，好像他一无是处。但是，根据我的经验和对他的了解，他的能力应该很强，不然他做不到这个管理岗位。我感觉你内心看不起他，不管你在他面前是否表现出来，他都能感知到。其实，在这个婚姻里面，你有问题，就是你太有优越感了。你有幸福的原生家庭，你漂亮、颜值高、做事务实、收入高，你太完美了，以致，他在你面前自卑，找不到做男人的尊严。这么说，对你不公平。但这可能就是他不愿和你在一起生活的真正原因。他本来就要面子，而他最重要的人却没有给他面子。在工作中，你能力强，贡献多，你收入高，得到认可，这是可以的。但是在家庭，却不完全是这样，你得照顾他的心理，平衡他的感受。更何况你们能力都很强，如果都强，没人让步，那家庭肯定会出现问题。你要想他回到家庭，就得给他留出空间。"

第二天，她给我发来了很多信息，其中一段是："谢谢老师的鼓励！昨晚挂了电话后一直在脑海中回顾您讲的每一句话。其实有几句之前其他友人也对我讲过，比如'你太强势，男人需要老婆弱势点。'我以前从来都听不进去，女性朋友告诉我这样的话，我理解为那是她自己没用没本事，得弱势；男性朋友告诉我时，我觉得他们男人是同类，一样的大男子主义。但是，您说的我听进去了，认真思考，而且我也告诉自己要付出行动改变起来。我想为什么差不多的话从不同的人嘴里说了，效果会那么不一样。如果我早几年来找您聊，我应该会早些领悟，现在还好，我想到了您，还好我有明白。谢谢老师！"

我说："我没有认为他是我的学生，我就偏向他，说你在这个婚姻中有问题，我是基于婚姻中双方关系相处的模式来探讨这个。他的确有问题，有很多不足，你要他改，关键的问题是他改不了。不仅是你，包括我自己，都没有办法逼迫别人在关系中改变，如果想关系变好，唯一能改变的是我们自己。我希望你在困境时多想想对方的好、优点与长处，这样就更容易让自己理解他、接受他，更好地改善关系。"

"是的，谢谢老师！我理解的！以前我内心不认可的东西，我不愿意去委屈自己。听您一席话后，骤然发现比我优秀很多的人也和我有一样的困惑、苦难和遭遇，我不再那么执念地认为自己为何命运那么差，为何付出多却得不到爱。其实想要得到爱，还是要让对方觉得自己是真心爱对方。所以我改变吧，我告诉自己说难听点，我可以让客户、让合伙人觉得我是很真诚的，我是平易近人的，我是可爱的、有亲和力的，哪怕我把他当作客户一样地'捧着'，至少我获得他对我的爱，总好过纠缠当下，毕竟我那么爱两个孩子，于孩子而言他是最好的男人（父亲）。我再找也真的难以幸福，再找一个男的结婚，想要幸福也还是得改变自己与配偶的相处模式开始，与其总是要改变自己，那还是此刻就开始改变，在这段婚姻里面，我改变应该可以收获到更高的价值，毕竟两个孩子是彼此共生的。

昨晚和您挂完电话，他打来电话，他说什么项目要拿下啦这样那样的话，如果是以前，我会不相信，会不屑一顾。昨天，我表扬他，说他很厉害，谈判能力很强。然后，真的很有效，他很开心，说明天一早就回来。

所以，我早上真的感慨：您讲的真的很对！我真应该早早就找您！那样，我不至于痛苦那么久。

老师，您真的很平和，犹如春天的花儿给予我很舒服的感受。我也未曾是您的学生，您可以待我如自己的妹妹、爱徒般，我真心感动、感恩您！待我走出这段低谷后定来拜访您！"

我说："谢谢信任和认可！我也期待有一天会见到您这般努力、优秀的女子。"

我准备出版这部专著，也是希望学生不仅在学校要好好学习，也希望学生出了校门后，好好工作，有一个幸福的家庭。社会比学校要复杂得多，经营好一个家庭不仅需要付出时间和精力，还要智慧，这个也是在生活中不断习得的。

2023 年 2 月 23 日

借钱

一位来自新疆的学生，很单纯很真诚。我对他说："马上要出学校了，在社会上要继续保持真诚，不要因为受了挫折，受了伤害，就不要真诚了。真诚是你最珍贵的品质，也是你最宝贵的财富，你要一直保持下去。丢了这个，你就丢了本色，不会发展好的。但是，也要学会识别人，尽管人无绝对好人与坏人之分，有些人还是远离一点比较好。"

听我这样说，他马上讲了一个故事。他兼职的时候，认识了一位同事，他和那位同事差不多同时入职，在一起玩了几次，他觉得这位同事挺好的，想发展成为朋友。

不久，他回学校上课，那位同事也很快离开了这家公司。

之后，他们之间没有任何交流。

突然，有一天，这位原同事向他借钱。他没有多少钱，出于情谊，他毫不犹豫地给了他200元。

过段时间，这位原同事又来向他借钱。

他说："我希望我们之间能成为没有利益关系的朋友，不要因为借钱才有联系。并且，现在我也没有钱。"

这位原同事把他拉黑了。

他觉得很憋屈，感情上受到了伤害，认为自己眼神走偏了。他对我说了好几次："他人很好，我原是想和他成为朋友。"

我问："他是哪里人？"

他说:"本地的。"

我再问:"你为什么就认定他可以和你成为朋友?为什么想把他发展成为朋友?"

他说凭感觉,其他的说不上来。

我说:"你好好想想,是他热情大方、真诚友善、乐于助人,还是阳光大气?你总能找出他的优点来吧。"

他说:"他很大气,买零食时会买很多,分给大家。"

分零食给大家算优点,买很多零食不算优点。特别是这个零食,不是用他自己的钱买的。

我说:"你早就和他不在一个城市了,他一个社会上的人,又在自己的家乡,还因为200元开口向你借,只能说明,第一,他过得很不好;第二,他身边没有朋友。不然,不会向你只借200元;要借也用不着向你借,身边很多人都可以借给他。为什么别人不借给他,说明他做人有问题。"

他说:"他说了,周围的人都不借钱给他。"

我说:"那凭什么你要借给他呢?你就没有看出他做人有问题吗?没有钱,还一次性买那么多零食,说明他爱打肿脸充胖子,他手上放不住钱,人再大方,也没有用。没有钱概念的人,是做不好朋友的。他有钱就撒了,没有钱就想着借,借了又没钱还,后来就没有人和他做朋友了。社会上的人不像学校那样单纯,很多人很现实,还有极少数人不是很厚道,要学会识别。对人真诚是必须的,但是,防人之心也不可无,不是所有人都可以成为朋友,不是所有人都可以把钱借给他。"

在和他谈这个话题之前,有人给我打电话,让我帮助他的孩子。他说:"老师,既然你已经很忙了,为什么还要帮助这么多人呢?他们又不能给你带来什么。"

我说:"别人找上门来,你能不帮吗?别说,大家都比较友好,即使是一个你不喜欢的人,曾经为难过你的人,真的找上门来了,还不是能帮就帮。当然，也不是所有的事我都对别人有求必应，我没有什么能力，帮不了别人很多。找我的人，更多的是让我帮助他们的孩子，无论是谁，为了孩子找我，我都会尽力去做，因为我是老师，也因为我是妈妈。

平时你也知道，刚才你也看到了，我也是很热心的人，很愿意帮助别人的人，但是如果不是深交，如果以这种方式借钱，我就不借。我要帮那些值得让我帮助的人，让我的真诚与付出有价值有意义，而不会让我的真诚与付出受到伤害。你省吃俭用攒下的钱、辛辛苦苦兼职挣来的钱，以为借给他，是帮他解燃眉之急吗？你也看到了，他又如流水般花去，他根本就没有钱的概念，也就不会有还钱给你的时候了。对于这种言而无信、没有理财意识和金钱概念的人，要远离。"

学生的真诚要鼓励、要表扬，然而社会是一个大舞台，各形各色的人都有，也要提醒学生不要因为善良而被伤害。否则，以后他可能就没有那么善良了。善良要得到善报，才会恒久。

2022 年 11 月 17 日

带学生调研企业

一位保险专业的学生钱同学,我曾教过他的课,今年他要毕业了。他说:"老师,我明天休息,你明天有课不?我想到教室里再听听你讲课,再和你聊一聊。"

我说:"明天没课,我要调研企业,你如果有时间,和我一起去吧?"

他很高兴地接受了。

我说:"明天早上要早一些时候出发,不然高架上会堵车,我6点半到学校门口等你,你起得来吗?"

他说没问题,他起得来。

他晚上9:00多才从一家甜品店下班。

之前,他让我帮他联系实习单位,专升本考试结束后,他有4个月的时间可以实习。我问了一家平台,几家企业,他们都不要这么短期的实习生。我接触的企业工作岗位都要有一定的技术含量,这么短时间实习,人还没有培养出来,就走了,企业不乐意接受。他自己找到一家天一广场的甜品店做服务生。

第二天,我6:30到学校。接到他后,给了他2个茶叶蛋,是昨天晚上我先生带回来的立夏蛋。

在路上我们一直聊天,主要听他讲在甜品店的工作经历与经验。他说甜品店也能学一些东西。第一天,他端盘子;第二天,他点单,卖了2000元的充值卡。主管表扬了他,说他一开始就有很不错的成绩。他还说,宁波一所学校高三的一位女生,每周也去甜品店做兼职。她生活很丰富很充实,知道自己想要什么,也很懂得照顾自己,每天一杯奶茶、健身、美容什么的,都不少,生活很有品质。

现在的年轻人和我们那时不一样,更懂自己、更懂拼搏、更懂享受人生。

7:40我们到这家企业,他们8:00上班。我们在厂区外面边闲逛边看周围的企业。8:00的时候,我们进去了。

总经理还没有来,财务经理接待我们。

我先向财务经理了解他们经营的基本情况,他主要从财务的角度向我们介绍公司基本情况,近三年的销售收入、资产总额及结构、研发投入、人员薪酬、社保等。

不多久,总经理来了。我们又向总经理全面地了解他们公司的产品、技术、财务、知识产权和管理。随后,他带我们参观他们的生产车间,对着产品详细讲解他们的技术和市场。

不知不觉两个多小时过去了。这家企业的基本情况都掌握了,完成了这次调查任务。

然后,我带钱同学去高新区研发园。在路上,我总结这次调查。首先,我表扬了他,说他悟性高,我讲的内容,企业人员没有完全明白,他一下子就明白了,还替我向企业人员作出解释。接着,我提醒他工作中要注意几个细节:第一,财务经理有些抱怨工程师没有按照项目要求做,不给力,以致工程进度跟不上。作为咨询师,巧妙应对他们内部的矛盾对于项目的推进具有关键作用。第二,我坚持让工程师继续参与进来,是为了保证这家企业的几位主要人员都能为项目提供支持与服务。第三,保证服务质量,对于推动客户员工、调动他们的积极性非常重要。

中午,我请钱同学吃饭,叫上一位投资专业的学习委员,她专升本后回到宁波工作。大家一起闲聊时,我让钱同学复述今天我们在企业所做的事情，他基本上能描述出来。他学习能力真的很强。

午饭后，我忙工作去了，让他在研发园走走看看。研发园里入驻的企业大多是成长性较好的科技型企业，如果在里面入职，能学到真东西，并且办公环境好，年轻人多。正因为此，平时，我总是鼓励学生去研发园、商部商务区、软件园找实习单位和工作单位。

钱同学回去后给我留言："感谢老师让我进行了一场真正的社会实践。"

百闻不如一见。能让学生参与社会实践，我也很开心。

2019年5月10日

我在谈一场恋爱

"胡老师,您好。我在老家正在谈一场恋爱,目前还处在我追求她的阶段。两个人基本情况是,同龄,今年26岁,都是大专学历。在我们老家这个年龄现在还没有结婚,都属于大龄青年了。迫于家里的压力,我从外地回到家和她见面、相亲。我和她是熟人介绍。她在一家运输公司做会计,生活很简单。每天就是上班工作,下班回家,回家之后看电视剧或者陪她姐的女儿玩。每天作息也很规律,八九点睡觉,睡到第二天该上班才起床。周末双休,也是在家待着,要么看电视剧,要么和家人待在一起。我目前待业在家,平常生活读书、遛弯、锻炼身体,和朋友一起吃饭、聊天、散步。我们从认识到现在,也吃过好几次饭,中间谈话还聊得来。约她出来时,她出来的概率比较大,她喜爱美食,我对于食物的需求不高,味道可以,能吃饱就行,当然美食也是能接受的,不过对我的吸引力不是很大。相处这么长时间,一个多月了,我感觉关系进展很慢。情人节那天我向她表白,但她说两个人关系进展太快了,还想再处处,了解了解。又过了一段时间,我们两个接触也不算多,生活习惯,生活方式不同,工作日或周末时她晚上呆在家里不想出来。

我有思考过,我们两个人似乎对自由和独立空间都有些追求,两个人也都不喜欢社交,喜欢待在自己的空间。我喜欢阅读,她喜欢追剧。其实我内心是比较反感电视剧的,太虚假,浪费时间。但我也尊重每个人的爱好,并没有说出口。对于我们这种进展缓慢,我和家里都有些着急了。

胡老师，您说，对于我们这种情况，两个人都对自己的自由和独立空间有要求的，兴趣爱好完全不同的人，如何发展感情呢？或者这本身就是个问题，我们两个人不适合发展，两个人性格太近了，内向，闷，都是被动性的。虽然我自己调整了一下，更加主动，但是总感觉没啥进展，这样子我也慢慢疲惫了。所以，现在很困惑。

非常希望老师您能在闲暇时间给学生解惑。如果可以，非常感谢。"

今天突然收到一位毕业多年的学生给我的留言。

看到这么长的留言，我还真不知道该如何为他支招，给不出具体的应对方法来。但是既然他有求，并且如此真诚和迫切，我也只有硬着头皮来回答。

我说："我觉得爱情这个东西，首先要有感觉，双方的感觉很重要。她不主动，可能是感觉没有到位。"

他问："要两个人相互喜欢？"

我说："最少要一唱一和，如果只有唱的，没有和的，就进行不下去了。也可能她就是慢热型的，特别对有些女孩子，本来有些内向和矜持，急不来。需要给她时间，一旦她进入状态了，就会非常投入和真诚。"

"她也跟我说过，她是慢热型的。可是我该怎么办？慢慢来，等她有一天回应我？"

"可能谈恋爱也需要一些技巧，不能一直等，也不能催得太快。太主动了，给她带来压力，她可能会更被动；一直等，时间拖不起。所以，分寸很难把握。"

他说："是啊，尤其对我来说，没有谈过恋爱。"

"没谈过啊？那就尽情地谈吧。不用想很多，好好感受爱情，享受爱情。尽管这个过程有挫折，可能也没有结果，但是，这个经历对你很重要。放开谈去，不问结果。"

"嗯，我知道感情这种事是一种可能没有结果的事情。"

"不用想很多，你要的是体验和经历。人就是这么成长起来的。"

"是的，以成长的眼光去看待。"

"对的对的。其实谈的时候也不是用成长的心态，就是真心用心地去谈，以后会无怨无悔。成长是在过程中的，成长不是谈恋爱的直接目的，而是在不觉中完成的。"

他说："明白了，有点通了，谢谢老师！"

我还真没有那个本事，告诉学生该怎么谈恋爱。我只是觉得爱情来了，就用心对待，不问结果。我是用做事的态度去对待爱情，用成长的眼光来看待爱情。不管我的这种爱情观对学生是否起作用，我想，用心投入、积极进取的人生态度总是正确的。

2023年2月27日

高铁上的大学生

不久前,看到一份安徽省高校发展规划报告,觉得安徽高等教育很了不起,决定去合肥看看。在高铁上,邻座的年轻人工作电话不断,让我感叹大家都不容易,很快和他聊起来了。他是合肥人,在合肥做装修,却对宁波很熟悉,很了解宁波的地方特色、产业经济和高等教育,因为他每年要来宁波好几次。他说他读书时很不用功,工作后,反倒非常努力学习各种知识。谈起儒家思想,他滔滔不绝。他说电视剧《乔家大院》他看了6遍,每一遍都有不同的感受,特别地认同与敬佩乔致庸的儒商思想,大家风范。

在我们热聊的时候,后面站着一位女大学生,她听出了我是老师,马上插进来说话。她一开口就说:"我是大学生,现在很迷茫,不知道未来怎么办?"

我还没有来得及问她"为什么迷茫,未来有什么打算?"她接着说:"我受了很多挫折,大学生涯一波三折。"

听到她这样说,我邻座的这位装修公司老板马上站起来,让她坐下来和我聊。

她在国外读了一年半传媒专业本科,因为疫情不能出去,她不得不放弃国外学业,并且国外大学还不给她退学费。她出国前就读于绍兴的一所重点高中,在这所重点高中,不考上重点大学,都不好意思说是那个高中毕业。她重新参加高考,考上了南京的一所工科职业技术学院。之所以出省读职院，是因为心情郁闷，想离家和熟悉的人远一点。

现在，她妈妈总是说她年龄大了，还在用家里的钱。所以，她一边上学一边拍戏，在戏班担任配角，赚取生活费。她想去参加挑战杯、互联网+之类的比赛，又怕需要占用大量的时间，影响兼职，影响考专升本。她说，她是一定要读专升本的。

我说："参加竞赛不会影响你专升本，不要为此纠结和迷茫。竞赛不只是为了拿奖，而是通过竞赛对你所选择的项目进行全面的了解与深入的思考，这两个竞赛项目都能训练学生的综合素质。你刚才说，你家里条件还可以，能供你出国读本科，现在供你生活费，没什么问题吧？"

她说："就是我妈太叨唠了，总是说别人毕业了，我还在用她的钱。我现在的想法就是多挣钱，不向她伸手要钱，不然太烦了。我不仅要挣生活费，还要攒钱创业，并且拍戏也的确很挣钱。"

我问她拍戏能挣多少钱，她如实地告诉了我，确实比一般兼职挣钱要多一些，是一般兼职的两三倍。对学生来说，能挣到这么多钱，确实有诱惑力。

我问："你专升本准备读什么专业？你毕业后会去拍戏吗？"

她说："当然继续读工科啦！现在是科创时代，要读工科。以后我创业，也要做科创方面的企业。拍戏只是为了解决钱的问题，除了学习，我就是要拼命地去搞钱。经济太重要了，可以说，对人最重要。"

我让我班同学谈理想时，好几位同学也说毕业后，要去搞钱。

我说："经济是基础，的确很重要。但是对人生不一定最重要。你现在觉得拍戏挣钱，挣的钱不少，但是跟未来挣钱相比，只能算很小的钱。现在拼命挣小钱，将来可能要失去挣大钱的机会。你现在要经济独立，不想让妈妈唠叨你，这可以理解。但是，不能因为兼职就不参加竞赛，更不能因为兼职影响学业，影响毕业，影响专升本。很多眼前的利益颇有诱惑力，如果你不能很好地控制和平衡，就会对你的人生有很大的影响。"

我问她谈恋爱了没有。

她说以前谈了，现在不想再谈了，被渣男伤害了。

我说："不要以为只有工作和生活让人成长，爱情也会让人成长，甚至更能让人看到自己的人格。你说他是渣男，没准，他觉得你也有问题？"

她说："我的确有问题，我很强势，某些方面像男人，和男人之间相处不好。男人接受不了我。"

我说："那就找个有温柔气质的男人，你们就互补了。"

她说："不想找了，我妈妈也不让我谈恋爱，她一直就不让我谈恋爱。"她妈妈开了一家织布厂。

我问为什么。

她说，她父母离婚了。她从小就很少见到爸爸。

我说："你妈妈很强势，是吧？因为很少见到爸爸，你没有学会和男人相处，对不？和男人相处你不自在？"

她向我伸出拇指："老师，你真是一针见血。"

我说："找一个异性朋友，和他亲密相处，有利于你的人格完善，把童年的创伤修复。这个过程会很漫长、也会很累，甚至会受伤，但是也很有价值和意义，让人真正成长和强大。"

她说："在学校，我也很郁闷，有的老师很好，课也讲得好。但也有个别老师很水，我听不进去，不想学。"

我说："这很正常，不是所有老师都优秀，也不是所有老师都会让你喜欢。你出国见过世面，很多老师还没有出过国呢。人的认知很重要，认知与阅历正相关。刚才你一和我聊天，这位老板大哥马上站起来，把座位让给你，他站着，一个多小时过去了，他还是安安静静地站在后面。如果不是因为他的认知水平高，他觉得让你坐到我身边来，能帮到你，他会让座位给你吗？你知道，不是所有人都能做到这一点，一定是有着广泛阅历的人，有着成功经验的人，才愿意这么做。"

她连连点头称"是"。

我称这位老板为"大哥"，是站在她的角度上讲，更好地让她理解与接受，其实他很年轻。

"不管怎样，你得平衡、得接受、得取舍，为了学业、为了长远的发展，你得把当下的学习学好。既然想专升本，就要把心思放在学校里，放在学习上。钱以后有的是机会去挣去赚。你一看我是老师，主动找我搭话，寻求心中的答案，这本身就说明你内心积极向上。"

南京站到了，她要下车了。下车前，她不停地向我道谢，我也向她表达了祝福。

我校一位合肥籍的老师，坐在我同排的另一边，他一上车，就打开电脑，认真批改学生的毕业设计。

2023年5月1日

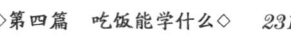

天涯海角都不远

今天和一位5年前毕业的会计专业的学生郑同学聊了4个多小时。她一早从台州专程赶回学校来看我。

学生的学习能力下降，思维能力下降，这种现象颇让我担忧，想寻求一些解决之道。最近，我发现这位郑同学一直在用思维导图进行学习，她每看一本书，学一个新知识，找到一种方法，或者仅仅是一个思考，都用思维导图概括出来。她的朋友圈里不时冒出经济学思维导图、能量源思维导图、学习系统思维导图、一周的"5+1+1"思维导图……这种学习方式很棒，长期坚持这样的训练，学习能力会越来越强。我想让她谈谈，她为什么这样做，是怎么做到的，能否给学生一些启示和方法。

昨天晚上，我给她发信息后，她说："您想我了，天涯海角也不远。"马上买了一张从台州到宁波的高铁票，并且说："我先吃个早饭，不然，饿着肚子见您，不好意思。"她的意思是，本来可能更早一点来。可是，她订的高铁票是早上7：00，已经很早了。

接着，她发了一条朋友圈："风扣柴门露华浓，当是暗香吹满屋。"配上我们聊天截图。

后来，我也发了一条："学生都发了圈，我怎能不发？这位同学的'经济学基础'是我上的，上课的时候她很认真，经常问问题。有一次她说我有化繁为简的能力。最近我发现她很喜欢用思维导图总结归纳，想了解她是怎么做到的。因为我们很多学生的学习力、思维力没有培养出来，让我们很头痛。今天我采访了一位年轻老师，她也这样认为。结果，姑娘马上买了从台州回校的火车票。每每学生让我感动、让我温暖时，我就想，换位我肯定做不到他们那样。有时真惭愧，我何德何能让学生们这么信任我。'您想我了，天涯海角都不远'，泪目了。"

我真的这样想，换位思考，我在她那个年龄，做不到曾经上课的老师一声招呼，马上就买票去看他。

她转发了我的这条微信，附了一句话：惜之、勉之、敬之、爱之。

上午9：00，她出现在我的办公室。我也正在等着她。

我首先问了我关心的问题。

她说："说实话，老师，因为我遇见了非常优秀的男孩子，他在一家大型企业做高管，我们彼此喜欢，我希望能配得上他，所以我得非常努力地学习。我在自考专升本，读工商管理专业。我是想成就别人的那种人，不想拖别人后腿。我希望我们相互成全，相互提升。"

我问："现在很多学生的学习能力和思维能力没有培养出来，这个问题你怎么看？"

"现在是信息爆炸的时代，学生们以为了解了大量的信息，就掌握了很多知识，其实他们只是浮在表面，事物的本质他们不会去研究，也等不得他们去研究，新的信息又来了。所以，信息时代，对于能利用信息进行学习的人，把信息当作工具的人，是好事；对于把手机当作玩具的人，却是毁了他们。"

她建议我："老师，你精力有限，要抓大放小，对于特别不想学的学生、唤不醒的学生，不要去管他们。管不了，并且还把自己弄得很累很受伤。"

我说："我们做老师，当然明白有些学生现在学不进去，听不进去，很难唤醒。但是，教育其中一个很重要的意义就在于给学生心里播下一粒种子，一粒向善向上向美的种子，总有一天，这粒种子会发芽。当他在社会上撞到南墙时，突然惊觉曾经老师讲过一句话，然后启发了他，这对我们来说，就值了。所以，对于老师，不能放弃每一位学生，不管这位学生现在的态度是什么，我们该说的要说，该做的要做，不能怕累怕受伤就放弃。"

她曾经患有抑郁症，经历了很长的至暗时期。从今年开始，她凤凰涅槃，完全开悟了，觉得人生很美好，很幸福。不完全是因为遇见了喜欢的男孩，更是因为她从黑暗中走了出来。

她说："我不怕痛，有时还喜欢痛的那种感觉，因为我知道，痛过后，我就会更加地快乐，我又进步了，成长了。"

她没有出去就业，而是在家炒股，炒得很好，个人财务状态目前较好。这点很多学生难以做到，不要模仿。她炒股做得好，是因为她家族有炒股的基础和氛围。

我们谈学校、谈学生、谈社会、谈人生、谈男女平等、谈处事。我很高兴她和我几乎同频，我们对很多事的看法与观点基本一致。我能感受到她内心的渴求、活力与强大。她有成功的欲望，也有成功的潜力。

我建议她自考专升本后，有机会可以考虑读硕士研究生，因为从她展现的思维导图看，她的学习能力非常强、逻辑思维能力很强，钻研得很深，谈金融、谈股票，理论一套一套，实践也是一套一套。我说："如果你想人生站在一个较高的平台上，希望以后走得更远更高，最好能接受系统的研究性学习。"

我还建议："如果不满足做股票来谋生，那就要走向社会。你有很多人生感悟，也懂很多理论，但是，理论上无论获得多少知识，无论多么深刻，没有社会的历练，终究是肤浅的。走向社会不只需要知识、技能，更需要智慧。事与事之间的联系、纠缠，人与人之间的冲突、协调，都需要人的韧性与智慧。现在的人很浮躁，年轻人尤其如此，一定要脚踏实地，仰望星空。天马行空，是不会有任何成就的。"

谈到幸福，我说："我感觉到很幸福、很快乐，但是，我没有时间去享受幸福与快乐，只有做不完的事，根本就没有时间好好地感受与体味，就是一直被推着走。"

她说："说明你还不够幸福与快乐，你完全可以选择自己怎么做，可以放弃一些。"

我说："不是你想放弃就能放弃，比如，学生要不要付出爱心和耐心？如果要，这个工作是点点滴滴的、无止境的，需要大量时间和精力。你不能说忙了就不管他们，你当了班主任，就得负责到底。其他的工作也是如此，既然做了，肯定要给别人和自己一个交代。除非不做，关键问题是不可能不做，否则你就原地踏步，或者倒退。人生一旦选择出发，就没有回头路了。你就如大海中的一叶小舟，可以选择停下来欣赏风景，但是，惊涛骇浪会推着你往前走。人生能自己选择的时候不多，每天80%以上的时间都不是自己能主宰的，能自由支配的时间最多在10%~20%之间。"

她开口就是名句古典，思想比同龄人深刻得多，但是，毕竟没有多少社会阅历。所以，我反复对她强调："要接地气，要脚踏实地，要走向社会。"

最后，我对她说："作为一个女人，最重要的是要善良有爱心。不要因为事业、不要因为追求成功，而忽略了做一个有温度有爱心的人。我们也不要因为追求男女平等，而忽略了女性的很多特质和优势。我们要有男人的大脑，要有女人温柔的内心。该争取的时候要争取，该退让的时候要退让，不要一味求进求胜求上。人与人之间，特别是亲人、恋人之间，更重要的是相互妥协，求得平衡，做好了平衡，就是人生的智慧。"

离开时，她给我一个深深的长长的拥抱，感谢我对她的认可、帮助。一离开，她又发了一条朋友圈："胡老师教我要学习男性智慧，发扬女性魅力；教我要理性决策，感性体悟；教我要从生物化走向社会化；教我要做一个终身学习的成长者。"

　　我从她身上看到了一些我年轻时的影子，但是她比我懂事早，想问题要深刻，并且我感觉她内在能量很大，有很强的成长动能与欲望。

　　祝她有一个美好的人生！

2023 年 4 月 7 日

我要不要换工作

我正在看《任正非传》,一位学生发信息给我,说有工作的事情急于向我请教。我是她大一时的"经济学基础"任课老师。那时,她非常用功,总是坐第一排正中间的位置。她作业做得认真,我表扬了她,她很感动,给我发了很长一段感谢的话。专科毕业后,她专升本了。

她的第一份工作,就是现在这份实习期的工作,在一家企业做销售,卖贵金属给银行。业绩好坏,主要取决于银行员工的积极性。这家公司底薪很高,还有提成。她才做了4个月,业绩就开始上来了。仅今年6月,她就卖了20多万元。但她总感觉这份工作学不到什么东西。

她又找了一份工作,在一家电力公司做商务。底薪每个月比现在这份工作低1000多元,没有提成,有年终分红。这家公司的岗位可以与企业、政府和各界人士打交道,她感觉能学到很多东西。

这段时间她很纠结,不能确定是否应该换一家公司。毕竟现在这家公司的底薪不低,并且业绩也初见成效,能让她在杭州稳定生活下来。第二家公司的分红是不确定的,收入会不会高于现在这家公司,她心里没底。

她是遗腹子,母亲有精神病,生完她后,就改嫁了,是她外婆和舅舅养育她。她的经济压力很大,必须自己挣钱养活自己、发展自己。

我说:"不用纠结,去电力公司。第一家公司底薪高,总体收入不错,你需要钱,这是现实。但是第二家公司,月工资也能养活你,年收入也不差。最重要的是,当你在第一家公司时,你总是不安的,不然,你就不会找第二家公司。如果这次没有去第二家公司，你还是会继续寻找其他的公司。与其这样，还不如直接去第二家公司。你也意识到了，趁年轻，要多长见识、多学东西。第一家公司也能学营销，但是，产品单一、接触的人有限，学的东西就比较简单。年轻时，多接触不同行业不同层次的人、多经历一些，使知识结构丰富起来，为人处世成熟起来，以后发展空间要大很多。

还有，前面这份工作，你是实习期。杭州应该有针对大学生首次就业的扶持政策，对企业和刚入职的大学生都有。把这个政策用起来。如果你在第一家公司做几个月之后，再换工作，在杭州就享受不了这个政策。要换，趁现在还没有买第一份社保的时候就换。"

她说首次在杭州就业的大学生有扶持政策，她也想用好这个政策。

她说："很佩服老师一直在不断地学习，我也想在工作中不断学习，不然，总担心有一天会被社会淘汰掉。所以，当我想听别人意见时，我一下子就想到了您。"

我说："我是比较激进的，问我的意见，那就是想去就去，不用想很多。我自己就是因为年轻时换了几个工作单位，后来工作适应能力较强。但是，年轻人不能总换工作。选择了一份工作，最少要做几年，全面学习，让自己沉淀下来。如果总是换工作，大公司就不要你了，会认为你浮躁，这是企业最不想要的。"

她说："不会的，老师，我选择好了一家公司，就会一直做下去。"

我相信她会的，她做事认真、坚忍、执着。

她有男朋友了，也在杭州。在这种情况下，我建议她毫不犹豫地选择第二家公司，结婚有孩子后，女生学习时间和精力少多了，趁现在相对自由，赶快多学知识与技能。

工作没有贵贱好坏之分，只是每个人的追求与取舍的不同。如果你喜欢安逸，就选择稳定性强、压力小一点的单位；如果你有很强的忧患意识，想多学点东西，向上走，那就选择有挑战性的复杂一点的工作。但总体上，社会一直向前发展，各行各业竞争激烈，年轻时，找一份能多学知识与技能的工作，更有利于长远发展。

2022 年 7 月 1 日

真喜欢还是逃避

一位我校毕业多年的学生，现在担任一家代理记账公司的负责人。我们在交流中，她很不好意思地说："胡老师，你觉得我奇怪不？我竟然想去开一家小小的馄饨店。"

我单刀直入："你是真喜欢做馄饨，弄吃的，还是逃避？"

她感叹："你真是一针见血！是逃避。"

在这之前，她说现在的这份工作让她很累，力不从心。上班的时候，努力工作；下班后，就会抱怨。所以，我想她一定是在逃避。

我说："如果你真喜欢，做什么我觉得都可以。现在不是缺衣少食的年代，可以做自己喜欢的事，年轻人有这个选择的机会。但是如果只是逃避，就不用逃了，逃不掉。无论在哪里，都有烦恼。我们在家里是不是也有烦恼？你现在看卖馄饨可能比较简单，可每天早上三四点起床，你受得了吗？没有人来吃，你着急不？吃的人太多了，招不到好员工，你又头痛。没有一件事，你去认真做时，不费心不费力。老板让你做领导，说明他信任你，也说明他认为你能胜任，才敢让你去做。你要相信，老板的判断力和决断力，一定不会有错的，不然，这家企业他就做不起来。你这么好的平台和机会，好好珍惜。现在觉得累，是因为人少，还在培养新人；另外，自己阅历不够，经历的事少了，特别是处理复杂问题还不够多，处理问题的能力弱了一些。你想想，这两年，你是不是和公司的财务人员有了很大的不同？视野开阔了，格局高了，考虑问题全面了，接触到了更多的优秀人士。"

她说："的确，往回看，我真的进步不小。特别是工作逼着我去学习，现在每天晚上我都在看书。以前，真是看不进去。现在，前10分钟，仍然学不进去，但是，后面进入状态后，那种感觉很美。所有的烦恼、所有的压力，全都没有了，全部心思都在书里，人变得充实简单多了。"

我说："年轻人都在熬。我像你这么年轻时，也很迷茫，也很苦闷，也总想逃。但是逃不过。我不是一直都是你现在感觉的这般阳光洒脱，年轻时，遇到困难也很烦闷，遭遇挫折也很苦恼。后来，工作所迫，经历的事情多了，很多原来觉得天要塌下来的事，现在都觉得不是什么事情了。再烦，睡一觉就好了。当时的煎熬、当时的苦闷，熬过后，全是美好和感恩，真如翻山越岭后，到达一个高点，眼前全是美景的感觉。这些苦难经历造就了你，让你成熟，让你淡定自信。我认识一些企业的女老板，活得真是太美了，那种自信、那种豁达、那种韧性，真是一般女子所没有的。你慢慢熬，以后也会像她们那样，甚至超过她们。"

曾经，我陪一位老板去一所高校联系产学研合作。这所高校的领导谈他们的工作，谈到一半，我的这位朋友失声笑了，他说："做企业做累了，总想当初要是认真读书，去学校当老师，就轻松了。原来，你们当老师的，一点也不轻松啊，感觉比我们还累。"

是呢，哪一个行业好混呢。每一个岗位都不容易，特别是想要做好，更难。我有一个朋友开玩笑说"条条蛇咬人"。就看你怎么对待生活与工作。

遇到困难和挫折，第一时间想逃，这是人的本能，我年轻时也总在犯这个错误，面对难题时，第一时间不是把主要精力放在解决问题上、发展自己上，而是想着怎么逃离、躲开。每每困难来扰、挫败来袭，我总要纠结一段时间，想办法绕过去，说服自己接受现实。当发现的确找不到退路、的确躲不掉时，我便像勇士一样，无所畏惧，一往无前。可以说，我熬到今天的这种现状，得与失、成与败，不是因为初心是积极进取，而是无处可逃、无处可躲的结果。

　　熬到快要退休了，我觉得直面问题、勇于挑战自我，更加痛快。因为解决问题的过程中，没有时间抱怨，没有时间烦恼，把所有精力用来应对挑战，基本上到最后，都收获了一个满意的结果。久而久之，就养成了坚忍的品质，还发现自己越来越聪明、越来越能干、越来越勇猛、越来越自信，也越来越有成就感。

　　很多励志人士和书籍告诉我们，成功人士迎难而上、百折不回、直奔目标、直达巅峰。我想最好还是把成功人士的内心纠结、苦闷、压抑、畏难、退缩的故事也讲出来，这样更符合实际，因为人在攀登的过程中，不只是征服山峰，更是在征服自己内心的恐惧、懦弱、懒惰和贪婪，这才是人生的意义；这样讲，也符合年轻人心理和成长路径，更易被年轻人所接受。

2022 年 7 月 5 日

你到底想做什么

我们专业请一家投资公司的人来讲座，讲完投资形势、投资行业发展前景后，这位投资人表示欢迎同学们去他们公司入职。当场每个班有20多位同学报名要去他的公司。

我问我班同学："人家给你一个月1万元的薪资，你能做什么？你能给他带来什么？他要你做些什么？要你给他带来什么？他的业绩考核要求你清楚了吗？凭什么他的薪酬待遇远远高于市场平均水平？你们想过了没有，他的要求是不是也要远远高于一般行业？"

经我这么一问，我班已报名的大部分学生表示，不再去了。

你看，学生变得多快，人云亦云，风吹草动，没有自己的判断和思考。

我上届的一位学生，在金融机构做了一年的业务，没有周末，晚上经常工作到12:00，别人下班了，他们到各写字楼扫楼发广告。他说什么苦都吃了，一年才挣到5万多元。实习时，我班有好几位同学在那家公司工作。一年后，有两位同学留下来了，他做业务，另一位女生做行政。

他这么辛苦工作，没有什么起色，我感觉他肯定有一些问题。于是，我让他过来和我聊聊。我问他想做什么。

他说："不知道，只知道自己现在特别想挣钱。"

我说："那去售楼部做销售。房地产销售一旦做起来了，收入相当可观。"

他说:"我做不来。"

我问:"是不能吃苦吗?"

他说:"不是,做了小额信贷业务员,没有什么苦不能吃。只是,我感觉我不适合做房地产销售。"

他准备离职,回杭州找工作。他留在宁波,是因为女朋友也在宁波。

我的一位老乡做软件行业,人很真诚很大气有格局,他们团队执行力强,效率高。他们公司正在招业务员。这位同学人品极好,做事很认真。于是,我把他推荐给这家公司。这家公司就在附近,走路10分钟的距离,老板又刚好在,我让他马上过去。

他回来说,不太感兴趣。同时告诉我:"在回来的路上,我突然想到了我想做什么。"

我问:"你想做什么?"

他说:"仍然想做金融。"

你在金融行业做了一年,没有感觉,去一家公司应聘,这一会儿,就马上知道了自己想做什么,并且,仍是你做了一年的金融行业!

年轻人想做什么,经常一起兴起。说到底是他不了解自己,自己到底要做什么,想做什么,能做什么,不清楚;同时,也不了解社会和企业,社会的发展趋势,社会的变迁,行业发展现状和趋势,企业是做什么的,对员工有什么期待,要什么样的人才,用人机制和管理模式等等,都不了解。

我常和学生说,认准行业很重要。如果留在宁波,多去高新区、南部商务区找工作。那里的企业大多符合国家产业发展方向,尽管企业小,处于创业期,但成长快,需要人才。入职后,学习机会多,能力能获得快速提升;不要只看招聘上写的薪酬多少,那是给你看的,不是真给你的,钱是要自己挣的。

找工作之前,多问问自己,想在哪儿工作,决定回家乡,就马上回去，不要说先在宁波呆一年；想在宁波，就要做好熬三五年的准备，开始两年，要做好经济拮据的心理准备，挺过去就好了。问问自己是想做行政还是做业务，在办公室坐不住的，就出去跑市场；不喜欢在外跑的，就要学写一手好文章；和HR聊时，要多提问，不能只让对方问你。要多了解公司的现状、未来发展、组织构架、管理模式及职业发展空间；上网时，多看新闻，多了解行业，多看看准备应聘的行业和企业；向学姐学长了解行业和企业情况时，不要只听他们抱怨，要从他们的抱怨声中找出企业和老板想要的是什么样的人才，什么样的工作态度和职业技能。要从他们的经验中反推企业、老板和主管是怎么想的，因为市场是企业做出来的，用人的是老板和主管，不是你那些刚入职的学长学姐。你学长学姐都是年轻人，这不顺眼那不顺心的多。企业和老板想要的，就是你必须做的。

2019年12月12日

学长分享营销经验

我班有几位学生,兼职做销售。在工作过程中,他们遇到了一些问题,业务开展不顺利。我没有接受过系统的营销训练,于是,请一位我专业的学生回校给他们讲讲。这位学生毕业5年后,成为了一家证券公司宁波营业部的总经理。

他是我带课的学生,他的"证券投资分析"这门课是我上的。这次回母校,我们先回忆他在校的情况。他说,当时他的项目汇报获得了我的表扬,我说他们态度认真,作品做得很好。

然后,他开讲了:"大学毕业前,我想留在宁波。那时,我算了一个账,留在宁波,买一套房得要多少钱?以我的收入,多少年才可以买一套房?一算,吓了一大跳,得20年不吃不喝,才能勉强买一套很普通的房子。我不想依赖家里,想自己挣钱买房。于是,我决定做销售,只有做销售,收入才能迅速提高。

我应聘到证券公司做业务员。在大学期间,我通过了证券从业资格证考试,这为我进入证券行业提供了门票。我跟着一位师傅学做市场,他教会了我很多。但是,过了半年后,我也感觉,师傅的方法比较呆板僵化,不太适合我。很巧的是,没过多久,我的师傅就调离了岗位,不再带我了。我不但没有紧张害怕,还感觉有些轻松,我终于可以按自己的想法去开发市场了。可以说,那时,我向市场发起了猛攻,电话营销、陌拜扫楼、参加活动,能用的营销方式和方法我都用上了。其实,营销方式和方法都差不多，关键在于怎么做到实处，把细节做到极致。我每次拜访完一个客户，回来后，马上给他发信息，谈和他见面时的收获及感想，感谢他让我学到了一些新东西，给予了我正能量。更重要的是，对每一个客户，都要总结；对每一天，都要反思，总结出规律来。我发现，给客户打电话，最好的时间不是上班时，而是在晚上7：30—9：00。这个时候，他吃了晚饭，可能在散步，或者在看电视，比较有时间听电话。我的很多营销电话，都是在这个时间段打出去的。然后，也是在这个时间段收获了客户。当然，每一个人可能总结的规律不一样，但是不管怎样，一定要养成每天复盘的习惯，在复盘中总结思考，得出规律。这是我的第一个经验。

第二个经验，就是要真诚。我不是能说会道的人，我做市场，不是凭口才，不是凭能力，刚出道时，甚至也不是凭专业。那时懂得很少，我能拉到一单业务，基本上都是凭着真诚。能买得起股票的人，有一定的资金实力，他们见识广，能力强，不要想着去忽悠他们。刚毕业的大学生，没有经验，没有资源，但是有一份真诚和善良，这是非常宝贵的品质。到现在为止，尽管主要在管理岗位，我仍然对每一位客户保持着当初的真诚。

上面我讲了，我在大学期间通过了证券从业资格考试，这点很重要。未来我们想做什么，现在要想想，要为将来的职业做一些准备工作。如果我那时没有通过证券从业资格考试，就不能进入证券公司，因为进证券公司，必须是本科学历或者具有证券从业资格证。我们专科生，要想进入证券公司，就只能考证券从业资格证。那时，我班报考证券从业资格证的同学多，但是真正用心去学习去备考的同学少，所以通过率也低。我是誓在必过，所以，我竭尽全力地去备考。同学们，趁现在在学校有自由有时间，多自学，多考一些资格证书。工作后，真的比当学生忙多了，事情多得一塌糊涂，杂得毫无章法。特别是刚毕业那一两年，要适应工作和市场，没有心思看书学习。

最后，就是要坚持坚忍。为什么大家都说顾客是上帝，因为业务难拉，钱难挣。当时和我一起入职的有好几位学生，大部分都是本科生，最后留下来的就是我一个人。不是因为我聪明，也不是我营销能力强，而是我比较能吃苦，很坚忍。我从不轻易放弃一个潜在客户，会一遍遍地拜访，一次次地发信息，节日时从不停地问候。我就是用真诚和执着感动他们，最后，不仅他们成为了我的客户，他们的朋友也成为了我的客户，都是他们帮我推荐的。

现在我做管理工作了，但我从来没有放弃业务开拓与维护。我坚持每天和客户联系，只要一有时间，我就去见客户，开拓市场、维护好客户，这是我的核心竞争力，这块不管什么时候，我都不能丢。"

他讲完后，进入学生提问阶段。

一位学生问："你怎么识别客户，发现他的需求？"

"能买金融产品的客户，一定要有钱，所以，我重点开发老板和管理层的客户，他们相对普通员工来说，有钱得多，并且也有投资理财的意识，基本上不需要讲为什么要投资理财，主要宣传理财产品及提供的服务。一旦确定了，相对来说，下单快得多。资金不多，没有投资理财意识的人，下单时非常谨慎，犹豫不决，时间成本很高。"

另一位学生问："你刚做市场时，怎么获得客户的信息？"

"我主要是扫楼。进每一个楼盘，首先看水牌，把水牌上的企业名称都拍下来，一家家地研究，一家家地拜访。特别地，不要忽略了写字楼大堂里的前台，可以从他们那里获得很多信息，要和他们处理好关系。"

还有一位学生问："和客户见面，你怎么和他聊？"

"话术，是吧？这个非常重要，开口说的前几句话就像穿的衣服一样，给人第一印象。我一般一进门，直接说，找老板。别人也不知道我是谁，还以为我和老板之间有什么关系，只要他不拒绝我，我就有办法应对。和老板说话不用转弯抹角，他们很忙，目标也很明确，要直击他的需求，谈具体项目，以引起他的兴趣。等以后跟他熟了，再聊其他的事情，让他全面了解你。学会讲话之前，要做好功课，想想怎么和人打交道，怎么开口讲话，理财产品更要很懂，根据不同的人推荐不同的产品。"

学生们听得非常认真，都表示从学长身上学到了许多东西，特别是受到他正能量的激励，很受鼓舞。

让学长讲市场营销，从某方面来说，比老师讲，更能让学生信服。老师讲，有些学生以为老师是忽悠他的、哄骗他的。学长的成功，对他们来说是可以学习和复制的，所以，效果会更好。这就是我请这位学生来讲讲的原因。

2020 年 9 月 30 日

年轻人的核心竞争力

和大三学生交流时,一些学生对前途感到很迷茫,面对即将走入的社会,他们有一种无能为力的感觉。有的学生说:"知识不如本科生、技能不如一线工人、经验不如农民工、资源不如本地人,可以说,什么都不如人。想想,进入社会,参与激烈竞争,就很恐慌。"

我说:"不,你有青春活力,要用你的活力感染别人,给团队带来活力。曾经我对一位刚入职的大学生说,如果在工作中,你的同事叫你小李,你很轻快地应答'诶,我来了!'你的同事一定会很喜欢你,因为你让他们轻松愉悦;你的领导肯定会重用你,因为你营造了轻松愉快的工作氛围,有助于团队凝聚力的形成。我只讲了一遍,你们的这位学姐听进去了,她在工作中总是很欢快,很热情地答话,很认真地做事,赢得了同事的一致好评,刚入职的那一年,就被评为成长新秀;第二年,被评为先进工作者。"

你要用真诚的态度打动别人,你要用勤奋好学的品质去影响别人,你要用拼搏的精神、舍我其谁的勇气去面对工作。你什么都不行,态度最好,这就是你的核心竞争力。如果什么都不如人,态度还不如人,那你就真的没有核心竞争力了,也就没有必要留在那个工作单位了。无论是谁,立足社会,都要有核心竞争力。如果分分秒秒被人替代,你就被淘汰了。

你平时工作态度好,认真负责,把自己最大潜力发挥出来了,工作仍没有进步,甚至工作中犯了错误,你的领导和同事会理解你、会原谅你、会接受你、还会帮你。如果你连学习的态度都没有，那他们就不愿意接纳你了。

这性格那问题，工作中，没有人去理解你这么多。他们要的是你的表现，并且只会根据你的表现简单地界定你的态度；他们要的是结果，并且只会根据结果简单地推测你的表现、你的态度、你的能力。他们没有时间和精力，也不会去评估、分析和考虑你的性格、你的经历、你的实际情况，这就是管理。很现实很无情，但是，这就是市场规则，优胜劣汰。

年轻人的确缺乏工作经验，没有可用的资源，却不乏活力、不乏体力、不乏时间。没有家庭的拖累、没有生活的琐碎、没有各种社会活动，有的是时间，有的是简单，更有的是真诚、热情和激情，这就是年轻人的核心竞争力。

你刚入社会，对产品没有深入的了解，对行业没有深刻的认知，假如你做市场营销，你用什么打动你的客户？这时，我们就要分析客户心理。现在社会竞争非常激烈，老板们很忙，压力也很大。他希望他的每一分钟用得有所值。所以，当你和老板在沟通时，要么给他带来价值，要么让他轻松愉悦。在他没有试用你的产品前，用你现有的专业知识和对产品的讲解很难打动他，那么你就要以真诚、简单、坦荡、积极向上来打动他，感染他，让他从你身上感受到温暖、感受到正能量，还让他从你身上看到年轻时的他。他年轻时创业，做过市场营销，像你一样，遭受过无数次拒绝，吃过很多次闭门羹，被放过很多次鸽子。我见到一些老板，他们对销售人员都比较客气，接到营销电话，一般不会一句话都不说，就"啪"地挂掉。他们说，他们有过做销售的经历，吃过很多苦，能鼓励年轻人，尽量鼓励他们。

一般来说，老板要么完全不理你，要么会很真诚地对待你，很珍惜和你沟通的时间和时机，因为他很忙，对他来说，时间就是生命，时间就是金钱，时间就是财富。他愿意把时间给你，说明他看上了你的某一点，也说明你的机会来了。尽管不是每一位老板都阅人无数，最少老板看人很准，不要跟他转弯抹角，更不要耍小聪明，对他们一定要真诚、坦诚。刚入社会，你只有这个，这个在任何时候，对任何人，都是最宝贵的品质。学会用它、坚守它，它会成为你一辈子的核心竞争力。

2021年12月9日

入职大企业还是小企业

我专业一位学生，专升本后，回到宁波，在一家上市公司做财务助理。她向我诉苦："公司管得很严、很忙，收入还很低，整天关在小小的财务室，接触不到外面的世界；工作中，整天与发票、凭证打交道，也学不到很多东西。公司人才很多，内部竞争激烈，无论从学历学位还是从能力上讲，我都没有明显的竞争优势。老师，我想换一份工作。"

我给她介绍一家创业公司，能学到很多东西，收入也要高得多。她去面试后，不想去了。觉得这家创业公司的办公地方小，不气派；创业公司的人少，工作氛围不浓；她还担心创业公司发展不稳定，前景不明朗，收入不一定能保证。

她不去创业公司的理由很充足、很实际，代表了相当一部分年轻人的求职和就业心理。

大学生毕业后，究竟应该去大公司，还是小公司呢？

要想弄清楚这个问题，就要懂得大公司和小公司的管理模式与用人之道。

大公司，一般说来，有严格的管理制度和标准化的工作流程，专业分工很细，专人做专事。刚入职的大学生基本上都要从最基层做起。并且，大公司人才济济，竞争激烈，想出成绩，不仅需要非常努力，懂规则、守规矩，还要有突出的能力。大公司的普通行政人员，收入普遍不高。

大公司，专事专人做，专人做专事，所以，在大公司工作，年轻人更要主动学习。不能仅仅停留在自己的那一点上，上下业务间的衔接、横向的协调，都要主动积极。要去主动体验公司远大的发展战略、宏大的组织架构，研究公司的组织文化，向公司优秀的同事学习。

大公司竞争激烈，但是晋升通道也多，发展平台大，机会多。

昨天一位企业负责人很苦恼地对我说："我们公司一位刚入职的大学生，总是迟到，总是在办公室边听音乐边吃零食边工作。说她，她不听；批评重了，又担心她跑了。现在的年轻人，真不好管。"

一位公司老板也曾对我说："我的一位员工，奶奶过生日，请假一个星期。我心中如油烹，但是，还是忍着没有发声。"

这些问题，在大公司提都不必提，在严格的管理制度下，没有一点讨价还价的余地，没有这理由那借口的空间。

小公司人少事杂，没有办法把业务流程化、标准化，分工不会特别精细，一个人可能做好几项工作。小公司之所以能生存下来，是以效率取胜，灵活性、开放性、效率都要比大公司高得多。所以，管理也就可能不是很严格。

小公司工作人员少，一个人顶多个岗位，而招聘好的员工很难，培养职员的成本很高，老板一般不会轻易把员工开掉，这就导致了在小公司员工有迟到早退、上班听音乐吃零食、经常请假的现象。

职院的毕业生，更多进了中小型企业。中小型企业的组织架构不是很清晰，正是由于分工不明确，年轻人能学的东西就会多很多。特别是进了创业公司，陪同创业者一起创业，更能全面学习整个公司的运营。如果有创业愿景的学生，毕业后进入创业公司工作，更有利于将来梦想的实现。

我们学校有一位省优秀毕业生，大学毕业后，入职了一家创业公司，她是这家公司的1号员工。这家公司在宁波南部商务区，老板是一位博士，在杭州已经有公司在运营，他平时也主要在杭州工作。这位学生入职时，公司刚注册，办公室还没有装修。她进去后，公司的装修管理、人员招聘、日常工作，基本上都是由她负责。公司发展很快，两年后，有几十位员工了。她作为职业经理人，全面负责公司的日常管理。冯仑说："伟大是熬出来的"，在一个单位的地位和待遇都是熬出来的。

浙江是民营经济发达的省份，中小企业居多。学生进入中小企业的机会很多，在中小企业里，只要愿意学习，成长将会很快。

学生毕业后，无论进入大企业，还是小企业，基本的工作态度、工作品质是一样的，都要重新开始，认真学习、努力工作。

2022年8月28日

把爷爷的事业传承下去

教师节将至,今天,上届实践委员王溢锋同学带着他的夫人小张来看我。

溢锋带小张在校园的每一个角落走了一遍,然后,我们一起吃晚饭,他们想在学校吃一顿饭。

我们边吃边聊。溢锋说,校园的每一个地方,都让他觉得很亲切,勾忆起大学的点点滴滴。当时,他担任我班实践委员,把宁波青少年宫的实践活动承接下来后,学校就不能再跟青少年宫签约了,得通过我们班去承接活动。他笑着说,想起这件事,觉得有点爽。

两年前,大学毕业后,他直接进入了家族企业嘉兴百桃绝缘材料科技有限公司,主营绝缘漆和水性材料。30多年前,他的爷爷创办了油漆厂,当时南浔地区90%以上的电机喷漆都是他爷爷提供的。前几年,水性漆流行,水性漆价格低,他们坚持做油性漆,因为油性漆的稳定性强,品质好,不愿意降低产品质量,价格下不来,以致流失了很多客户。现在,为了环保,政府主推水性漆,他们的企业才开始生产和销售水性漆。他们想坚守漆的品质,不想和市场打价格战,但是,很难。不过,也有企业坚持要用他们的油漆,这让他们觉得坚守很值得。

他爷爷没有读过一天书,他连孙子的名字都不会写,却把漆的配方、性能、生产工艺研究得很透;他爷爷不会做账,却把财务报表看得明明白白;他爷爷不会写字,却把所有客户的电话号码背得滚瓜烂熟。在他爷爷的观念里，没有一个难题不能攻克出来，没有一件事不能做好，如果没有做到，一定是企业自身的问题，管理的问题。

他爸爸年轻时不想到他爷爷厂里工作，立志要自己闯出一片天下，现在有了自己的事业，不可能接替他爷爷的事业。爷爷70多岁了，他不得不大学一毕业就去爷爷公司。他原想去大公司历练几年，但是没有选择。他是独生子，必须担起这个责任来，把爷爷的事业传承下去。现在，他要全面深入地学习。

我问他："你觉得什么是你公司的核心竞争力？"

他说："是产品质量，30多年的坚持，就是坚持品质第一；30多年的沉淀，对产品质量的坚守，一般新开的公司是很难做到的。"

我又问："你觉得公司目前主要问题是什么？"

他说："是研发和市场。我们这个行业，普遍不重视研发，很多企业宁可购买配方，也不愿意自己去研发。因为研发周期长，不是招几个研发人员，三两年就能出研发成果；研发投入的资金也高，风险大。所以，很多企业都没有积极性去研发。但是，要想在这个行业立于不败之地，最后，还是要重视研发。现在，市场竞争超级激烈，原材料涨价很厉害，原来4000元一吨的材料现在涨到了26000多元一吨，而产品市场价格却一直往下压，利润空间不断收缩，目前是一个很痛苦的煎熬期。"

他们主要提供电机漆，家用电器里面的电机。我说："家电行业竞争激烈，利润率很低，他们就会压供应商的价格，供应商进而压你们的价格。你们还是要想办法，早点研发出其他行业的用漆。"

他说："目前也在尝试做其他行业的用漆。做企业只能随市场而动，就像做水性漆一样，我们落后了，现在正在迎头赶上。"

我们都感叹坚守产品的品质太难了，各种压力，各种诱惑，很难很难，但是必须做到，这是企业基业长青的唯一之路。

才毕业两年多，溢锋就褪掉了学生的稚气，显得成熟稳重。他的夫人小张说:"爷爷尽管全心投入企业中,但是非常重视家庭,把家看得很重,把每一个家庭成员看得很重,很有爱心,总是和家人在一起,总是希望家人能经常团聚。"

小张很大方很真诚,溢锋和我讲公司情况时,她会适时地进行补充,从另一个角度进行说明。

我说:"这就是你的福气,溢锋也会这样对你的。"

她很幸福地说:"他真的非常非常好,所有人都说我有眼光,找对人了。"

能陪着先生看望他的老师、参观他的母校、走遍他走过的足迹、品尝他吃过的堂食,她本来就是一位很可爱的姑娘,值得溢锋倾心以待的女生。

我希望我的每一位男生,都像溢锋同学一样,有责任有担当有思想有行动有爱心;我希望我的每一位女生,都像小张同学一样,找到自己喜欢的另一半,拥有值得托付终身的另一半。

2022 年 9 月 9 日

第五篇

不要和别人比

不要和别人比

上午和一位企业高管聊工作，聊到后来，聊家庭教育。这几乎是我和社会人士交流的惯常模式。

他说，他的小儿子比较胖，跑步的时候，总想和别的孩子一起跑。因为胖，跑得慢，跑不过别人，就会气馁。他告诉孩子："你不要和别人比赛跑，人与人之间没有办法比。每一个人的优势不一样，这个高那个矮；这个胖那个瘦；这个喜欢唱歌那个喜欢打球。你只需要和自己的过去比，给自己一个目标，只要今天比昨天有长进，今年比去年有长进，你就是进步的；只要你在不断接近这个目标，就证明你是成功的。"

他的儿子今年10岁，一直在坚持跑步，现在也瘦了一些。

他是天津人，初来宁波，发现宁波人很喜欢跑步，他也试着跑步锻炼身体。不久前还参加了马拉松长跑比赛，他跑了3.5公里就跑不动了，跟不上大家的配速。有人鼓励他，让他继续跑。他却觉得很满足，因为之前他最多跑3公里。他说，这不是放弃，是量力而行，不要一次把自己跑透支了，后面就不再跑了。只要把跑步这个目标坚持下去，以后就会跑得更远更快。

这位爸爸不让儿子和别人比，不是叫他的儿子放弃努力，相反，是为了鼓励儿子，增强儿子的自信，让儿子树立目标，一点点地努力与进步。如果盲目地和别人比，一而再，再而衰，三而竭，三次落败后，就不愿意再和别人一起跑了。

这让我想起我们的一些学生。受到激励后，很快想追上别人，甚至赢别人。想赢别人的初心是好的，但是，往往因为急于求成，一败后就放弃了，还不到三败就涂地不起了。

所以，我认为这位爸爸很智慧，保护孩子不受伤害，也很能激励孩子，帮他树立目标，养成每天努力一点点的品质。

很多家长都习惯把孩子的同学、邻居的孩子、同事和朋友的孩子作为自己孩子努力的目标，并且他们只与别人的孩子比学习成绩，而不是比综合素质和综合能力。"你看，我同学的孩子小东这次数学考了100分。""你班上小红进步了10名，你呢？还退步了3名。"说这些话时，他没有去全面考察小东和小红的父母在小东和小红的成长过程中做出了哪些努力，而他在孩子成长过程中做了哪些不当的行为。

俗话说："人比人，气死人。"把自己的孩子与别人的孩子进行比较，是孩子最反感父母的地方，他们认为父母不尊重他们，看不起他们。他们也觉得苦闷和自卑，感觉自己没有给父亲长脸增光。

人与人之间是没有办法比的。

就如这位爸爸所说，每一个人的优长不一样。有人喜欢喝茶，有人喜欢喝咖啡；有人对天气敏感，有人迷恋小动物；有人擅长画画，有人打球有天赋；有人善于经营，有人喜欢钻研技术。

不管我们多么努力，都会发现山外有山；不管我们在哪一个领域怎么精通，都会发现天外有天。不能一看到别人比我们强，我们就要和他比，和他争个高低胜负。"十个手指有长短"，我们总有一些方面注定是要比别人差的。如果事事想超越别人，我们将没有一件事能超越别人，因为我们不是神，没有那么多的时间和精力。我们终其一生，最多能在一两个领域走在周围人的前面。

不要把孩子和别人比，但是我们要看到差距，并且能够分析差距存在的原因。有些差距是因为天赋造成的，比如他的孩子就是有画画的天赋，你的孩子就是怎么也学不会；有些差距是因为态度造成的，他的孩子就是比你的孩子努力很多倍，你的孩子就是懒散了一些，积极性没有调动起来。因为天赋造成的差距，我们要接受现实，该放弃的要放弃，该坚持的要鼓励孩子笨鸟先飞、锲而不舍；因为态度造成的差距，要分析态度产生的原因是什么，是什么导致孩子不主动不积极。这是解决问题的根源，这个问题没有解决，一味地帮助孩子树立目标，目标是难以达成的。

不要拿自己的孩子和别人的孩子比，如果一定要比，我们更要看到自己孩子的优点与长处，多鼓励、多激励，让他把优点与长处发挥到极致，从而带动缺点与不足的改变，这可能更有效。

2022 年 11 月 7 日

要有教育自信

一些父母看到邻居的孩子考上985高校，马上去邻居家取经；看到孩子的同学成绩突飞猛进，马上去请教他的父母；看到一位孩子钢琴弹得好，马上去问是在哪家培训机构上课；看到网络上曝出一位天才少年，马上去效仿这位天才父母的教育方法；听一场讲座的专家说有哪些教育方法，回来后又在孩子身上马上实验。可怜他的孩子，成了他试验教育方法的"小白鼠"。结果，试来试去，孩子的学习习惯、性格、成绩越来越差，个性越来越叛逆。

南橘北枳的成语故事，大家都听说过。哪怕是一棵树，也经不起这样的折腾。

这是没有教育理念的体现，也是没有教育自信的表现。

什么是自信呢？自信是对自我的一种肯定评价，对自己信念的坚守，能力的认同。人云亦云、东施效颦，就是典型没有教育自信的表现。

一位儿子上了世界名校的妈妈说："好多人向我请教家庭教育方法，我都没有告诉他们，我觉得没有什么好说的，每家的孩子不一样，父母也不一样，没有办法告诉他们应该怎么做。"这位妈妈真智慧！

也有不少爸爸妈妈向我取经，我倒是知无不言，言无不尽。他们听得很认真，也很认同我的教育理念。但是回去后，他们又回到了原来的状态。说到底是因为他们没有形成自己的教育理念，别人的经验，他们没能消化吸收。或者他们只是照搬教育方法，而这种教育方法又不一定适合他

的孩子，所以，就没有办法坚持做下去。

教育方法千千万万，我们没有精力，也没有能力向每一位家长学习，更没有时间将每一种教育方法在孩子身上试验。

最重要的是没有办法照搬别人的教育方法，因为每一种教育模式、教育方法，都与它的孕育条件、生长环境息息相关，我们简单借来的，可能水土不服。而在自己的土地上生长的教育理念、教育方法，才会最适合我们自己，这样才会形成真正的教育自信。

教育自信来自教育能力，有教育能力才会有教育自信；没有教育能力，就会不断地否定自己，折腾自己和孩子。要提高教育自信，就要提高教育能力，这和其他能力没有什么区别，唯有学习、总结、反思，再学习、再总结、再反思。

任正非说："华为没有背景，没有资源，没有秘密。华为有的只是对常识的敬畏。"管理企业要尊重常识，教育孩子也要尊重常识，常识包含着教育的道和理。不用学那么多花里胡哨的方法，只要遵循孩子成长的规律、懂得孩子成长的心理，因势利导。教育方法不管有多少，遵循的原则只有几点：培养仁爱之心、培养习惯、培养规则意识、培养思维力、培养专注力、培养坚忍意志、培养做人品质。这些不是一种或几种教育方法就能做到的，而是贯穿在日常家庭生活、学习、休闲娱乐中，在点点滴滴中沉淀出来的，在漫长生活过程中完成的。

学校的发展、专业的发展也如此。我们不能看到国外这个好，就马上照搬这个；兄弟院校改革取得了成效，我们马上复制他们的改革方案。他们之所以成功，是在他们原有的基础之上，探索出了一条适合他们发展的道路和发展的模式。

经验可以借鉴，不能照抄，否则只会浪费人力、物力和财力，还会失去发展的时机。我们要充分研究国家教育方针，结合自己的发展特色，提出自己的教育理念，养成教育自信，这才是教育发展的根基。

东抄西借，只能说明我们没有沉下心来从事教育；人云亦云，只能说明我们没有自己的教育思想。我们要多向自己发出几个质问：我们到底想把孩子培养成什么样的人？在我儿子出国读书前，我和我先生做了一个简单的谈话，我说：“我们要想清楚，我们是想把儿子培养成像我们一样，过过日子就行了，还是想把儿子培养成社会精英？如果想把儿子培养成过日子的我们这样，我们就用小农思想培养他，要求他听我们的话，走我们走过的路；如果我们想把儿子培养成社会精英，我们就不要管他太多，大方向把握好，其他的任其发展，要相信他比我们更有远见和判断力，更有思想和更有追求。”我儿子高中毕业后，我觉得我们没有能力再培养他了，只能任其自然发展。其实，也不是完全顺其自然发展，我对儿子有一定的教育自信，才敢放手。

我没有做过学校的管理者，但是我想，作为学校的发展，也要反复发出同样的问题：“我们到底要做成什么样的学校？我们到底要办成什么样的专业？”针对这个问题，从国家教育方针、现有的基础、自身的发展特色，结合服务地方经济，借鉴其他学校的发展，多方求证，最后会得到一个筑基固本、与时俱进的答案。

2022 年 6 月 10 日

无处不教育

今天见了一位企业高管。我们见面后不久又开始聊教育,这是我们第三次见面,每次都聊教育。我发现他很懂教育,就问他是什么让他对家庭教育有这么科学的认知,是原生家庭对他的影响,是工作中的领悟,还是有了孩子以后的责任感促使他去思考家庭教育。

他说:"主要来自工作的流程管理。有点像中国的道的层面,但是,在国外更微观,能直观地看到。我们研究公司经络时发现,公司的核心业务、业务流程、战略支撑和职能都有了,就只需要执行。执行,就是要落实到人。在人的使用方面,国外一些公司很先进,通过输入、学习、再输出,就达到他们要的标准。但是,这里面其实有一个问题,你学了,不代表就一定可以输出,这有个系统转化,这是一个漫长的过程,得调解。"

说着,他拿出纸和笔,给我画图,重点突出输入到输出之间的反馈过程。

"一般管理认为,我给他输出的标准有了,资源有了,他就能达到我的目标。在家庭教育中也是这样,很多父母认为,我让孩子学习,他就应该成绩好;我给孩子文明教育,他就应该变成一个品德高尚的人。其实,这是一个持续改进的过程,他得有个消化、吸收、学习的过程。开始的结果会有正有负,无论结果正负,你能否及时给他反馈,然后再进行调节调解,这个很重要。如果结果正向,要激励他;如果结果负向呢?一般地，批评没有效果，得让他认识到为什么要这么做，他的认知得先上来。所以，当结果是负的时候，我一般不会直接否定孩子，而是引导他总结，让他思考，让他自己去处理。如果他自己不主动，我再怎么使劲，都没有用。

工作中人们习惯集中于两个点：第一个是布置工作任务，第二个是要求工作结果。中间这么长的过程，领导基本不管。其实，工作过程非常重要，我们要参与，要全面深入了解，相当于言传身教，这样员工才会接受。对于教育同样如此，我们要了解孩子做的过程，通过了解他怎么做，了解他的思维、他的认知。只有当孩子主动去接近这件事，主动去认识这件事，才会主动去消化吸收。所以，孩子做事时，我们一定要给孩子反馈，反馈的过程就是思考的过程，就是学习的过程。

要做到这一点，就要有开放性的思维，允许他们犯错，包容他们的错误，接纳他们不同的想法。如果要求员工全部按照标准去做，全部按照自己的思维和逻辑去做，就不能调动他们的积极性。他就不会创新，企业也就没有创新，那么企业就不能获得大的发展。

孩子也是一样，我们只能引导他复盘做错的事、失败的事，不能控制他的每一个想法，规定他的每一个动作。否则，孩子就不是他自己，而是我们成人的复制品。"

我们聊了很多，对我触动最深的是，他不是从原生家庭或有了孩子以后去思考家庭教育，而是从工作中悟出育人之道。这样的管理最有力量，这样的育人最有智慧。这也体现了教育无处不在、无时不在，不是只有在学校里才能培养人，不是只有在家庭中才能教育人，在工作的所有地方，在生活的所有场景，都蕴含着教育真理、教育哲学、教育理念和教育方法。

道相同，事相通。管理之道是育人之道，育人之道也是管理之道。教育做得好的人，管理一定不会差；管理做得好的人，做教育一定也会成功。因为教育和管理的服务对象都是人。凡是有人的地方，就一定有教育。如果把每一件事当成教育来做，一定会做好；如果把每一位员工当作被教育者，企业管理一定成功。

2022年11月28日

有爱还不够

著名教育家苏霍姆林斯基说："没有爱就没有教育"，爱是教育的前提，是孩子信赖父母的根源；爱是教育的基础，是学生愿意接受教师教育的保障；爱是教育的本质，教育就是父母将爱化为孩子的自信、勇气与力量；爱是教育的信仰，教师将人类的爱传承给学生，并由学生进行发扬。

爱是人类最美好的情感，是人类永恒的主题。爱决定一个孩子的幸福，爱改变一个学生的命运，爱促进一个民族的进步，爱彰显一个国家的文明。心中有爱是教育者的基因，教育者的爱心是做好教育的基本条件与保证。

教育不能没有爱，但是爱不等于教育，爱不是教育的全部。很多动物都对幼崽充满爱，却不能教育幼崽向文明进化。教育其中一个非常重要的功能是教化人，让个体获得快乐感、价值感、意义感和幸福感，使人类从野蛮走向文明，从文明走向更文明；父母都爱孩子，但是，仍然有许多父母给孩子造成了深深的伤害。

爱有很多种，可以分为科学的爱、非科学的爱；理性的爱、非理性的爱；智慧的爱、愚昧的爱；无私的爱、自私的爱；广博的爱、狭隘的爱等。

科学的爱、理性的爱、智慧的爱、无私的爱、广博的爱，给孩子带来的是阳光、是自信、是快乐、是幸福；而非科学的爱、非理性的爱、愚昧的爱、自私的爱给孩子带来的是狭隘、是抑郁、是伤害、是痛苦。

在现实中，以爱的名义，父母作出伤害孩子的案例很多。孩子很小的时候，对孩子尽力溺爱，包办孩子所有的一切，满足孩子所有的愿望，阻止孩子健康成长；孩子上学了，以对孩子前途负责为由，对孩子提出过高的期望，真恨不能拔苗助长，扼杀孩子茁壮成长；孩子长大后，以照顾孩子之名，对孩子的就业、恋爱、结婚、买房等所有的事，都要干预，这是阻碍孩子成人；甚至有些父母每天都要给上大学的孩子打电话，对于已经工作的孩子，规定晚上9：00前必须回家，和谁聚会吃饭，也必须向父母报告，剥夺孩子成长为社会人的权利。随着社会竞争的加剧，父母"望子成龙"的期望增加，以爱的名义伤害孩子的趋势越发加剧。

以爱的名义代替孩子选择、代替孩子决策、阻止孩子的成长、阻碍孩子的进步，让孩子有苦不能说、有力无处使、有智无法用，因为爱这把枷锁牢牢地锁住了孩子的身心，他在爱的牢笼里无法展翅高飞。他的争辩和反抗是不孝，他的争取与自我抉择是糊涂，他的意志与理想是对自己不负责任的幼稚。唯有父母在爱的名义下为孩子作出的所有选择是正确的，唯有父母为孩子设定的目标与路径对孩子是最优的。父母那么爱孩子，愿意一年365天，把除工作外的所有时间奉献给孩子，早上6：00陪着孩子起床，然后穿梭在人流中送孩子上学；晚上9：00多把孩子接回家，然后陪孩子做作业；父母愿意日夜奋战、节衣缩食，为孩子买昂贵的学区房；愿意为孩子自学英语、数学和钢琴课程，以便教孩子……父母愿意为孩子付出一切，也的确为孩子付出了所有，父母却不愿意蹲下身子倾听孩子的心声，不让孩子为自己的事作出选择，这难道不是很奇怪的事吗？造成这一悖论的原因就是父母给予了孩子深深的爱，所以父母就以为可以对孩子为所欲为。这种爱本质上带有权威性，是自私的爱，也是非理性的爱与非科学的爱，具有极强的控制欲与破坏力。因此，父母牺牲自我、全力为孩子的结果是培养了一个成绩不理想的孩子、叛逆的孩子、问题孩子、不开心快乐的孩子、痛苦的孩子、抑郁的孩子。与之对应，牺牲的父母，也就成了痛苦的父母、抱怨的父母。

我常对一些父母说:"你为什么就那么不自信呢?不相信孩子优越于我们!他们生长的年代优越于我们,他们的资质远远优越于同龄时的我们。放手吧,他会活出他自己想要的人生,他会给你一个令你称奇的人生!"

一些父母对自己的工作与生活不满意,越发想把自己的理想嫁接到孩子身上。你自己都活得不如意,怎么能事无巨细地教孩子重复你走过的路呢?他们会反驳说:"我不是让他重复我走过的路,而是让他迈向更高目标。正是因为我不满意自己的生活,才给他提出更高的目标。"放下做父母的权威、做父母的尊严,从常人观点来看,这可能吗?你没有成功经验,怎么能手把手教他成功?所以,父母往往是非理性的,造成非理性的根本原因,在于自私与不自信,希望孩子按照自己设定的目标与路径成长。

父母的种种行为对孩子身心造成严重损伤,对孩子人生幸福带来极大破坏,也对社会造成巨大损失。中国科学院心理研究所发布《中国国民心理健康发展报告》显示,2020年,我国青少年抑郁检出率为24.6%,其中,重度抑郁的检出率为7.4%。

在学校,一些教师在"恨铁不成钢""爱之深、恨之切"的心理作用下,说出来的话可能伤害学生的自尊,把学生当作"扶不起来的阿斗"。特别是职院的学生,本来就比较敏感自卑,如果教师不注意说话方式、语气和内容,就会伤害一些学生,以致一些不想学习的学生"破罐子破摔",更加厌学。

因为人的成长经历、阅历、认知不同,成人对自己怀抱的爱理解不一样,以为只要为孩子付出、为孩子着想就是爱孩子,这是普遍存在的现象。爱是教育的基础,教育离不开爱,但是,教育仅仅有爱远远不够。教育是一项技能、是一门艺术、是一种智慧,如同世界上其他的工作,需要父母和老师去学习。科学的爱、理性的爱、伟大的爱不但要学习，还要反复反省自己，回想自己来时路，回想自己曾经在成长中受到过哪些以爱的名义带来的伤害，对作为一位教育者有着重要意义。

2022 年 10 月 26 日

智慧的妈妈

以前写了好几篇文章,指出有些妈妈教育不当或缺失。今天遇见一位妈妈,她一开口谈对儿子的教育,就让我肃然起敬,马上来了兴趣,要她多讲讲家庭教育。她姓孙,在这篇文章里,就称她为孙妈妈吧。

她说:"胡鑫宇家庭教育有问题,如果换作我,就会对儿子说:'不想读,就回家吧,有什么关系呢?'"她说得轻描淡写,好像孩子不愿意穿一件衣服那样简单随意:"不想穿,就不用穿了。"

我说:"你真的可以做到吗?孩子读书考大学是每一位家长的愿望。"

她还是风轻云淡地:"可以啊!如果我儿子将来选择不结婚、不要孩子,我都接受。我完全尊重他的选择,他的人生由他自己选择、自己负责。"

她说得很轻松淡定,我能感觉到她的内心也很轻松淡定。我说:"我做不到你这样的淡定,我对孩子还是有一些期待的。"

她说:"你很懂家庭教育,很多人的微信我不看,你的微信我都看,你的文章写得非常好。"

我说:"其实写这些东西的过程中,我在反省在学习,我不是天生会做妈妈的人。在我儿子小学时,我对他的要求和期望也很高。后来不断地学习,我才开始意识到应该给他宽松的环境,让他自我发展。你呢?是天生会做妈妈,还是后天学习的?"

她说:"我天生就是这样。孩子一出生,我就觉得每一个孩子都有自己的个性，没有必要要求他按照同一个标准成长。所以，我没看家庭教育的书，也不想看家庭教育的书，不受书里的教育思想和教育方法影响。我觉得每一个孩子都不一样，不可能按同一个标准培养。"

我说："有些书很值得看，它让你总结反思提升。你给了孩子这么宽松的成长环境，他的学习兴趣和好奇心会保持下来，这是非常难能可贵的。"

她说："是的，在我儿子小时候，我们吃完饭后，我就带他去公园散步。边散步边观察大自然边聊天。他总有很多很奇妙的想法。他不会游泳，怕溺水，他就说，阿基米德的浮力定律还是不够完美，他要发明一种可以让人在水上行走的鞋子，还要发明一种隐形衣。他说隐形衣其实是存在的，只是在光的作用下，别人看不到。我老公总说我，我对儿子要求太低了，所以儿子很佛系。"

她儿子去年去福州大学读书。

她说："在中考前，我也焦虑过，别的孩子都很努力，他却很淡定，回来做完作业便玩游戏。有一天晚上12点多，他把我叫到他的房间，说'妈妈，你放心，我心里有数的，中考我会考好的，高考我也会考好的。'他这么一说，我就真的放心了，相信他了。"

我说："能做到这样完完全全地接纳孩子、相信孩子，很不容易，是很多妈妈学习的榜样。我接触的许多妈妈，在孩子成长过程中很焦虑。"

她说："他上大学时，我们一次性地把钱给他了，让他学会自由支配。上学期回家后，他爸要看他的支出情况，担心他在外面学坏，乱花钱。我说那有什么好看的。我绝对相信我儿子不会学坏。从他很小的时候起，我就和他一起分析社会现象。像药家鑫的那个事件，我首先问儿子，如果遇到这种情况，你会怎么处理。然后我告诉他两点：第一，法律是怎样的、道德是怎样的，不管发生什么事，要坚守法律，不能违法，这是底线；第二，无论什么时候遇到什么困难，他都不孤独，即使身边没有朋友，也会有妈妈。我儿子性格温和，内心很平和很有安全感，我相信在他身上不会发生极端的事件。"

讲到药家鑫时，她眼圈红了。

她和我的成长环境很相似，都是家里的长女，都有一个弟弟和一个妹妹。她的妈妈很强势，只对父亲强势，对孩子很好，也和我妈妈一样。她小时候读书，父母没有给她压力，是她自己想改变命运，跳出农门，这点也和我的情况一样。

她问："是不是幸福的孩子都很佛系？"

我说："也不是。有的孩子可能会一直佛系下去，过平平淡淡的生活，因为他有很强的安全感，没有很大的压力，就没有动力去争去要。生而幸福，一辈子幸福，还要什么呢？有的孩子到一定年龄后，将会很努力。一旦他觉醒了，就会很拼。这类人普遍有些浪漫主义和理想主义，将会为人生价值、为理想为梦想而拼搏。在向上攀登的过程中，他们会忽略很多世俗的东西，专注于自己感兴趣的事，因而他们比较享受拼搏过程，抗压耐挫折能力较强。"

她说："人活着就是为了幸福，没有必要刻意去追求物质的东西。我一直告诉儿子，长大后要做自己感兴趣的事。在他小时候，他说他长大后，要挣很多钱。我问他要这些钱做什么，他说要全部捐给别人，要帮助需要的人。听到这些，我非常高兴。我现在就很想帮助孩子们。看到网络上和身边的孩子，因为父母不懂教育而受到伤害，我心里特别难过。我真想能帮到他们，但我怕自己的知识不够，我没有系统学习过。曾经我想考心理咨询师，考不了，没有了。我就想，退休后去做公益，帮助孩子。"

"我身边很多妈妈都想帮助孩子，帮助孩子最好的方式还是帮助妈妈们，只有他们的妈妈懂得了家庭教育，他们才会幸福快乐地成长。你这么懂家庭教育，一定能给许多妈妈和孩子帮助。"

她很平和优雅从容，喜欢笑，给人很轻松舒服的感觉。这样的女子最有力量和能量帮助别人。

  在父母普遍望子成龙、望女成凤的今天,这位孙妈妈能如此淡定地看待孩子的学习成绩,能够如此地尊重孩子成长的天性,能够如此理性地定义孩子的幸福与成功的关系,让我很受感动,也很希望有机会再向她学习。

2023年2月3日

路有千万条

晚上去一位朋友家坐了一会儿。第一次见到她的儿子,他马上要毕业了,正在找工作。很自然地聊到她儿子就业的情况。

朋友说:"选择比努力重要,选择错了,后面再怎么努力,都没有用,不会有好日子过。所以,希望儿子找工作能一步到位,找一个体制内的工作,以后要稳定一些。"在这之前,她也多次和我讲过这些话。

我说:"公务员不好考,国有企业和银行竞争也很激烈。进体制内只是就业的一种选择,万一没有考上,还是要考虑进民营企业工作。不能要求孩子一条道走到黑,走不下去了,到时,孩子怎么办?你们只盯着体制内,万一最后没有考进体制内,孩子怎么面对其他的工作?他以什么样的心态入职和走上社会?你不担心他会自暴自弃吗?"

她的儿子对我说,他的父母很焦虑,整天唠叨,不但没有帮上他,还扰乱了他的节奏,给了他很大的压力。父母不但干涉他找工作,还干涉他谈恋爱,要他找本地的女孩子,要门当户对。

朋友说了好几次:"我们都是为他好,希望他以后生活好一些,幸福一些。"

我说:"这不是为他好,是为了你们自己的梦想。他想做什么,支持他,才叫为他好。你们认为的好,没准对他是一种负担、一种痛苦。他的路要让他自己选择,自己去走。他自己选择的路,无论走的过程中,遇到多么大的困难与挫折,他都会对自己负责,无怨无悔。如果你们什么都要管,你儿子以后就什么都不会告诉你了。直到结婚前才通知你,他要结婚了。你们干涉孩子的后果就是给他一种强烈的心理暗示:你们不相信他,不信任他,不相信他能做出正确的选择,不相信他能过好自己的人生,这对孩子其实是一种打击,让孩子产生自卑心理。要相信孩子有能力做出最适合他的选择,要相信孩子能过好他的一生。相信他,比什么都重要。"

她儿子说,他谈第一个女朋友,他父母干涉后,他就没有再和父母讲他后面的感情。

朋友夫妻俩在民营企业工作,正值这几年疫情,再加上外贸形势严峻,企业经营不太好,他们面临着中年职业危机,所以希望儿子不要重蹈他们之路,能考进体制内。

就在这两天,和一位朋友聊她孩子的教育。她有一对双胞胎儿子,一个考上了重点高中,一个考上了普通高中。她认为考上普通高中的这位儿子,一步错步步错,越错越远,成绩差距越来越大。

我说:"不要认为中考没有考好,就是错了,更不要认为一错到底,成绩只是人生的一个方面,不是全部;读书只是人生的一个阶段,不是全部人生;考大学只是一个坎,考什么大学很重要,但不是最重要的。最重要的是孩子在大学的态度和表现。现在大学生两极分化比较严重,努力学习的学生非常努力,不努力学习的学生非常不努力。孩子在大学养成自学能力、构建终身学习的理念,比过去学的所有知识都重要。这才是孩子一辈子的持续发展力。不要把孩子的高考目标定在哪所学校,哪个层次的学校,万一孩子将来没有去成,就会在另一所大学里气馁。要把目标放在培养孩子学习态度、学习习惯和学习能力上。一旦他的学习态度上来了,他想上哪所大学,他自己会设定目标的,这个目标才是有效目标。"

我们不能为孩子设定一条路。人生那么长,无论你今天给他选择的路,是多么的阳光普照,铺满鲜花,你也不能保证10年后、20年后,他还在这条道上;你更不能保证这条路就一直畅通无阻。体制内也不是铁饭碗，未来体制内的改革力度只会越来越大。最重要的还是修炼内功、提升综合能力，以不断加强自身内涵建设的不变原则应对万变的世界。

活跃在各行各业的很多人，学历不高，他们的工作不一定不出色。会读书不一定会工作会生活，第一份工作不是人生的最后一份工作，第一次选择不是人生的终极选择。人的可塑性很强，为了生存和生活，从来都不乏聪明才智。路有千万条，条条通罗马。不管孩子选择哪一条路，要相信他都能到达他的罗马。

2023 年 1 月 14 日

任性的父母

上班的路上，看到一篇文章"为何有的孩子越来越难管，并非他天性叛逆，而是家长总是超限"。其时，我正在想为什么中国没有出乔布斯。

昨晚我和家人们讨论叛逆孩子的教育问题，所以早上在路上，我才会思考中国为什么没有出乔布斯，其主要原因在于家庭教育。

乔布斯在青少年时期，不是一个好学生，相反是一个非常调皮、任性、难管教的学生，打架、敲诈、逃学、吸毒，可以说无恶不作。学校强迫他退学几次，他的父母却把他当作一个特殊的孩子对待，认为过错不是在于乔布斯，而是在于学校，是学校没有教他想学的知识与技能。当他想上里德学院，他的父母本来没有这个经济能力，却满足了他；上了一年里德学院后，他想退学，他的父母还是满足了他。仅仅这一点，没有多少父母能做到，我自己也做不到。

很多父母在教育孩子方面存在非理性、非科学、非智慧的思想与行为，归结为一点，父母很任性，比我们的孩子任性许多倍。

父母的任性表现在如下几点：

第一，孩子是我的。孩子是我带到人间，是我抚养大，是我给了他一切，他是我的，所以，小时候，他穿什么衣服、吃什么食物，我说了算；长大后，他的人生我说了算；他走哪条路，我说了算；他从事什么工作，我说了算；他和谁谈恋爱、和谁结婚，还是我说了算。

第二，我都是对的。怎么评判孩子，孩子的对与错、是与非、优与劣，我是法官，我是专家，我是权威。孩子到底是怎样的一个孩子，人品如何、品性如何、快乐与否，全由我来定义。好孩子的标准只有一个：听话并且成功。凡是听话又成功的孩子，就是好孩子；不听话的孩子，不是好孩子；只听话不成功的孩子，不是好孩子；不听话又不成功的孩子，是坏孩子，是让父母头痛、操碎了心、伤痛了肝的孩子，是让父母在别人面前不能抬起头来的孩子。所以，在学校成绩不好的孩子，都有父母树立的数个邻家孩子作为榜样；没有进入重点学校的孩子，都有父母立起的几个同事和同学孩子的示范标杆。

第三，我的孩子是万能的。孩子一出生，父母就给孩子做出了一个判断，其中一个判断是：只要我的孩子听我的话，按照我的要求去做，努力学习、勤奋工作，没有什么他做不到。他在学校一定可以考第一名，一定能考上重点中学、重点大学；到社会后，一定能成为领导，成为企业家，成为富豪。如果没有做到这一点，不是他不能，而是他没有努力，没有听我的话，没有按照我说的去做。

第四，我有做父母的天赋，是不用学习的。我是父母，是权威，是教育专家，不需要学习，我天生就会做父母。我没有学习，就把孩子带到了人间；我没有学习，就把孩子喂养大；我没有学习，就活成现在的自己。他是孩子，他需要学习；他是学生，需要学习的是他；他是年轻人，容易犯错、上当受骗的是他。所以，他需要学习、学习再学习。

纪伯伦说，孩子经由父母带到人间，但不是父母的。孩子是独立的生命个体，应该按照他的成长规律培养他，教育他，就像橡树生来就是要长成参天大树，狗尾草生来就是一株草；就像玉兰花在初春放蕊，蜡梅在寒冬绽香。用一个标准来培养孩子，只会扼杀孩子。特别对于敏感的孩子、个性强的孩子是最深的伤害。

每一个孩子都有许多优秀品质，可惜很多父母只盯着他的那么几个小毛病，对他的优秀品质视而不见，不断地要求孩子改变缺点与不足。结果，每要求一次，就是强化一次，如此不断地放大、放大再放大，直到无限大。孩子是脆弱的，但是，内在的成长动能却是强大的。当外界环境不适宜他成长时，他就产生叛逆心理，父母越强化他的缺点与不足，他的叛逆心理越强大，如此反复，形成恶性循环，以致孩子完全无视父母的管教，甚至做出父母及常人不能理解的事情，让父母伤心不已，颜面尽失。而父母的颜面恰恰是很多父母在培养孩子中关注的焦点。父母要求孩子听话和成功，更多的是基于自己的颜面，而不是考虑孩子的成长规律与内心感受。

我们总说爱孩子，无条件地爱孩子。深刻反省一下自己，就会发现，我们更爱自己的权威、自己的颜面、自己的期望、自己的梦想。我们不能实现的理想，寄托给孩子；别人实现的目标，我们也寄望给孩子；别人的孩子做到了，我们的孩子也要做到；我们做不到的，孩子一定要替我们做到；我们不行的，孩子一定要行；我们不完美，孩子一定要完美；我们不成功，孩子一定要成功。想想我们自己的成长经历，不是和现在我们的孩子一样吗？怎么一做父母，就忘记了我们曾经年幼过、青春过、郁闷过、困惑过、迷茫过、叛逆过、跌倒过、摔伤过、痛哭过。

人一辈子都在学习与成长。并不是说我们做父母了，只要孩子学习与成长，而我们身份一变，就同步变成老师和圣人了。我们得承认，我们做父母，也是要学习的。我们要学习怎么做父母，怎么懂得孩子，怎么尊重孩子，而不是怎么控制孩子，让他们成为我们所期待的那个孩子。事实上，没有一位孩子能成为父母期待的那个孩子，因为他们要求的那个孩子完美无瑕全知全能，学习成绩要好，该乖巧时要乖巧，该大胆泼辣时要大胆泼辣，该文静时要文静，该自信时要自信，该谦虚时要谦虚。那个孩子要有百变之本领，在不同的场合，要立马变成父母期待的角色。唯独学习成绩好，永远不变。

我们总想改变孩子，却从来没有想过要改变自己。因为改变别人很容易，动动嘴巴就行。改变自己很难很痛。首先，要拿起手术刀对自己的大脑进行解剖，全面深刻地剖析自己到底是一个什么样的人，自己原生家庭及父母的教育方式。然后，针对自己的问题，从言行上彻底改变自己。不要试图通过改变孩子来改变我们的命运，实现我们的理想。孩子有他的人生、他的理想，应该由他自己选择，由他自己实现。弯路错路是他人生的必经之路，不要打着保护他爱护他的旗号去影响他干预他。不要以为我们的经验、我们的要求是给他人生路上铺上的红地毯，恰恰是我们过度的保护、过分的说教、过多的干预给他设置了道道路障。我曾对一些父母说，如果你不管孩子，没准他发展得比现在更好。因为每一个孩子自身都带着向上的动能，自带光芒和成长的力量。

敏感内向的孩子，父母过度管教，可能让孩子有心理问题；有创新力的外向孩子，父母过度管教，可能让孩子产生强烈的叛逆心理，做出悖理的事情。有这两类孩子的父母，很幸运，因为这两类孩子都有成为成功人士的潜质；有这两类孩子的父母，也很痛苦，因为这两类孩子不好教育，每一个孩子都与众不同，他们更与众不同。敏感的孩子骂不得，一骂他，他就郁闷自闭；有创新力的孩子天生好动，坐不住，调皮捣蛋，父母越管教，他们越叛逆。怎么保护他们的敏感、怎么保护他们的创新力，才是这两类孩子父母要考虑的问题焦点。

世界上每一种技能都要学习，父母不学习，直接上岗，直接成为育儿专家，这样的父母也太好做了，当然越到后面越难做。家庭教育是孩子的根，也是教育的源，是最应该重视的教育问题。孩子要学习，父母更要学习。做了父母，只是角色变了，我们的思想、能力、经验、教育理念、智慧，都没有马上发生相应的改变。这一切都需要我们深刻反思自己、不断探索孩子的内心世界、努力学习育儿知识，方能成为合格的父母。

2022 年 10 月 19 日

一般不找您

一位新生家长加我微信，说："老师，我的孩子自觉性很差，在中学时很调皮。如果他在大学不认真学习，或者不听话，通知我。"

我说："一般情况下，不找您。"

他说："不需要吧？"

我说："我们尽量和学生一起处理所有的问题，这样有利于孩子成长。孩子有什么事情，他可以随时直接来找我。"

我问这位学生："如果你在学校不听话，我要把你的事告诉你爸吗？"

他说："告诉他干吗？"

接着，他告诉我，他在中学时做了不少坏事。现在，他爸妈担心大学管得松，他一个人在外面，会惹事。

我问他："你在中学做了哪些坏事？"

他说："很多。比如偷偷玩手机打游戏，不认真听课，不做作业，和老师吵架。有一次和老师叫板，老师很生气，把我爸妈叫到学校，狠狠地训了我一顿。"

我说："这些都不是什么大的坏事啊。"

"那时，这些都被认为是很严重的坏事。"

"现在呢？你怎么看这些事？"

"当时年轻气盛，爸妈和老师管教时，很反感，结果把事情弄大了，大家都不愉快，尤其是我爸妈，我让他们伤透了心。现在，觉得以前有些事做得的确有些过分了。"

我说:"偷偷玩手机、打游戏、不认真听课、不做作业,公开叫板老师,这些肯定不对,算是坏事吧。但是,你不是一个坏孩子、坏学生。只是学习习惯没有养成、情绪没有控制好,这里面有你的问题,可能也有你爸妈和老师的问题。从进大学第一天起,你就是一个崭新的自己,过去不好的方面,不要带到大学里来,把过去的懒散拖拉、玩手机打游戏这些小动作全部抛弃掉。一开始,就给自己定目标定理想,定规矩定规则,做一个令自己满意的大学生,让爸妈放心、让自己无愧于心。如果以后你有什么事,我们一起来解决吧,就不打扰你爸妈了。"

这位在他爸妈眼中调皮、不让人放心的孩子,在我眼里他却是一位很活泼很可爱的学生。他有一双发光的眼睛,总是笑得很开心的样子。

家长担心孩子是正常的,但是,不要把孩子当成小学生看。

如果在中小学,孩子自觉性差,你管不了。上大学后,几千里之外,你更鞭长莫及。还不如放手,放心交给学校,放心交给老师,相信孩子能管理好自己。以免不了解情况,只能说教,让孩子不高兴,产生逆反心理。

有朋友也曾对我说,他的孩子在中学不爱学习,很担心他上大学以后会变颓废,会变坏。

大学是一个相对开放的校园,但是,大学的纪律也是很严明的,大学的老师和辅导员对学生的关心与帮助也是无微不至的。家长不用担心这些调皮的孩子,到大学如脱缰的野马。相反,很多在中小学不爱学习的学生,在大学如鱼得水。因为大学有各种社团,有各种文体活动,有各种社会实践活动,有孩子可以自由支配的时间,有很多优秀的同学可以成为朋友,这些让活跃的孩子找到了兴趣所在、价值所在、归属所在。

家长不要用以前的眼光来看待孩子,不要把给孩子贴的标签带到大学。没准,他不喜欢中小学那样封闭的教育环境,却很喜欢丰富多彩、生机勃勃、百花齐放的大学校园。

当然，有重大的事情，我们都会主动联系家长，像学生学业预警了，是一定会通知家长的。

学生军训，我拍了好多学生的照片，发到班级群，让大家收藏起来，以后常看看，特别是20年后，再看自己的青春岁月，感觉会很美。我把这些照片发了一部分给这位家长，让他看看他的孩子和孩子的同学。我想，这些照片对他很珍贵，这是对孩子更好的关注，更好的互动。

2021年9月23日

教育是系统工程

和几位朋友坐在一起,又聊起了教育。《宁波妇女·她时代》期刊的编辑徐琴老师说:"我越来越感觉教育是系统工程,教育不只是父母的事情,不只是老师的事情,而是与社会环境息息相关。孩子所处的家庭环境、社会环境对孩子影响很大。"

非洲有一句很传统的谚语"It Takes a Village to Raise a Child",意思是"养育一个孩子需要一个村庄的努力。"美国前国务卿希拉里于1996年出版了第一本教育著作《举全村之力》,2016年她再以图画书《举全村之力》号召大家合力以爱、理解和支持,为儿童建设快乐家园。

我国从古至今都极其重视教育孩子的系统工程。"子不教,父之过",是说父母对孩子言传身教、潜移默化的影响;"孟母三迁"的故事说明社会环境对孩子的影响。为了让孩子上好学校,很多父母拼尽了力气买好的学区房,这也是从心理上认可教育是一个系统工程,好学校不仅老师好,同学成绩还好,水涨船高,孩子的各方面都要好一些。

我国提出的"三全育人"更是从制度层面上、文化体系上强调了全员育人、全过程育人、全方位育人的教育系统工程。

不少家庭因为孩子的教育,出现了这样那样的矛盾。母亲指责父亲对孩子关心不够、管教不够;父亲抱怨母亲管得太多太细,孩子成了妈宝;父母责怪爷爷奶奶太宠爱孩子,没有给孩子做好规则和规矩;爷爷奶奶批评父母太看重孩子的学习成绩,忽视了孩子的身心健康、全面发展。

每每有朋友在我面前有这类的抱怨时，我就让她想想，她家的教育理念是什么，家庭教育规矩怎么定，怎么执行。教育孩子是一个家庭，甚至是一个家族的大事，不能没有规划、没有计划、没有规则、没有规矩、没有行之有效的教育方法。当然，初为父母，开始什么都不懂，有一个很长的摸索过程。但是几年后，孩子上小学了，就要有自己的教育思想和教育理念，不能想到哪里，做到哪里，更不能头痛医头、脚痛医脚。

　　正因为教育是一个系统工程，所以，学校开设了很多课程，如基础知识、专业技能、思德、劳技、美育等，每一门课程由一位老师来任教，每一位学生由许多位老师来培养，这样培养的学生才会思想开放、知识全面、有完整的知识体系和丰盈的人生底色。

　　在学校，也不只是在课堂上、在图书馆、在实训室、在实验室，是培养学生的地方，校园的文化建设很丰富，校园的每一个地方、每一个角落、每一个场景都包含着教育元素，都是对学生的熏陶。

　　父母和家庭环境，小伙伴、老师和学校氛围，对孩子的教育起着至关重要的作用。然而社会教育同样不可忽视。我们在家教育孩子不得随地吐痰、不得随手扔垃圾，一出门，如果他发现有人随地吐痰，到处是垃圾，他就会怀疑我们的教育，从而导致我们的教育无效；我们在学校教育学生要有文明有礼貌，遵守规则，他一出校门就听到有人骂街，看到有人闯红灯，他就会认为学校在欺骗他们。培养孩子一个好规矩、好习惯，需要花很长的时间，让他学坏，则只需要一个小小的举动。

　　我们不仅在陪孩子的时候、在给孩子授课的时候、在给孩子讲道理的时候，才是在教育孩子。只要我们在生活，我们在工作，我们在娱乐，就是在教育孩子。尽管很多时候孩子不在我们身边，但是，我们的人生态度、精神面貌、文化氛围，都能感染孩子、影响孩子。我们为孩子营造的整个社会氛围，是孩子成长的最基本土壤。社会风气积极向上，充满正能量，我们的孩子就会快乐阳光；若社会风气不良，孩子就很容易误入歧途。

　　培养一个孩子需要全村人的努力，一个人对全村的每一个孩子都有很大的影响力。孩子在成长的过程中，遇见的每一个人、看到的每一件事、听到的每一句话，甚至每一件物，对他的教育都起着重要的作用。父母的教养、老师的引领、朋友的陪伴、社会的示范、榜样的力量，一样都不能少。教育一个孩子，需要家庭教育、学校教育、社会教育协同联动；需要全社会在做一件事之前把这件事对孩子的影响都考虑成熟，需要所有人真正地把每一个孩子当成自己的孩子，需要所有人真正地意识到这个世界既是我们的，也是孩子的；这个社会既是我们的，也是孩子的；未来是我们的，更是孩子的，我们每一个人对每一个孩子，都负有教育的责任与义务，我们都是孩子的榜样与示范，我们要做好自己，必须做好自己。

2022年11月5日

让孩子自己处理

谈完工作后,一位爸爸对我讲起他儿子的一个故事。

他的儿子有一位非常要好的朋友,两个人总是在一起玩一起学习。有一天,那位好朋友突然捏造了一句话,很不好的话,并且在同学们中间散布,说是他儿子说的。老师和同学们相信了这个谣言,同学们开始排斥他儿子,老师也批评了他儿子。他儿子很气愤,很委屈,也很难过。朋友出卖了他,背叛了他,让他背黑锅,还要让他承受来自老师和同学们不公平的待遇。

他了解情况后,给老师打电话讲明情况。老师说,明天在班上讲清楚这个事情,还他儿子一个公道。他对老师说:"明天不要在班上讲,只要您了解真实情况就可以了。孩子的事让孩子们自己去处理,让他自己去面对,他想怎么对待这位好朋友,是他的事;他想怎样在同学们中间重新树立形象,是他的事。我们不要去干预,孩子们有自己的处世原则和方法。"

他和儿子一起分析了这件事,让儿子认识到朋友的不对,但是怎么对待朋友,怎么和朋友处理这件事,怎么面对同学们,他没有教孩子,他没有说:"你的这位朋友人品不行,从此以后,你不要和他一起玩了,离他远些。"

他说:"要让孩子清楚,哪些是对的,哪些是错的,把价值观弄清楚。至于选择怎么做,是孩子的事。就像这件事,没有必要替孩子做选择。人生中,总会有这样那样的情况和问题出现,总得让孩子自己去面对、去选择。这是他的路，让他自己去走；万一走错了，还有我们呢。天无绝人之路嘛。再说，那位孩子也不是绝对的坏，人没有绝对的好、绝对的坏，都是一个阶段是这样，那个阶段是那样；这个环境中是这样，那个环境中是那样。不要因为他一时做错了什么，就把他彻底否定掉。这样对那个孩子也不公平。人生总会遇到不公的事、不善的人，要让孩子学会自己去消化吸收，然后在这个过程中学会做人处世。"

在孩子遭受朋友的背叛，受到老师的误解和批评，遭遇同学不公平的对待，这位爸爸没有去为儿子打抱不平，而是很理性很明智。他要让孩子有明确的是非观，有正确的价值观，这是思想引领，价值引导。至于怎么面对生活中的问题，怎么处理矛盾，尊重孩子的意愿。其实，是他有信心，相信孩子会作出正确的选择，处理好自己的事。这种信心来源于教育自信，相信自己的教育理念是科学的，相信自己的家庭教育是成功的，相信他培养出来的孩子会处理好这件事。

有的家长见不得孩子在外面受委屈，一个孩子推了一下他的孩子，他就要找那个孩子算账，更不能容许别的孩子撒布谣言中伤自己的孩子。在网络上，偶尔见到因为孩子之间发生摩擦，导致父母做出极端的行为事件。我们真应该把这位家长的教育理念和方法做广泛的宣传，让家长、老师们多学习学习。

孩子在学校偶尔受委屈，是一种正常的现象。学校也是一个小社会，孩子来自不同的家庭，接受不同的家庭教育，性格各异、性情不同、品行也有差别，孩子总会遇到这样的同学那样的朋友，绝大多数孩子都是善良的，也不排除个别的小朋友在某一个时期，像他讲的那位孩子一样，有一些恶念或粗暴的行为。遇上了不用逃，逃不掉，只能让孩子面对。就像他们长大后，需要面对狂风暴雨、坎坷人生一样，这是人生的必修课，也是人生成长的过程。

孩子年幼，不经世事，容易产生绝对化思维。认可一件事，就认为这件事应该完全符合他的期待，一旦不符合，马上否定掉，全盘否定；认可一个人，全盘接受他，一旦这个人做出了令他不开心的事，就彻底否定他。我们小时候看电影，就很喜欢把电影里的人分为好人与坏人；榜样与坏蛋。所以，我特别欣赏这位爸爸所说："人没有绝对好、绝对坏。""不要因为他一时做错了什么，就把他彻底否定掉。"没准是他儿子的一个很新潮的玩具，他很喜欢，产生了妒忌心理；没准是他在家里挨了父母的批评，心情不好，想找一个人发泄；也没准是我们自己不小心伤害了他。理解别人会犯错误，就是理解自己也会有过失；包容别人的缺点，就是包容自己的不足；接受别人的不完美，就是承认自己也不完美。这位爸爸的这种辩证思维、开放性思想，一定会影响到他的儿子，他的儿子也一定会以辩证思维来看待那位伤害了他的好朋友，一定会以开放性思想处理这件事。

这位孩子很幸运，有一位懂教育懂孩子的爸爸；我也很幸运，听了他的一番话，又在教育中长了一点点知识。

2022 年 10 月 9 日

再忙也要陪孩子

社会飞速发展，工作、生活、学习节奏加快。每一个人，无论是工作中的成人，还是背着书包的学生，脚步越来越快、表情越来越严肃、语气越来越急促，一家人和和美美地坐在一起的时间越来越少。特别对于有事业的家庭，家人在一起安安静静地吃一顿饭很难，周末一家人一起出去玩玩，也变得越来越奢侈。

新加坡的电影《孩子不坏》中有一个情节，父亲暴怒地对儿子说："我没有想到，你变得那么坏，竟然在学校偷钱……你偷钱一定是去买神奇宝贝卡，那些卡害死你……"然后，他拿起鞭子对孩子一顿暴雨般的毒打。

令这位父亲没有想到的是他的儿子说："我没有拿钱去买卡，而是想买你一个小时的时间来看我的演出。我本来想自己储钱买你的时间，可是需要300多天才能储到500元，那时演出时间就已经过了。"

湖南卫视放映的电视剧《爸爸去哪儿了》，揭示爸爸在家庭教育中的缺失，引起强烈的社会反响。

害怕孤独是人类的天性，需要陪伴是人类最基本的心理需求。孩子表面上自信阳光，内心却很脆弱，需要父母给予他们强大的心理支撑和情感依赖。父母对孩子的陪伴，是孩子获得心理安全感、树立自信心最重要的途径。

父母对孩子的陪伴，本来是很普通的亲子关系，很正常的家庭现象，却因为现在每一个人的工作和生活压力越来越大，每一个人拥有的可以支配的时间越来越少，导致父母对孩子的陪伴变得越来越稀缺和珍贵，因而，家长对孩子的陪伴，也变得越来越被需要，家长对孩子的陪伴，成为了很重要的家庭教育。

没有父母不爱孩子，没有父母不想陪伴孩子，可是，在现实中，父母太忙了，工作忙不完，家务忙不完，人情应酬忙不完。每天紧张工作后，好不容易回到家，一身疲惫，满脸疲倦。没有时间喘一口气，马上钻进厨房，准备晚餐。家务没忙完，又该辅导孩子学习。没有时间放空自己，没有时间陪孩子聊他的学校、聊他的同学、聊他的朋友，更没有时间陪孩子打球、散步、出去走走。

更有甚者，孩子很难见到忙碌的父母，父母不是在出差，就是很晚才回家。父母回来后，也是一脸的倦怠，不想说话，只想看电视娱乐节目，或者在手机里随意漫游。还有的父母，有意无意地将工作中的压力施加给孩子，将生活中的焦虑转嫁给孩子，他们以为这样可以让孩子了解他们的艰辛，了解生活的不易，从而就会理解他们，从而就会更加发奋读书，从而将来会更好地适应社会，遗憾的是，他们忽视了孩子的成长规律和情感需求。

正是因为父母忽视了孩子的内心情感需求，没能好好地陪伴孩子，孩子找不到精神依赖，转而向游戏和网络寻求精神寄托，或陷入早恋；还有一些孩子，故意做出让老师头痛让父母伤心的事，以引起父母对他的关注，把父母多留在身边一会儿。

没有时间和精力陪伴孩子，是父母缺失的一个方面。时时陪在孩子身边，不能高质量地陪伴孩子，是家庭教育中普遍存在的另一个突出问题。陪孩子上学放学、陪孩子做作业、陪孩子吃饭、陪孩子睡觉、陪孩子找朋友，除了孩子上学、自己上班外，一些父母把自己所有的时间和精力都给了孩子。遗憾的是，孩子生活习惯越来越差、学习越来越差、脾气越来越差，父母也越来越焦虑，越来越委屈。

我们经常指责孩子不听话、学习不认真、注意力不集中、脾气暴躁，其实很多时候，我们更应该反省自己，孩子为什么会成为这样。为什么孩子在上幼儿园之前都很可爱，一上小学就完全变了样，变成了我们无法管教的"神兽"，变得让我们手足无措、无能为力。

陪伴，首先是要陪，要为孩子付出时间和精力。父母无论怎么忙，事业怎么重要，一定要明白，没有什么比孩子更重要，没有什么比孩子的幸福更有价值与意义。孩子借助我们来到这个世界，我们就有责任令他幸福快乐；孩子是我们家庭的希望，我们下半辈子幸福与否，取决于孩子是否幸福；孩子是我们社会生生不息的未来，教育好孩子，也是对社会做出贡献。对于很忙的父母，要定一个规则，规定自己每周必须在固定的时间陪伴孩子，在这个时间段，完完全全地属于孩子，不看手机、不接听电话、不接待来客、不工作。一周最少保证两次，一次不少于两个小时。在寒暑假的时候，用一周的完整时间陪孩子旅游度假，或共同做一个非课程学习的项目。

其次，也是最重要的，要成为伴，成为孩子的伙伴和朋友。陪在孩子身边时，不能只对孩子提要求，要求他这样做不要那样做，特别地，不能只要求孩子学习，不让孩子玩，更不陪孩子玩。不能只看孩子的学习成绩，而忽视孩子其他方面的需求与发展。不能把陪伴当成监管，把家当成孩子的囚笼，把孩子当成学习的囚徒，这样的陪伴只会对孩子产生伤害，对亲子关系产生破坏。孩子做作业时，不要在旁边监督他，让他独立完成；孩子做事时，不要当临工，指手画脚，让他自己处理；孩子玩时，不要下达指令，必须这样不许那样，让他按照自己的意愿玩个痛快；孩子离开自己的身边，不要惊慌失措，担心孩子吃亏惹事受伤。遵循孩子的成长规律、倾听孩子、尊重孩子的想法与意见，做孩子的引路人，做孩子的朋友。

家是每一个家庭成员的避风港与幸福岛，更是孩子成长的摇篮与精神源泉。家人有忙有闲、常聚常聊、有说有笑，这才是一个家。父母有责任与义务，让家里的气氛轻松愉悦。在高强度的工作压力下，家庭事业兼顾不容易，但是，正因为我们工作忙，孩子学业紧，所以，更要高质量地陪伴孩子，让孩子感受到我们在他身旁，是他强大的精力支柱，却又不让他感受到紧张和压抑；正因为我们生活压力大，孩子学业竞争激烈，所以，要有理性有智慧地陪伴孩子，要让孩子感受到我们就在他心里，是他前进的动力，却又不让他感受到压力与焦虑。父母每多一份对孩子高质量的陪伴，孩子就多一份安全感、就多一份自信、就多一份精神的富足。如果平时父母的陪伴是高质量的，即使父母有一段时间不在孩子身边，父母心里是笃定的、自信的，孩子内心也是平和的、阳光的。

　　教育孩子，其实是教育自己，让自己在学习与反思中得以进步与成长；陪伴孩子，其实也是陪伴自己，让自己的精神得到提升，让自己的灵魂得到净化。社会在进步，孩子与我们共享人类社会文明的时候，更要让孩子在情感上获得认同感、信任感、安宁感和幸福感，在人格上获得统一和谐，在精神上获得无限的生命动力。

2022年11月15日

此文发表于《宁波妇女·她时代》2022年第4期。

孩子为什么脾气大

早餐后和一位朋友谈孩子的教育。她说我把儿子教育得很成功，其实，也不成功。和很多年轻妈妈一样，孩子小时，我急躁气盛，对孩子期望很高，也为孩子做过清华梦北大梦。

她说她孩子的性格不好，情绪不稳定，总是发脾气。

我不假思索地问："你焦虑吗？"

她说："焦虑！现在谁不焦虑啊？社会竞争这么激烈，孩子学习压力这么大。"

我说："妈妈焦虑，孩子必定情绪不稳定。"

无独有偶。前几天，一位朋友也对我说："我儿子的脾气很大，动不动就骂人，有时还爆粗口，情绪很不稳定。是不是青春期的孩子都这样？"

我说："不是你儿子脾气大，青春期的孩子并不都叛逆，而是因为他感到压抑、苦闷与孤独。他在学校承受那么大的学习压力，回家还得面对你们给予他的焦虑，他没有一点自己的时间和空间，也没有自己的思想；他没有自己的学习节奏，没有生活乐趣，所有的一切都由学校来安排，由你们来决定。他没有自己，他没有自由，不能自由呼吸一口新鲜空气，他怎么会有好心情呢？他又怎么能不发脾气呢？"

他很忧心地向我讲述他家庭教育的情况，他夫人对孩子期望很高，希望他能考上清华北大，帮助她圆当初她的清华北大梦。孩子成绩不理想，在学校压力很大，回家后，他夫人争分夺秒地为孩子节省时间，要求孩子争分夺秒地学习，甚至孩子吃饭的时间和上卫生间的时间都被规定为几分钟，孩子没有一点喘息的时间和空间，家里的气氛弄得很紧张。

在教育孩子的过程中，父母习惯性地认为自己都是对的，孩子出现问题时，错的都是孩子，习惯从孩子身上找原因分析问题，不从自己身上找问题的根源。

我们时时干扰孩子的计划，却抱怨孩子没有学习计划；我们处处指出孩子的问题，却指责孩子有错不改；我们对孩子求全责备，要求他完美，却叹息他没有昂首挺胸，不够阳光自信；我们把自己的梦想寄托在孩子身上，却责备他没有自己的理想；我们包办孩子生活的一切，却批评他不懂事，长不大，以自我为中心；我们只关心孩子的学习，不关心他的内心世界，却要求他有一副好心情；我们对他施以权威，却希望他把我们当知心朋友；我们对他抱以厚望，却从来没有想过他会对我们失望，更不会想到他内心深处的孤独与绝望；我们对他又吼又叫，却认为他情绪不好，脾气大。

相反，如果我们对孩子柔声细语，孩子怎么会对我们大吼大叫？如果我们对孩子笑脸相迎，孩子怎么会对我们恶语相向？如果我们对孩子敞开心扉，孩子怎么会对我们冷脸默对？如果我们把孩子的时间和空间还给孩子，孩子怎么会不如鱼得水，怎么会不像鸟在空中高飞？

我们都有经验，养一盆绿植，如果每天给它浇水，过不了多久，它必死无疑；一棵树，如果每天不断地给它施不适合它的养分，它也活不了多久。想想我们的孩子是不是很可怜很可悲又很坚忍很可敬？面对如此高强度的压力、无缝隙的剥夺，他们还能坚挺着，尽最大的努力实现父母的期望。

孩子发脾气时，我们要想想，在孩子发脾气之前，我们做了什么事，是什么触痛了孩子敏感而又脆弱的神经。如果有一个人，像我们对待孩子一样对待我们，我们会怎么对他？是不是也会大发雷霆，甚至远离他，躲避他？孩子发脾气，是孩子对我们的反抗、对我们的警示、对我们权威的挑战。我们要警醒，要反思，不要愤怒、不要与孩子继续对抗。如果因此愤怒，这次孩子表面上妥协了，他内心深处将藏着更大的不满，总有一天会以更大的威力爆发出来；如果我们继续和孩子对抗，孩子屈服于我们的权威，我们暂时可能取得了胜利，但是最终必定两败俱伤。

一些家长认为，生活这么不容易，就是要让孩子明白我在外面受的苦难、受的委屈，让孩子看看我的脸色、体验我的坏心情，不然，他不知道生活的难、做人的苦。成人生活的重负，为什么要让孩子来承担呢？他幸福快乐的童年、少年是他一生承受挫折、抵御苦难最强的力量之源。

我常对几位年轻的朋友说："现在社会竞争激烈，压力很大，我们教育孩子时，首先得控制自己的情绪，不要把在工作中和生活中的负面情绪带到家里来，对孩子发泄。家是孩子成长的摇篮，是孩子的幸福港湾，我们要尽力营造轻松愉快的氛围，让孩子在其中感受到随意、自在、开心、幸福。当孩子成绩不理想时，孩子不听话时，我们要尽量压制自己的怒火，尽量转化自己的苦闷心情，转而蹲下身来，和孩子一起探讨解决的办法。对孩子吼叫、打骂，只会导致亲子关系变坏，家庭精神内耗，这种无效教育带来的后果很严重。"

我有一位朋友说："做妈妈真是一个培养耐心和韧性的过程，以前孩子做作业不认真时，我用小戒尺打他的手心，结果孩子越来越不听话，越来越叛逆。现在我就强迫自己先做深呼吸，然后一遍遍地告诉自己，先冷静下来，再和孩子探讨怎么解决问题，这个过程真痛苦。现在总算有一些成效了，孩子比以前听话多了，情绪稳定多了，学习积极性也上来了。"做父母的智慧就是这样熬出来的。

家里氛围好，轻松愉悦，孩子心情自然就好。家里气氛紧张，不断地向孩子施压，孩子就像被压缩的铀，总有一天会爆炸。家里的环境是孩子生长的土壤，父母平和的心境是孩子的天空，父母温柔温暖的眼光是孩子成长所需要的阳光。对孩子少一些苛求，少一些责罚，少一些期待，多一些理解，多一些尊重，多一些宽容，多一些鼓励，多一些肯定，孩子自然心情舒畅，心平气和，自然有一个稳定的情绪，这样的孩子才真正有力量、有计划、有方向、有梦想、有美好的人生。

2022年3月5日

也许我们不了解孩子

一位邻居的儿子马上要参加高考了。他们说:"到现在为止,我的儿子还打不起精神来,紧张不起来,仍像平时一样,做事拖拖拉拉,学习漫不经心。每天早上,洗脸刷牙要用上十多分钟,吃早餐要三四十分钟。出门前慢腾腾,出门时急匆匆。晚上回家做作业,要坐下来很久,才能打开书本;打开书本后,又要很久才能进入学习状态。"

这位邻居的孩子很聪明,他们一直认为他没有尽力,没有像其他同学那样拼搏,否则成绩会比现在更好,能确保进重点大学,而现在可能在重点大学的边缘。

这让我马上想到我儿子小时候。

我儿子小时候很多习惯很好,规则意识很强,唯一的缺点就是拖拉,赖床、吃饭慢、做作业慢。小学时,他写过一篇文章"慢的代价",检讨自己,这篇文章还发表了。以前,我们一直以为是他的原因。他上大学后,我买书来研究他的这一现象,没有得到答案。后来,我才慢慢地悟到是我们的原因造成他拖拉成性。我先生很勤快,我称他为脚快。我做事效率较高,我称自己为手快。我儿子系鞋带,要很久很久,我们嫌他慢,他爸马上蹲下去帮他系;他吃饭要吃上半小时一小时,嘴里含着一口饭,不吞下去。我们规定他一顿饭20分钟,上厕所3分钟,系鞋带1分钟,他的所有行为我们都规定时间,还规定他看动画片几集玩电脑多少分钟,把他弄得很紧张。有一段时间,他脸上的表情很丰富,我们担心他得了多动症。医生建议把他送到农村去放养一个暑假。我们真的让他到老家住了一个月，症状完全消失了。是我们的焦虑紧张，造成了他的焦虑紧张。

我们用自己的高效率快节奏，要求儿子高效率快节奏；我们用自己的思维习惯和行为方式，要求儿子必须符合我们的思维习惯和行为方式，这种教养模式给他带来了巨大的压力、内心的焦虑，只是他不知道这是我们强加给他的压力和焦虑，他更不懂得反抗，也没有能力反抗，他当然也不知道他行为的背后逻辑是什么，他以为他生来做事就是慢，拖拉是他自己养成的不好习惯，所以，他也为此焦虑，检讨自己。其实，在潜意识里，他在用拖拉来反抗我们对他的施压，用漫不经心、无所谓的态度应对一切。

我儿子小时候做事为什么越来越慢，越来越漫不经心，是因为他快不起来，他再怎么快，都快不过我和他爸爸。他怎么努力，都是失败，他就放弃了努力。

到现在，我一直很后悔与自责，当儿子很小的时候，没有给予他适宜的成长空间。幸而，他长大后，懂得反抗。他反抗后，我就开始反省。

这就是为什么有些聪明的孩子表现出漫不经心的原因。他不想特别努力，因为他怕失败。怕努力了，成绩没有上来，父母和老师就不夸他聪明了。为了保全他的聪明，他就用漫不经心的态度来掩饰自己内心怕失败的恐惧心理，"你看，我之所以成绩不优秀，没有考进前10名，不是我做不到，不是我不聪明，只是我不想要。"

孩子真的不想要优秀的成绩吗？从古到今，没有一个人真正的不求上进；纵观所有生物，没有一个物种不求进步。孩子不求上进的背后，是他求而不得，于是放弃。爱因斯坦曾说过："孩子生来都是天才，在他们求知的岁月中，往往是错误的教育方法扼杀了他们的天赋。"

所以，我们鼓励孩子时，不要一个劲地夸孩子聪明。聪明是天赋，不是能力，更不是品质，对于聪明的孩子，不要太关注孩子的这种天赋，以免他得意，做事不务实；也避免他为了向人证明我是聪明的，从而不敢努力去争取，而是采取消极态度。

给孩子打气时，不要给孩子树立高远的目标，一定要让孩子上重点高中，上重点大学。避免孩子觉得达不到，从潜意识里抗拒放弃。最好的办法是告诉孩子，努力就好。凡事尽力了，没有遗憾了，就应该满足。我们人生追求的和享受的都是过程，结果有许多不确定性，顺其自然。

不久前，邻居谈论他们的孩子。一位邻居说，她的孩子是今年毕业的大学生，这个时候最舒服，没有什么压力。我说："恰恰相反，他的压力最大，他睡懒觉的背后是在逃避压力，不想面对找工作就业的压力。他内心一定很迷茫很郁闷。"这位孩子的妈妈说还是我懂孩子。

我发现，很多父母不懂孩子。他们以为孩子只是孩子，不懂人生，不懂社会，不懂对自己负责。特别当孩子学习成绩不好时，他们习惯给孩子贴各种负面标签：拖拉懒惰、消极怠慢、敷衍应付、笨、没有责任心、不对自己负责、不体贴父母等等。

相反，孩子很懂父母，父母不用讲话，一个眼神一个语气一个暗示，孩子就能明白父母心里在想什么，希望孩子成为什么样的人。

意大利教育家蒙台梭利在《童年的秘密》一书中说"儿童是成人之父"，前苏联教育家苏霍姆林斯基说："不了解孩子——不了解他的智力发展，他的思维、兴趣、爱好、才能、禀赋、倾向，就谈不上教育。"

当我们振振有词地对孩子说教，当我们为孩子规划宏大的远景未来时，我们真的懂孩子吗？这值得我们作为父母反省自问。

2023 年 4 月 23 日

我不能代替孩子试错

今天去看一位朋友，先和他聊了半小时的社会经济形势，然后聊教育，先谈学校教育，再谈家庭教育。

他说："我经常看你的微信朋友圈发出来的信息，你能从学生很小的一个细节中洞悉学生的心理，发现教育规律；你尊重学生，学生也一定尊重你；你平等地对待学生，学生一定愿意和你讲他的故事，让你听他的心声。"

我说："细节反映了一个人的行为与心理，恰恰是教育要关注的重点。可以说，从我当教师第一天起，带过的学生最少有一万多人，没有一位学生在我面前表现得像一个无赖，没有一位学生不可救药。特别是我带班的学生，没有一位学生做事很极端，没有一位学生不尊重我，他们都愿意把心里的想法如实地告诉我。"

他有两个孩子，女儿上高中，儿子6岁，在幼儿园。

他说："女儿上学压力大，我夫人有时有些着急。我对她说，不要急，慢慢来，3年不行，5年；5年不行，10年。总有一天，她会开花，我们要耐心等待。每一个孩子不一样，有的快，有的慢；有的学习成绩好，有的球打得好，只不过在学生时代，学习成绩更被大家重视与关注，孩子其他方面的优长都被压抑了、隐藏了。不能用别人孩子的长处，和我们家孩子的短处比，我们要看到自己孩子的长处。路要他们自己去走，试错是必需的过程，我们不能代替孩子试错。只要前面不是万丈深渊，孩子一直向前,就不要过多干预和阻拦,总有一天,她会摸索出自己的规律来,探出一条适合自己的路。前面养女儿有一些经验,也有一些失误,现在养儿子,就要纠正自己的问题。当然,适用女儿的方法不一定适合儿子,两个孩子的性格不一样,兴趣也不一样,只是教育理念一样,我们学会了观察孩子、了解孩子。根据他的情况,来调整自己的教育方法,我们跟着孩子学教育。"

他还说:"有时,我也有急的时候,还会有动手的时候,但是事后,我会认识到自己的错误,马上向孩子道歉。对他说,刚才是我不对,我错了,不应该这样对你。其实,这等于向孩子证明自己教育无能。"

我说:"今天这场谈话,您给了我很多启发。每一个孩子都不一样,不能用同一个标准来批量生产;孩子的个性不一样,不能对两个孩子提出同样的要求。特别是不能代替孩子试错,您说得太对了。一些家长不愿意向孩子承认错误,以为向孩子承认错误就是失去了权威与尊严,其实,教育孩子最不应该有的就是权威,而是要平等,平等地对待受教育者,才能走进他们的心里。"

我们还聊了教育问题的其他方面。但是,给我感触最深的就是:父母不能代替孩子试错。父母唯恐孩子吃亏、害怕孩子受苦、担心孩子失败、惧怕孩子会被社会淘汰,就想着不让孩子输在起跑线,就想着孩子各方面都要优秀于别人的孩子,就想着用自己的人生经验推着孩子走快点,用自己的力量拉着孩子爬坡,用自己的资源优势代替孩子的努力向上。却不知,这一切,正是孩子前进途中的绊脚石,攀登人生山峰上的拦路虎。父母这么做的结果是孩子不会走路了,因为,他一走,父母就干预。他想向东,父母要他向西;他想跑步前进后,随性漫漫步,父母却要他一直跑步向前;他想偶尔停下来,欣赏欣赏周围风景,父母却催着他快走,催不动,还用鞭子抽他。最终的结果必定是孩子干脆趴在地上不走了。如果父母硬要他走,他就偏不按父母设想的路线走,甚至不走自己原本想走或应该走的路线，偏走蹊径，以与父母对抗。

"失败是成功之母"。孩子学会走路，要跌很多次。人生之路，没有一个人能事先设计好，父母也不能帮孩子设计，只能靠孩子一步步地走下去。正如这位朋友所说："除非前面是万丈深渊，其他的，父母最好都不要干预。让他们去试错，他们一定会找到自己的路。真的有万丈深渊，还有我们呢，我们会及时拉住他的。"

也许因为我是老师的缘故，每次我和朋友们聊天，聊到后来，基本上都是同一个话题，就是教育，并且基本上都是从学校教育聊到家庭教育。因为，学生在学校的表现折射了家庭教育的许多问题。

每一次和社会人士聊教育，我都从中获得了大量的信息和智慧，他们教育孩子的情况，他们对学校教育的评价和期待，他们对社会教育的看法，他们实施的教育理念与方法，都是很宝贵的经验，对于我了解学生、了解家庭教育、实施教育有极大的帮助。

2022 年 10 月 31 日

为什么孩子不听你的

"我让他把作业做完了,再出去玩,他不听,非要出去玩,还玩得不回家。"

"我让他加衣服,他偏不加,你看,降温了,他还穿着一件T恤衫,明天不感冒才怪呢。"

"我让他吃香蕉,他不吃,偏要吃橘子,吃橘子容易上火。"

"我叫他按时起床,他偏要拖拉,以致路上我们像跑步比赛一样,差一点迟到了。"

"我叫他早点睡,他不睡,早上又不按时起来。每天早上催他起床,晚上逼他上床,真心累啊!"

"我让他把房间打扫干净,桌面弄整洁,你看,他的房间像什么样子,脚都没有地方放,比猪圈还要脏和乱。我都和他说了不下100遍,他还是这个样子。我要给他打扫,他又不同意,说我想偷看他的秘密,侵犯他的隐私。"

"隔壁王家的孩子怎么那么听父母的话?我生的孩子这么不听我的话。"

"真羡慕我同学的孩子,学习好、爱卫生、有礼貌、习惯好,不像我养了这么一个不听话的孩子。"

"唉,你真是没有经历过这样的孩子,不知道我们的苦和难。每一个孩子不一样,偏偏上天给了我这么一个让我头痛心碎的孩子,我上辈子作了什么孽啊!"

"你的孩子是来报恩的,我的孩子是来讨债的。"

每每有家长在我面前这样抱怨自己的孩子时，我都要问："你的孩子有哪些优点和长处？"为什么这样问呢？因为这些抱怨的家长，忽视了孩子那么多的优点，而单单盯着他孩子的缺点不放。这些缺点不是孩子天生就有的，而是父母通过有形的方式、无形的压力施加给孩子的。

为什么孩子不听你的话？

因为你说得不对。天气降温了，不一定就要马上添衣服，如果感觉冷，他自然会添加衣服；他想吃香蕉时，自然会吃。不能吃橘子时，自然就不吃。上火了，他会想办法降火，下次他也就不多吃橘子。

你对孩子提出的要求是你的愿望、你的想法，不是孩子的愿望，不是孩子的想法。这么说，有些父母就要反驳了，"我让他晚上早点睡，早上按时起，错了吗？""我让他做完作业再出去玩，不对吗？"这些要求当然是对的。只是语调可能不对，语气可能不对，时机可能不对。你用命令的口吻和孩子说话，你用权威的语气和孩子交流，你在别人面前批评他，你在他很累的时候唠叨他，对的话、对的事，很可能就做错了。

同一件事，不同的人做，会有不同的结果；同一句话，不同的人说，会有不同的反应，这点适用于工作，也适用于亲子关系和家庭教育。用协商的语气、用平和的语调、用慈爱的眼神，孩子就会接受你。如果孩子仍不接受你，不听你的话，说明之前你对他的伤害太深了，让他很敏感，以致不敢相信你突然放下父母的权威与他交流。

如果孩子的缺点，你说了一遍，他没有改变，说明你的说教有问题；你说了两遍，他和你大吵一架，说明他在反抗；你说了三遍，孩子像没有听见，说明他开始远离你；如果你为此再说上100遍，那么每一遍，都让他离你远一点、再远一点，直到你们之间隔着一堵厚厚的玻璃墙，你们可以看见对方的身体，却听不到对方的心声。

不要指责孩子不听你的话，不要为此抓狂，这些负面情绪会传递给孩子，在家里制造紧张的氛围。要静下心来想想，为什么孩子不听你的话。

问问自己，当你在命令孩子时，孩子是怎么想的？当你在干预孩子的言行时，孩子是怎么想的？当你在拔苗助长时，孩子是怎么想的？当你把他和同龄对比时，孩子是怎么想的？当你强加意志给孩子时，孩子是怎么想的？当你没有给他尊严时，孩子是怎么想的？当你和孩子换位，他这样对你，你会听他的吗？

不要以为孩子是我们带到这个世界上来，孩子由我们抚养，我们就可以对孩子说应该这样不应该那样；不要以为我们爱孩子，我们就可以对孩子说必须这样不能那样；不要以为我们是全能的成人，完美的父母，需要学习的只是孩子，而不是我们。

黎巴嫩诗人纪伯伦在《论孩子》一诗中说："你可以给予他们的是你的爱，而不是你的想法，因为他们有自己的思想。你可以庇护的是他们的身体，而不是他们的灵魂，因为他们的灵魂属于明天，属于你做梦也无法到达的明天。你可以拼尽全力，变得像他们一样，却不要让他们变得和你一样，因为生命不会后退，也不在过去停留……"

孩子不听我们的话，是因为我们说了孩子不爱听的话，我们忽略了孩子是一个独立的个体，我们没有倾听孩子的内心世界，我们没有平等地对待他们，我们没有把他当作有灵性的生命。

当孩子不听我们的话时，我们只需要做一件事，那就是反思、反思、再反思：孩子为什么不听我的，我到底错在哪里？为什么我一定要孩子听我的？孩子可以不听我的吗？

做一个善于反省的父母，做一个善于学习的父母，做一个能自我批评的父母，做一个愿意向孩子低头弯腰的父母，做一个智慧的父母，孩子一定会听你的。

2022 年 11 月 2 日

为什么不能总对孩子说教

对孩子说教，可以说是家庭教育中最普遍的现象。我身边一些朋友和亲人对孩子说教的时候，我经常看不过去，觉得他（她）太啰嗦，孩子太可怜。更多的时候，我只能装作没看到没听到，这种感觉，很不好。你要维护他（她）的孩子，他（她）会和你讲一大堆孩子这问题那不足。因为他（她）从来都没有认识到，几乎所有孩子的问题基本上来自父母的问题。

还可以得出肯定的结论：凡是一味说教的父母，肯定是不爱学习的父母；凡是有爱说教的父母，孩子肯定越来越不听话。爱学习的父母，是不会说教的，因为他们明白说教无效，只会带来负效果。

为什么父母越说教，孩子越不听话呢？原因至少有三。

第一，父母对孩子说教，在潜意识里父母向孩子证明：父母是对的，孩子是错的。父母说教的理论基础不就来自父母都是对的，孩子都是错的吗？不然，就不会说教了。可是，父母真的都是对的吗？想想，我们不要孩子玩手机，我们自己做到没玩手机吗？我们要求孩子读书学习时，自己在读书学习吗？如果你不读书学习，怎么能要求孩子读书学习？一旦你真的读书学习了，你不会要求孩子像你一样读书学习，因为你知道，要求无效；并且孩子也不需要你要求，你营造的家庭学习环境熏陶了他，他自然会学习。我们总向孩子证明我们对了，他错了，他凭什么要听我们的呢？和孩子交流沟通，也要求同存异，如果只求父母的同，不接受孩子的异，完全无视孩子的想法和感受,孩子不会听我们的。

第二,父母对孩子说教,在潜意识里向孩子证明:父母什么都懂,孩子什么都不懂。父母真的什么都懂吗?问问自己,我们真的懂自己吗?我们真的懂我们的孩子吗?一些家长和我谈起他们的孩子时,我发现他们很不懂他们的孩子。他们的孩子在学校很阳光很乐观,他认为他的孩子内向胆小。不懂自己,不懂孩子,怎么知道自己的对错与优劣?怎么为孩子解疑答惑?怎么为孩子树立理想与目标?怎么为孩子设定人生发展之路?

第三,父母对孩子说教,其实是父母潜意识里不相信孩子,对孩子不信任,这是孩子最不能接受的。如果相信孩子能处理好自己的事,相信孩子跌倒了自己会爬起来,相信这世界没有孩子跨不过的坎、登不上去的山峰,就不会过分说教,过度干预。父母说教,就是告诉孩子,你不行,你得按我说的去做,得由我来扶着你走。没有我的帮助,你寸步难行;没有我的把持,你处处跌倒还爬不起来。父母爱说教,孩子往往不自信。而不自信的孩子,做什么都没有底气,做什么都没有主见,生怕失败,生怕得不到别人的认可。而肯定自己、认可自己、相信自己,是人活着最重要的精神依托,是存在感的重要保证。父母是孩子最信赖的人,父母的信任,是孩子直面人生、迎风击雨的勇气之源、信心之箭。如果父母不信任孩子,不认可孩子,孩子就像茫茫大海上的一株浮草,总是处于迷茫状态中,找不到方向。这种感觉很抓狂很痛苦。长大后,他一辈子想做的事就是通过得到别人的认可,从而得到父母的认可。日本著名影星高仓健获得了无数的观众掌声,却没有获得一句他妈妈的表扬,他为此写了一篇文章"母亲的教育是斯巴达式的"。他事业成功了,并不幸福,他一辈子都希望获得母亲的夸奖,却不得。你是想要成功的高仓健那样的孩子,还是要幸福的孩子?如果你想要成功的高仓健式的,你自己做去吧,让你的孩子选择他自己幸福快乐的人生。

孩子是有灵魂、精神丰盈的个体。哪怕是一岁幼儿，都有自己的想法。父母总是对孩子说教，就是企图扼杀孩子的想法，让孩子做自己的影子。而孩子是独立的生命，注定不会活在父母的阴影下，他要走向阳光、走向社会、走向世界，走他自己的路。所以，父母的说教，在孩子那里不只是无效，而是起反作用。对于个性强的孩子、有创造力的孩子，他们本身带有更强大的能量，父母的说教，只会激发他强烈的逆反心理。

爱说教的父母，其实也是不自信的父母。不相信自己的孩子是积极向上的，不相信自己的身教会潜移默化到孩子身上、不相信自己的家庭教育理念是科学的，所以这样的父母也很抓狂很纠结很痛苦。他们没有明确的教育目标、没有完整的教育体系、没有清晰的教育思路、没有科学的教育方法。只会凭经验、人云亦云、头痛医头、脚痛医脚，只会看到其他孩子的成绩和成功，不能深刻地分析这些成绩与成功背后的深层次原因。

当父母想让孩子这样做时，先想想为什么要这样要求孩子，是为孩子前途着想，还是为自己的理想计；当父母不想让孩子那样做时，先想想为什么我们要干预孩子的发展，是不是想把自己的思想强加给孩子。当我们把孩子当成一面镜子，照亮自己内心世界的那一瞬间时，我们可能会吓出一身汗：这真的是我吗？原来这是我啊，如此蛮横无理，缺乏理性与智慧，难怪我的孩子越来越不听话。其实，他如刚出生时一样可爱！当我们企图对孩子进行说教、干预孩子时，多想想孩子幼时在我们怀里的样子，与现在的他进行对比，我们心中是不是对他多了几分怜爱与敬畏？多想想孩子刚出生时，我们对孩子的期待与祝福，我们是不是有些自责，我们对孩子太过苛刻了，我们的孩子太难了？

2022 年 10 月 19 日

摔出的人生——《摔跤吧，爸爸》观后感

这段时间比较忙、比较累，没有时间去影院看很火的一部电影《摔跤吧，爸爸》，今天放假了，影院也不再放映了，只能在电脑上将就。

影片很励志很感人，几次都为爸爸感动得落泪。

爸爸因为生活，被迫放弃参加世界摔跤比赛，于是他将这一伟大梦想寄托给儿子，可惜，命运让他连续生了四个女儿，为此，他沮丧不已。当他的两个女儿受男生欺负，她们勇猛地将一群男生摔伤时，他突然欣喜地发现，找到了实现理想的继承人，他发现了女儿的天赋。

他开始对两位女儿进行魔鬼式训练，在训练时，他眼中没有儿子与女儿的概念。当女儿们偷懒、不想练时，他把她们的长发剪了；当女儿们没有陪练时，他拉上侄子。女儿的反抗、邻人的嘲笑、经济的困境，都没有阻止他。他只执着于自己的理想，只要能实现自己的梦想，一切办法都可以想，一切困难都可以克服，一切不可能都会成为可能。

龙生龙，凤生凤，两位女儿不但继承了父亲摔跤的天赋，同样继承了父亲的执着与坚忍。他的女儿成功了，获得了世界冠军，实现了他的梦想，也实现了女人可以选择什么时候结婚、和谁结婚、婚后做什么的理想。这位父亲改变了女儿的命运，使女儿不再像印度的其他女孩一样，14岁嫁给一个陌生男人，嫁人后就是生儿育女做家务。

据说《摔跤吧，爸爸》取材于真实的故事，我在网上了解到，这位冠军大女儿找了一位比自己小5岁的摔跤运动员做丈夫。

印度是一个极其重男轻女的国家，是一个父权夫权极强的国家，这位父亲也是一位有着极端父权和夫权思想的男人，在家里，他一言九鼎，地位至上，妻子、女儿和侄子，对他唯命是从。在他的心中，只有代表国家参加国际摔跤比赛，获得了金牌，才是最重要的，这是他唯一的梦想，唯一的信念。至于改变女儿的命运，为男女平等做出贡献，在最初他没有想过。我们没有看到他的这些努力。但是，在他的女儿获得冠军后，的确为印度妇女走出家庭、走向社会做出了重要贡献。这位爸爸因为对梦想的执念成就了他自己，成就了他女儿的事业，促进了印度妇女解放运动。

然而，看这部电影时，我心情很复杂。从现代教育学和心理学角度讲，父亲将理想寄托给孩子，摧毁孩子的童年，扼杀孩子的天性，让孩子来实现自己的梦想，这是一种功利的有条件的爱，是一种自私的残忍的爱。吉塔在家训练时，歌曲"坏蛋老爸"曲调哀伤悲戚，歌词充满着哀求和怨恨："老爸别这么狠心，我们真的很受伤，可怜可怜我们吧，我们还是孩子，我们都活不下去了……"

本片对于印度妇女解放具有非常重大的意义，但是从个体来看，我以为这两位孩子就是父亲荣誉和信念的牺牲品。这事只可能发生在父权夫权极端严重的印度，在中国及西方国家，只可能适得其反，如果我们这样教育我们的孩子，恐怕孩子早就和父母决裂了，甚至早就离家出走了。

棍棒下出事业的成功者，却不能出幸福快乐的人。

尽管如此，该影片仍不失为一部好电影，故事情节真实感人，演员都很入戏。特别地，越到后面，随着故事情节的深入，越感人越励志。父亲从被动到主动地把女儿送到体育学院，艰难地承认了自己的不足，这在父权夫权社会很难做到，这才是大爱真爱。为此，女儿吉塔心情愉悦，上了体院后，片中歌曲"无拘无束"旋律轻松欢快，歌词青春洋溢："我会怦然心动，如小鹿乱撞……无拘无束令我喜笑颜开……"

当吉塔决赛前，他父亲表达了两个意思：第一，从技术上吉塔没有胜算的可能；第二，要想取胜只有一种策略，那就是要成为别人的榜样，银牌很快就会被人忘记，只有冠军，只有金牌才会永远被人记住。爸爸不再以自己的理想要求孩子，而是激发孩子的梦想，帮助孩子树立信仰，所以在决赛时影片故意安排爸爸不在场的情景，之前，吉塔都是受父亲的影响，决赛时，吉塔是受一种精神的鼓舞，一种信仰的支持。激发孩子的梦想，帮助孩子树立信仰，才是科学的教育方式。这部影片也告诉我们，精神与信仰具有不可战胜的力量，能超越一切技巧与方法，能克服一切困难，实现一切不可能。

  看完电影后，我发了一条朋友圈，好友评价说，这部电影不适合父母看，适合孩子看，因为孩子需要励志。我们都担心有的父母看了这部电影，可能会回到棍棒教育时代。

  这部电影是孩子在父亲高压下获得成功的个案，我们作为教育者，作为父母，不能像影片中一样，帮助孩子选择人生，不能扼杀孩子的童年和青少年，而是要激发孩子的梦想、帮助孩子发掘潜能，实现他自己的人生理想。

2017 年 5 月 28 日

用"心"来"看"教育——《教育的情调》读后感

我写过一篇文章"看见学生",收录在我的第二本育人随笔《每天进步一点点》中。今天这篇文章的标题不是我想出来的,而是看马克斯·范梅南和李树英合著的《教育的情调》这本书中的一句话:"教育现象学博采现象学各学派之长,形成了一种对教育生活世界的体验、存在、语言、伦理、解释这五个方面的独特的人文视角。这一人文视角的独特性归根到底在于它用'心'来'看'教育。"

书中接着说:"所谓用'心'来'看'教育,首先意味着必须走向儿童的生活世界。"

捧起《教育的情调》这本书,开篇即被打动:"作为教育者,无论我们的举动多么充满善意,我们的言语和行动所表达的情境仍然可能与孩子体验到的那种情境根本就对不上号。"我们总以为很懂孩子,其实根本不懂。我经常和一些家长说,相比家长懂孩子,孩子懂家长更多。因为我们不懂孩子,所以,要发展我们的教育敏感性和机智,即教育者"进入孩子的体验世界的能力"。

正文一开始提出一个问题,男孩违反校规,却拒绝告密,作为教师你该如何处理?一件事,从制度规则看,不可以发生,如果发生了,行为人就要受惩罚,但是在孩子的人格形成过程中,这件事未必就是错,甚至还很对。所以,教师不可以刻板,不可以用标准化的思维和方式对待学生,而是要观察研究孩子所处的生活情景。

作者强调"每一个孩子都具有独特性""智慧的教育者形成了一种对独特性的独特关注，他们关注孩子的独特性、情景的独特性和个人生活的独特性。"同一件事，不同的孩子做，需要教师采取不同的教育方法来应对，有的需要鼓励，有的需要批评；有的需要微笑，有的需要沉默，因为每一个孩子对这件事的生活体验是不一样的。

智慧的教育者并不是知识丰富，而是更"善于思考或富有机智""孩子是我们的老师""没有人能比一个孩子更强烈地、更经常地提醒我们思考这些问题。"孩子有丰富多彩的世界，有无限种生活的可能性，在与孩子亲密相处中，如果我们不懂孩子，可能会造成两败俱伤。是孩子引领我们思考、引领我们反思、引领我们对生活充满希望、引领我们规范自己的行为、引领我们积极向上。"无论我们怎样来估量孩子对父母的爱都不会过分。一个孩子可能在身心上受到过伤害，但是和父母重新建立爱的愿望永远也不会在他的心中消失。"我们经常说，要无条件地爱孩子，真正无条件付出爱的是孩子。孩子教我们爱、开放、宽恕和希望。

成人主导的世界充满着权威，教育者认为自己是完美的，"试图把一套自认为正确的信念和价值观强加给孩子"，抹杀孩子的好奇心、忽视孩子的兴趣、蔑视孩子的尝试、漠视孩子的体验，要求孩子接受我们成人固化的观念、僵化的思维，从而对孩子造成伤害。

"我们如何看一个孩子，和我们看到什么，取决于我们和这个孩子的关系。"如果我们用一种好奇的童心、喜悦的微笑、发光的眼神看待孩子的一切，孩子在我们眼中就是可爱的，就是聪明的，就是活泼向上的，就是天使；如果我们对孩子的行为视而不见、或敷衍应付、或干预阻拦，孩子就是调皮捣蛋的、就是叛逆不羁的、就是不思进取的、就是令我们头痛的不懂事的坏孩子。要想和孩子相处融洽，就要有教育的敏感与机智。在不同的情景下，对孩子采取或轻言细语，或微笑，或一个眼神。

"一个不能对自己看孩子的方式进行反思的人是不能充分地观察孩子

的。""老师决不能像一个过路人、一个警察、一个朋友那样看孩子。老师必须以教育学的眼光看孩子。这就是说，作为一个保护、培养孩子的观察者，老师要意识到正在成长的孩子的存在。"

"每一个孩子都需要被看到。""每次相遇的时候，与世界的其他关联都被轻轻切断，留下的是人与人之间诚恳的接触。当我们以双手或笑脸回应对方的时候，我们共同创造和分享着这段时空。"作者认为有些老师"很少对自己的学生做真正的'家访'"。要能真正地造访学生心灵，就要有教育的敏感与机智。

教育的敏感与机智来自对学生的理解，老师要从学生成长的角度去观察学生、研究学生，分享学生的喜与乐、分担学生的悲与伤。

要能充分理解学生，就要不断地反思自己，"教育学上的敏感性和多谋善断也可以说是一种反思的能力，以及对过去经历认真思考的能力。"反思，是我一直在实践，也一直倡导的做法。我们只有不断反思自己来时路，反思自己之所以成为我的所有一切因素，才能很好地了解自己是一个什么样的人，自己的价值观、人生观和世界观，自己的思维方式与精神面貌。

学生的生活丰富多彩，不同的情景采取何种应对方式，取决于老师的快速判断力、反应能力和决断力。只有老师将学生生活中的各种场景不断地回顾、复盘、反思、总结，平时有意识地多观察、多总结、多分析、多反省，才能在情景出现时，下意识地采取应对的策略。这就需要老师用心去看学生、用心去感知、用心去思考。书中强调"反思是我们增强敏感性、生成教育机智的必经之路。"

"优秀的教师还有一种比'知识渊博'更为重要的品质，即教育的敏感性与机智"，教育的敏感性和机智来自对事物强烈的好奇心、来自对教育事业的热爱、来自对孩子无比的关爱、来自对自我的反省与批判。"教育学的根本条件在于爱和关心、希望和信任以及责任感等。"走近孩子身旁、走进孩子心里，需要教育的敏感性和机智，归根到底是教育需要爱，全身心地爱着这个世界，全身心地爱着生活，全身心地爱着孩子。因为唯有真爱，才能让我们对生活充满热望、对世界充满好奇、对身边发生的微不足道的小事保持敏锐感和新奇感。

作者强烈反对教育的理论化、抽象化、概念化，认为这些将会导致人们看到的是抽象的"教育物件"，而不是"具体的孩子。""教育现象学认为，比起老师在课堂上完成的任务，孩子的生活世界和生活体验更为重要，孩子在课堂上真正体验到的东西、真正受到的影响也许更富有教育意义。""教育现象学教会我们始终对生活、对自己的生活、对他人的生活保持一种好奇和敏感。""教育现象学正体现了在这种大环境下对教师的另外一种期许，对学生主体和个体独特性的具体关注。"

作者主张教育现象学，"教育现象学是一门探究教育生活现象及其体验的学问。它以日常生活为原点，让我们始终对教育的生活世界和生活体验保持一种敏感，保持一颗好奇之心。""教育现象学实际上是一门探讨成年人与孩子如何相处的学问。"

教育来自生活、服务生活。教育需要我们保持对大自然的好奇心、对生活体验保持敏感、对世界保持热爱；教育需要我们不断学习与反思，需要我们真正爱孩子、走进孩子、懂孩子、尊重孩子的独特性，这是我从《教育的情调》这本书中获得的一些启示与感悟。

2022年11月12日